[英] 巴兹尔·马洪 著

肖明 译

麦克斯韦传

改变一切的人

云南人民出版社

Basil Mahon
The Man Who Changed Everything: The Life of James Clerk Maxwell
John Wiley & Sons, 2004
根据约翰威立国际出版公司 2004 年英文版译出

果麦文化 出品

目录

前言

大约在十六岁的时候，我就对麦克斯韦着了迷，到了四十多岁，他对我来说仍然是一位神秘的人物。他的名字出现在对二十世纪重大发现——例如相对论和量子理论——的通俗描述中。当我还是一位工程学专业大学生的时候，我就知道他的方程是整个电磁学的基础，但并没有完全理解它们的魔力。到了现在，尽管我稍稍深入地理解了他方程的一点点，然而，它们又似乎变得更加深奥莫测起来了。

多年以来，麦克斯韦之谜深深地吸引着我。我广泛地阅读了大量的科学读物，即使有时是随意阅读的，这些读物加深了我对这个谜的理解。人们通常称麦克斯韦是“伟大的麦克斯韦”，他对物理学的影响显然是遍及各方面的。然而，在物理学界之外，他是几乎不为人知的。我的朋友们都知道牛顿和爱因斯坦，大多数还知道法拉第，但大多数从来都没有听说过麦克斯韦。更有甚者，在我所阅读的、写他生平的大多数文献中，除了介绍他是苏格兰人并生活在十九世纪中叶以外，其余就再没有什么更多的内容了。

该是到了揭开这个谜的时候了。几年前，我从当地图书馆开始，查遍了所有有关麦克斯韦的资料。在《大英百科全书》中，有一条关于他的两千字的且很有价值的条目，和一个简要的参考文献。该条目使我仿佛找到了通向埋藏这个财富宝库的道路。麦克斯韦不仅是有史以来最有天才和最有影响的科学家之一，而且还是一个善良而又有魅力的人。他是科学奇才与爱情至上完美结合的独特典范，由此赢得广大作家的青睐。剑桥大学三一学院图书馆珍藏着一本一九二五年编辑的《时代文学增刊》(*Times Literary Supplement*)，它把麦克斯韦说成是“十九世纪物理学家中最富传奇色彩的人物”。

我力图用简洁而又直白的语言，向读者讲述麦克斯韦的故事，使读者按照他生活的年代、以他的观点去看待世界。因此，正文只包含少量供查阅的参考文献和本故事所必需的一些背景或细节。在后面的“注释”部分，则考虑弥补这方面的不足，同时还给出了一些有趣的拾零。

在麦克斯韦的众多朋友看来，他很热情，也很能鼓舞他周围的伙伴。我希望本书能使读者因为了解了麦克斯韦的一些故事而感到愉快。

年表

麦克斯韦一生中的主要事件

1831　6月13日出生在爱丁堡印度街14号，在格伦莱尔长大

1839　母亲弗朗西斯去世

1841　入学爱丁堡公学

1846　发表第一篇论文，论卵形线的论文

1847　入学爱丁堡大学

1848　发表论文《论滚动曲线理论》

1850　发表论文《论弹性固体的平衡》

入学剑桥大学，先在彼得豪斯学院学习一学期，然后转入三一学院就读

1854　从剑桥大学毕业，获得数学学位考试甲等及格者第二名，同时获得史密斯奖

开始了研究生学习和研究

1855　发表论文《关于眼睛察觉到的颜色的实验》

发表论文《论法拉第的力线》的第一部分，第二部分在

随后一年发表
当选为三一学院的研究员

1856 父亲约翰去世
被阿伯丁的马里斯查尔学院任命为自然哲学教授

1858 论文《论土星环运动的稳定性》被授予亚当斯奖，该文发表于 1859 年
与马里斯查尔学院院长的女儿凯瑟琳·玛丽·迪尤尔结婚

1860 发表论文《对气体动力论的说明》和《论混合色理论以及光谱色的关系》
被马里斯查尔学院解雇
申请爱丁堡大学自然哲学教授职位未果
患严重的天花病
被伦敦国王学院任命为自然哲学教授
因为他关于色视觉的研究被伦敦皇家学会授予伦福德奖章

1861 成功制作出世界上第一张彩色照片
发表了论文《论物理力线》的前两个部分，后面两个部分在随后一年发表
当选为英国皇家学会会员

1863 在给英国科学促进会的报告中提出以电单位及其实验结果为基础来研制标准电阻的建议

1865 发表论文《论倒易图形与力的图解》

发表论文《电磁场的动力学理论》
因骑马被树枝划伤，伤口严重感染
辞去国王学院的教授职务，返回格伦莱尔

1866 发表论文《论空气和其他气体的黏滞度或者内摩擦》

1867 发表论文《论气体的动力学理论》
访问意大利

1868 发表论文《论节速器》
开始用实验测量电荷的静电单位与电磁单位之比率，根据他的理论，它等于光速
申请圣安德鲁斯大学校长职位未果

1870 发表论文《论山丘与溪谷》
因工程结构的倒易图著作被爱丁堡皇家学会授予基思奖章

1871 出版著作《热的理论》，在其中引入了麦克斯韦妖
被剑桥大学任命为实验物理学教授
指导卡文迪许实验室大楼的设计与建造（1874 年全面交付使用）

1873 出版著作《电磁通论》

1877 出版著作《物质和运动》

1879 发表论文《论玻尔兹曼的质点系能量均分定理》
发表论文《论由温度不均引起的稀薄气体中的应力》
编辑出版著作《尊敬的亨利·卡文迪许的电学著作》
11 月 5 日在剑桥去世，埋葬在帕顿

注：麦克斯韦共出版了 5 部著作，发表了约 100 篇论文。在正文中提到的麦克斯韦的著作都列在这里了，其他著作可在“参考文献”中找到。

导言 1

麦克斯韦标志着一个科学时代的终结和另一个科学时代的开始。

——爱因斯坦

站在人类历史的高度从长远看，例如从现在起的一万年观之，几乎毫无疑问的是，十九世纪中最重要的事件将被判定为麦克斯韦对电动力学定律的发现。

——费曼[1]

一八六一年，麦克斯韦孕育出了一种科学思想，它比任何哲学著作更深刻，比任何油画更美丽，比任何政治或战争更强有力。麦克斯韦的这种科学思想是空前绝后的。

在十九世纪中叶，世界上最优秀的物理学家一直在长期而又

1. 费曼（Richard Phillips Feynman，1918—1988）：美国物理学家，因对量子电动力学方面的贡献而荣获 1965 年诺贝尔物理学奖。——译者注（下文如无特殊说明，皆为译者注）

艰苦地寻求开启电现象和磁现象巨大之谜的钥匙。这两种现象似乎是紧密地联系在一起的，但这种自然界的根本联系又是深奥的、隐匿的，藐视着所有企图揭开它的一切尝试。就在这时，麦克斯韦终于发现了答案，他像一道天才的亮光划破了漆黑的夜空。

麦克斯韦做出了震惊世界的预言：飞逝的电流不仅可以存在于导体中，还可以存在于所有物质当中，甚至可以存在于真空中。电磁之间联系的不为人知的那一部分秘密终于被发现了，现在电磁现象的一切描述都被囊括在一个完整的、优美的电磁理论当中。

然而，这还不是麦克斯韦理论的全部内容。麦氏理论还预
言：只要轻微地移动一下磁体，或者改变电流，一个能量波就像
池塘里的水波一样将扩散到四周。麦克斯韦计算出这种波的速
2 度，结果与已测得的光速度正好相同。顷刻间，麦克斯韦一举将
电、磁和光统一起来了。这才发现，可见光只不过是电磁波巨大
波段中的一个小波段而已，它们速度相同，只是振动频率不同
罢了。

麦克斯韦的科学思想与前人的科学思想是如此不同，以致与他同时代的绝大多数人在他超前的科学思想面前呆若木鸡，甚至一些敬佩他的人也认为他在痴心妄想。在四分之一世纪过去之后，实验证据才开始显现，海因里希·赫兹[1]利用火花放电产生

---

1. 赫兹（Heinrich Rudolf Hertz，1857—1894）：德国物理学家，1887 年首先发射并接收到电磁波。

了电磁波，并探测到电磁波。

在过去一百年间，我们已经学会利用麦克斯韦波长距离或短距离地传递信息，传递时间只需零点几秒钟。如今，我们已经无法想象一个没有无线电、电视和雷达的世界了。麦克斯韦的脑力创造物已经深深地、不可逆转地改变了我们的生活。

麦克斯韦的理论是一条自然规律，是我们理解宇宙的基础之一。它开启了通向二十世纪物理学的两大成就——相对论和量子理论——的道路，并且在这两场剧烈的物理学革命中依然自我保存得完好无损。正如伟大的物理学家马克斯·普朗克[1]所指出，麦克斯韦的理论必定成为人类最伟大的智力成就之一。然而，尽管我们在日常生活中不断享受麦克斯韦理论的成果，但是该理论的创造者一直未得到应有的荣誉。

科学事实无可辩驳地说明，即使麦克斯韦从来没有涉足电学和磁学，他依然当之无愧是最伟大的科学家之一。他的影响无处不在。他将统计学方法引入到物理学中，而这种方法现在被认为是理所当然的。他用实验证明了我们所看到的彩色的原理，并且得到了世界上第一张彩色照片。他异想天开的创造物——麦克斯韦妖，一个分子大小的动物，能够使热从冷的气体流向热的气体，是第一个最富有想象力的思想实验，爱因斯坦后来也经常应用这类思想实验。麦克斯韦妖困惑了科学家六十年，引发了信息

1. 普朗克（Max Karl Ernst Ludwig Planck，1858—1947）：德国物理学家，1900 年创立量子论，曾获 1918 年诺贝尔物理学奖。

理论的诞生。他写下了一篇关于自动控制系统方面的论文，人们
3 多年以后才开始考虑这门学科，该论文成为现代控制理论的基
础。他规划设计了卡文迪许实验室，并作为第一任主任复兴了剑
桥科学传统，导致实验室发现电子和 DNA 结构。

他的一些著作对工程师也有直接的实际帮助。他告诉人们怎样利用偏振光显示结构中的应变图案，他还为计算任何框架中的力发明了一套简洁而又有效的图形方法。这两种方法都成了标准的实际工程方法。他还是第一个提出利用离心分离机分离气体的人。

他诞生于一八三一年，但只活到四十八岁就去世了。作为一个苏格兰人，他大约一半的职业生涯是在英格兰度过的。他在幼年时期就对自然界十分着迷，并下定决心去弄明白它们。所有的父母亲经常会遇到他们的孩子提出的许多疑问。不过，只有三岁的麦克斯韦就提出了诸多疑问，这对于他的父母亲来说恐怕是罕见的。运动的、发光的、发出声音的物体，都会引起他好奇的疑问："为什么会是这样的？"如果他父母亲的回答不能使他满意，那么接下来他的问题便是："为什么恰好是这样的呢？"他对于一颗蓝宝石的反应是："我怎么知道它是蓝色的呢？"他的好奇心陪伴着他终生，他成年后的绝大部分精力都献给了弄明白万事万物为什么的这些问题上。揭示自然界的深层奥秘是他终生至高无上的奋斗目标。

只有少数人知道麦克斯韦是与牛顿和爱因斯坦齐名的，但大多数人从来没有听说过麦克斯韦。这是不公平的，而且是一个

谜，对我们来说也是一个巨大损失。我写这本书的一个充分理由，就是要为麦克斯韦赢得一点他应得到的公众的承认，不过，一个更好的理由是弥补那个巨大损失。麦克斯韦是我们大家的共同财富。他不仅是一位顶尖的科学家，而且还是一位具有超凡魅力和伟大精神的人：令人鼓舞、趣味盎然、充实丰富。他的朋友们热爱他、敬仰他，也希望更多地了解他。我们也许能够分享一点点这样的人的人生经历吧。

01

第一章

乡下的孩子

4　格伦莱尔 1831—1841

当二年级的同学们第一眼瞧见新来的一位同学时，就很难不表示出带有敌意的好奇心。只见他身穿着一件出奇宽大的斜纹软呢服，衣领还镶有褶边，脚上居然穿着一双黄铜带扣的方头鞋。这样的穿着打扮在爱丁堡公学还从来没有见到过。同学们课间一齐簇拥到这位新生旁边，无情地嘲笑他。当他以奇怪的加洛韦口音回敬他们的辱骂时，他们便发出刺耳的尖叫声。漫长的一天终于过去了，他回到家中时发现衣服已被撕烂了。他在课堂上表现得似乎有些迟钝，因此很快就得到了一个“傻子”的绰号。这种不友好的对待还在持续着，他也一直以惊人的好脾气忍受着，直到有一天被激怒得怒不可遏，并把胸中积郁的怒火猛烈地爆发出来，这一下可吓坏了他的同学们。自那以后，他们对他稍微尊重了一些，但是仍然没有替他摘掉“傻子”的绰号。这就是有史以来最伟大的科学家之一，詹姆斯·克拉克·麦克斯韦学生生涯的开始。

麦克斯韦头八年时光一直过得很快乐。他出生在爱丁堡，[1]

生长在格伦莱尔[1]，他父亲的庄园在那里，在苏格兰西南加洛韦地区绵延起伏的厄尔山谷之中。[2]他的父母亲约翰和弗朗西斯很晚才结婚，第一个孩子伊丽莎白在婴儿期就夭折了。到他出生时，母亲弗朗西斯都快四十岁了，所以他的父母亲都非常疼爱他，全身心地投入对他的悉心抚养当中。当他刚会说话、走路时，他就表现得与众不同。像所有的孩子一样，他对周围的一切充满了好奇，格外强烈的好奇心驱使他常去一些人迹罕至的地方。对他来说，知道如何拉响房间里的铃还不够，他还要反复研究房间里的铃绳是怎样控制厨房里的铃的，乃至所有铃绳是如何布置的。他还有使日常用品发挥出奇特功效的本领。有一天，保姆麦吉拿了一个小金属盘子让他玩。他一开始用匙子敲打它，让它在地板上滚动，但不久就尖叫地呼唤来父母亲，要让他们来瞧一瞧自己是如何把金属盘的反光投射到墙上，从而把阳光引到屋里来的。

稍大一点后，他和当地的孩子们一起玩打仗游戏，爬树，徜徉在田野和森林，痴迷在对动物和鸟的观察中。他非常喜欢早晨用手推车去河边取水。家里所发生的一切都会引起他的注意。要是没有他在场的话，家里的什么事情仿佛都做不成。什么他都要刨根问底，什么他都要自己去试一试。他编织篮子，亲手焙烤，协助父亲管理庄园。像所有的孩子一样，他时常就像一只小猴

1. 格伦莱尔（Glenlair）：麦克斯韦的父母亲给他们庄园里的新房子所取的名称，后来用这个名称来指整个庄园。

子。有一个晚上，天刚刚黑，当端着茶盘的麦吉正要走进他的房间时，他吹灭了蜡烛，结果使麦吉摔倒在房门口。

在母亲的教导下，他很快学会了阅读，并开始了解大千世界。他喜欢历史和地理，尤其喜爱文学。不久，他就阅读了所能读到的一切。弥尔顿[1]和莎士比亚[2]的作品是他的最爱。与一般孩子不同的是，他似乎能记住他曾经阅读过的绝大部分内容。

作为一种消遣，全家人常在一起高声朗读小说和诗歌，或者表演戏剧。宗教活动也是这个家庭的重要活动之一。一家人，包括仆人，每天都要在一起做祈祷，每逢星期天还要去西边五英里
6 外的帕顿教堂。他父亲是长老会教友，而母亲则是圣公会会员，但彼此都能宽容对方。麦克斯韦家族主导着当地的社会活动。他们和其他显赫家族一起轮流举行义卖、舞会和互访。他们还同住在爱丁堡和佩尼库克的亲戚互访，他姑妈的庄园在那里。

格伦莱尔的生活是惬意的，既刺激又有点繁忙。这里充满了玩笑和打趣，不存在傲气，言论自由。这个时期的精神气质贯穿了麦克斯韦的一生。我们以后将会陆续看到一些故事来说明这一点。不过，还是让我们就此打住，以便来浏览一下他在二十六岁时所写的一首诗。该诗取笑了他的朋友威廉·汤姆森[3]，汤姆森当

---

1. 弥尔顿（John Milton，1608—1674）：英国诗人，《失乐园》的作者。
2. 莎士比亚（William Shakespeare，1564—1616）：英国戏剧家和诗人，戏剧作品被认为是英语文学作品中最伟大的戏剧，还作过 154 首十四行诗。
3. 威廉·汤姆森（William Thomson，1824—1907）：后来的开尔文勋爵，英国物理学家，热力学的奠基人之一。

时是大西洋电报公司的顾问，正在铺设海底电缆并遇到了麻烦。

在海底，在海底，
没有一丝信号传到我这里。
在海底，在海底，
一定是出了什么问题；
电缆断了，电缆断了，电缆断了？
什么原因？就是不清楚，
然而，一定是有什么东西折断了电报线，
拉呀，拉呀，拉，
它们承受的力太大啦！[3]

不过，这首诗的字里行间并没有一丝幸灾乐祸之意。麦克斯韦十分钦佩穿越大西洋的海底电缆工程，还曾建议通过利用水下的设备使电缆铺设得更平滑和更经济。这首诗只不过是他情不自禁地开的一个小小玩笑而已。

对于欢乐谷——这里的居民又称它为厄尔山谷——来说，他的父母是新移民。他父亲约翰·克拉克·麦克斯韦是位律师，有相当一部分时光是在爱丁堡度过的。他收入丰厚，而且从不担心事业会失败。他把心思主要都放在业余爱好上，即我们现在所称
的技术上。在工业、农业和大学的圈子里，他都建立了很广泛的 7
朋友关系，并乐于紧跟着新潮流。他的生活原本可以在愉快而又平静之中轻松度过，然而在三十多岁时发生了一次转折。他的一

位朋友的妹妹弗朗西斯·凯在与他长期接触后钟情于他，并答应嫁给他。弗朗西斯是位热情而又果敢的人，她积极主动，而这一点正是约翰所缺乏的。他们俩的生活从此发生了改变，格伦莱尔成为他们向往的居住之所。约翰在几年前就继承了格伦莱尔庄园，并戏称要去那里生活，践行务农的理想。现在他往日的梦想终于变成了现实和目的性很强的行动。他们在格伦莱尔安家落户了。

这个庄园先前的主人一直都没有住在这儿，因为这儿被认为是不适宜居住的。但对于约翰来说，这个庄园有它独特的吸引力，毕竟自行设计并建造自家住宅这一点实在太诱惑人了。他把住宅设计成适合当时乡绅居住的样子，并计划以后再扩建它。为了尽早开始新的生活，他同弗朗西斯在住宅开工不久便来到格伦莱尔，住进了庄园里的小农舍里，直到住宅建成。他们全身心投入乡村生活之中，一直持续到第一个孩子夭折。当弗朗西斯怀上第二个孩子时，他们决定去爱丁堡等待这个孩子的降生，因为在那里有亲戚和医院。在麦克斯韦出生后不久，他们又返回格伦莱尔，又过起乡村生活来。

格伦莱尔归属约翰家族仅经历了三代人。它有一千五百英亩，但只是米德尔比庄园的一个零头，米德尔比庄园以前归属于麦克斯韦家族。约翰家族原姓克拉克，既不姓麦克斯韦，也不姓詹姆斯，克拉克家族是通过通婚，外加佩尼库克准男爵身份而得到米德尔比庄园的，佩尼库克在爱丁堡以南十英里处。他们商定，佩尼库克将传给年长的继承人，而米德尔比将传给第二继承人，并且不论谁继承米德尔比，须在家族的姓上加上麦克斯韦。当约翰的祖父在采矿投资失败之后，米德尔比的大部分田产都被卖掉，只剩下格伦莱尔。接下来就有了麦克斯韦的父亲约翰·克 8 拉克·麦克斯韦和他在佩尼库克的伯父乔治·克拉克爵士。

约翰和弗朗西斯都是来自有特殊才能的家庭。克拉克和凯的祖先在许多领域都十分显赫。[4] 要充分证明这一点将会使我们离题太远，不过，仅仅利用克拉克家族的两个典型就足以说明这个问题了。

麦克斯韦的高祖约翰·克拉克爵士是位光芒四射的人物，使我们大多数人的努力显得黯然失色。尽管他是苏格兰财政部的男爵和英联邦政府的一名官员，但他创作的音乐至今还在被演奏。他还是皇家学会的会员，在考古学、建筑学、历史、天文学、地质学和医学等方面都是一个有影响力的权威。

约翰·克拉克爵士的一个儿子，也叫约翰·克拉克，除了是一位有天赋的艺术家和地质学者之外，还是一位极其成功的商人。他和朋友詹姆斯·赫顿一起工作，绘制了赫顿开创性的著作《地球论》（*Theory of the Earth*）的插图。不过，他自己的杰作却是一部论海军战术的书。令人非常惊奇的是，他这个旱鸭子——从来没有下过海——居然能写出这么一本书。不仅如此，这本书还成为这个领域里的标志性著作。在指挥特拉法尔加战役中，海军上将纳尔逊[1]直接引用了这本书中的一些战术。

然而，在约翰和弗朗西斯的宅院里却找不到他们杰出祖先的显赫踪迹。没有家财万贯，也没有肖像画廊。最值得他们骄傲的传家宝之一就是用旧了的一套风笛，那是麦克斯韦祖父留下的。麦克斯韦祖父曾是英国东印度公司的海军上校。当船只失事时，他就是利用风笛保持自己漂浮而没有溺水的。不过，宅院缺乏装饰却对他们的儿子非常有利。与一般贵族家庭成员之间关系相比较，麦克斯韦与他父母亲的关系更加亲密。他母亲成了他的家庭教师，而他父亲在处理庄园事务时经常带着他。他有充足的时间与当地孩子一起玩。他学会了加洛韦方言，操着永远没有完全改掉的地方口音。他本应该是一个快乐无比的孩子，然而，母亲的不幸即将降临。

9 弗朗西斯生病了，被诊断为腹腔癌。她决定不用麻醉剂而接受手术，只不过手术成功的机会不大。为了丈夫和儿子，她希望尽可能活得长一点，因此才选择这种极其痛苦的治疗方案。遗憾的是手术没有成功，弗朗西斯不久就病逝了，年仅四十七岁。

弗朗西斯一直是这个家庭的中心，没有了她，格伦莱尔的家就显得有点凄凉。约翰和麦克斯韦既悲痛伤心，同时也得到了一丝宽慰，毕竟病痛再也不会折磨弗朗西斯了。失去亲人的打击使他们父子俩彼此更加亲近，父亲希望常有儿子相伴。然而，终究

1. 纳尔逊（Horatio Nelson，1758—1805）：英国海军上将，在尼罗河战役（1798年）中打败法国舰队，迫使拿破仑放弃海上进攻英国本土的计划。

要面临麦克斯韦上学的问题。按原计划，麦克斯韦在十三岁以前在家接受教育，然后直接送他去上大学。但是，约翰忙于庄园和郡里的各种会议以及委员会工作，以致无暇亲自教导孩子。行程在一天范围内的，没有合适的学校；要是把麦克斯韦送到更远处去读书，约翰又害怕孤独。

于是，约翰决定聘用一位家庭教师。他选中了邻居一位十六岁的少年，这位少年在校成绩优异，由于推迟了上大学的时间，所以可以接受这份差事。人们无论如何也搞不清楚约翰当时是怎样做出这样一个欠妥当的选择的。他的儿子是那么有天赋，他怎么能把儿子托付给一个知识既有限而又缺乏生活阅历的人呢？无论他有什么理由，损失都将是惨重的。

这位家庭教师采用的教学方法是他所在学校所采用的那一套：通过体罚，逼学生死记硬背。课堂成了折磨精神和摧残身体的场所。麦克斯韦本想让父亲高兴一点，但确实对背诵那些脱离实际意义的单词和数字一点兴趣也没有。在遭受无数次地被揪耳朵和挨巴掌之后，他仍然不认可这种教学方式。他的伙伴在学校肯定遭受过类似的虐待，所以他也许认为自己只能忍受这种教学方式。但是，在忍受了一年多以后，他开始反抗了。

在住宅附近的鸭塘边有一个大洗衣盆，麦克斯韦一直用它作 10
为小船划着玩。有一次，他在课堂上实在忍无可忍了，便冲出课堂，把那个大洗衣盆推进塘中，随后跳进盆中并把盆划到鸭塘的深水处。无论那位家庭教师怎么叫喊，他就是拒绝上岸。尽管他父亲不赞成这种反抗行为，但他还是达到了自己的目的。

住在爱丁堡的麦克斯韦的姨妈简——弗朗西斯的妹妹，在了解了情况后就劝说约翰，现在应该是把已十岁的麦克斯韦送去上学的时候了。约翰守寡的姐姐、麦克斯韦的姑妈伊莎贝拉也住在爱丁堡，也同意这么做。爱丁堡公学[5]是苏格兰最好的学校之一，离他姑妈家很近。他上学期间可住在姑妈家，假期再返回格伦莱尔。约翰尽管很不情愿与儿子分开，但他知道简和伊莎贝拉的观点是对的，所以同意了她们的安排。

不凑巧的是，学校一年级的人数已经满了，所以麦克斯韦不得不一开始就上二年级。他所在的班级有六十位“老生”，在校已学习了一年多，熟悉学校并形成了属于他们自己的圈子。他们大部分人都是来自爱丁堡的大户人家，说话口音优雅。可想而知，对一个“新来的人”来说，来到这儿学习是并不容易的。更为糟糕的事情是，他父亲为他设计并缝制的衣服给他造成了更大的麻烦。从客观上讲，这些衣服都是很好的：保暖、结实和舒适；另外还有宽松的外衣和方头鞋。但约翰似乎忽视了学生们的眼光：在麦克斯韦的同学看来，与他们穿着的紧身夹克和修长的鞋子相比，“新来的人”麦克斯韦的穿着打扮就好像是来自外国的一位可笑的乡巴佬。

所以，我们一点都不奇怪的是，在麦克斯韦进城上学的第一天，他操着奇怪的口音，穿着不同一般的衣服，俨然就是一个乡下孩子。我们已经看到，他顽强地挺过了粗暴的对待，回避了冷嘲热讽。在最艰难的日子持续了一阵子后，同学们从嘲笑他，到接受他，到最终钦佩他。

02

第二章

钉子和线

11 爱丁堡公学 1841—1847

姑妈伊莎贝拉和姨妈简很快就注意到麦克斯韦的穿着与众不同，但麦克斯韦自己并不这么认为，也没有想去改变自己的着装。他很少参加正式的运动，只是喜欢打弹子和玩陀螺。他仍坚持按格伦莱尔的叫法，称它们为“滚石球”（bools）和“赶梨子”（pearies）。他随身带着简单的绘画工具，用它们画出古怪的图形，他的伙伴们都是一头雾水，不知道他画的是什么。他经常独自去有树的角落或者有草的浅滩，观察蜜蜂和甲虫，或者在树枝上做体操。

他才思敏捷，脑筋灵活，但很长一段时期在学校里没有表现出来。一位同学后来指出，他像是一列马力十足的火车，只是可惜轮子没有架在铁轨上。一年多以后，他才交上一位真正的朋友。他表现得很坚强、很勇敢，这些品质赢得了同学们的尊敬。他从不争吵，也不嫉妒。同学们开始认为他古怪，后来才知道他脾气好而且慷慨大方。

在课堂上，起初有两件事使他犯难。其一，对希腊文和拉丁文的反复练习使他麻木了，这使他联想起他的家庭教师。其二，他说话时有一些犹豫不决，常常在侃侃而谈时长时间停顿。这个缺陷也许形成于受家庭教师教育的那个时期，从某种程度上来说他终生都未改掉。他最终设法解决了回答课堂提问这个可怕的事 12
情。他把心中想好的、针对老师可能提出的问题的答案写在教室窗户上，一旦需要就照着写的念出来。

他在姑妈伊莎贝拉家[1]则不存在这类问题，在那里生活既舒适又令人激动。姑妈家图书室藏书丰富，数量比格伦莱尔家的还要多，他很快就读到了斯威夫特[1]和德莱顿[2]的作品。

他酷爱画画，他的堂姐杰迈玛是他学习的榜样。杰迈玛过去经常带着写生簿去格伦莱尔写生，现在已是一位青年艺术家了。兰西尔[3]曾经说过："在画动物方面，我再没有什么可以教给她了。"她不久将在皇家艺术院举行个人画展。[2]她正在学习木雕，允许麦克斯韦借用她的工具。画画仅仅是麦克斯韦的一种兴趣，他从中体验到了绘画的快感。

作为在画室里的娱乐，他和杰迈玛利用他们的智慧制造出"轮上的生活"。就像动画片那样，一系列画被他们放在旋转的轮子或者圆柱体上，人们在短时间内观看它们时便得到运动的图像。他设计并制造器械。他先画出一系列草图，然后杰迈玛将它

---

1. 斯威夫特（Jonathan Swift，1667—1745）：英国文学家，讽刺文学大师，有寓言小说《格列佛游记》等作品。
2. 德莱顿（John Dryden，1631—1700）：英国剧作家和桂冠诗人，是英王复辟时期文学界的杰出人物。
3. 兰西尔（Sir Edwin Henry Landseer，1802—1873）：英国画家，以其富有感情的动物绘画而闻名。

们画出来。一幅可爱的画面显示出一名骑手在一匹飞奔的马背上玩杂技。

他父亲一有空就来爱丁堡。每逢星期六父亲进城，他们父子俩就去爬山到亚瑟宅邸（Arthur's Seat），或者游览当地其他名胜。每次新的经历都不断满足了麦克斯韦的好奇心。星期六的另一个去所是参观“电磁机器”展览。这些原始的装置——不是我们今天的发电机和电动机——开启了少年麦克斯韦的心智，正是这种心智最终改变了物理学家对世界的看法，爱因斯坦称这个变化是“自牛顿时代以来，物理学所经历的最深刻且最有效益的”。

13 他们父子俩在彼此分开时相互频繁写信。在麦克斯韦的信里充满了孩子气的笑话，他父亲对此特别开心。麦克斯韦在落款时故意颠倒他名字的字母顺序，例如 Jas Alex McMerkwell。他在一些信的邮寄地址上写着：至邓弗里斯，柯克帕特里克山，达累姆，约翰·克拉克·麦克斯韦先生。在他刚过十三岁生日之后写的一封信中，他表达了要礼物的小小暗示。在长篇累牍地描述了一个歌手的表演以及海滩的一次旅行之后，他询问格伦莱尔的人和事。他在最后说道：“我已做了一个四面体和一个十二面体，还做了两个我不知道其名称的多面体。”他在学校里还没有学过几何，却发现了数学家所称的正多面体：它们的面都是相同的多边形，且顶角都相等。只存在五种正多面体：人们最熟悉的是有 6 个面的立方体，另外还有 4、8、12 和 20 个面的正多面体。他很快就学会用纸板做出这些正多面体，然后利用这些基本的正多面体制作其他的对称体。

我们不知道是什么原因促成他认识正多面体的。他也许读了一些有关书籍，但不大可能是数学书的原因。无论是什么因素，麦克斯韦的反应显示出他对对称的直觉把握，以及探索不同形体的本领。这些品质后来在他的科学工作中体现出来了。

起初，学校老师教麦克斯韦的方法与他家庭教师的方法是很不相同的。孩子们在学校要花很多时间背诵希腊文动词，做算术练习。他们的老师卡迈克尔先生动辄使用皮鞭——一条可怕的、末端裁得很窄的皮带。不过，这种基于死记硬背的苦差事给更吸引人的学习内容让路了，麦克斯韦对学习开始产生兴趣，并且受到了关注。在第一学年，他从班上的下等位置一举攀升到全年级的第十九名，并在经文传记的写作上得了奖。

他开始觉得对希腊文和拉丁文的学习是值得的，他在班上的
地位得到了提升。由于学生座位是根据他们在班上的名次来确定 14
的，他现在坐到了那些受人尊敬的座位行列当中。他关于《圣经》的知识很可能超出了他的老师，这有助于他第二年获得经文写作奖。然而，从第三年起，更大的奇迹陆续发生了。开始上数学课了，他这个“傻瓜”让他的同学们大吃一惊：他学习几何很快，而且不费吹灰之力。他信心大增，学习其他课程时也不再沉默寡言了。他开始在英语学习中冒尖，接着很快就在所有课程中都名列前茅。

十分庆幸的是，刘易斯·坎贝尔的家庭搬到了麦克斯韦姑妈伊莎贝拉家的隔壁。刘易斯是麦克斯韦班上的明星人物，非常聪

明，几乎总是班上的第一名。刘易斯在他家搬来之前就同麦克斯韦建立了朋友关系，他们现在可以一起放学回家了，在路上常常海阔天空地交谈。麦克斯韦的心扉敞开了，他头一次能够和同他一般大的孩子分享他丰富的奇思异想。几何学是他们最初的讨论话题，但不久话题范围扩大到涵盖他们的经历和思想。他们成了终生的朋友，当麦克斯韦四十八岁逝世时，坎贝尔为他写下了感人肺腑的传记。

麦克斯韦与刘易斯·坎贝尔的结交，结束了他在学校的孤立局面。他很快发现他身处一群可爱的同学当中，他们喜欢他古怪的唠叨声，以及滔滔涌现的思想火花。在这群孩子中，还有一位也成了他终生的朋友，他就是彼得·格思里·泰特[3]。

P.G. 泰特后来成为苏格兰最优秀的物理学家之一，我们将看到，麦克斯韦和泰特在职业发展上几乎是并驾齐驱的，他们不止一次不约而同地竞争同一个职位。然而，友谊远远大过竞争。他们自学生时期就建立起来的友谊在不断发展，彼此分享对方活跃的思想。在学校里，他们俩在数学问题或者其他问题上经常彼此挑战[4]，甚至彼此在对方的鸡蛋里挑骨头。当他们双双成为资深教授以后，他们通信时仍使用明信片，而且仍然沿用男生使用的
15 一套暗语，只是比起二十五年前来说，后来的语言优美了许多，但仍然充满着活力。

下面，我们来介绍麦克斯韦发表的第一部著作——关于一种曲线的文章，那年他才十四岁。人们利用钉子、线和铅笔都能够在纸上画出这种曲线。众所周知，假如你采取如下步骤：（1）

钉上一颗钉子；（2）把一段线的一头固定在钉子上，另一头固定在铅笔上；（3）让铅笔把线带直且绕钉转动，则铅笔会画出一条圆曲线。足球场管理员正是利用这种相同的方法，在足球场中央画圆圈的。稍稍学一点几何的人会知道，这种图形可以变化。如果你利用两颗钉子而不是一颗钉子，把线的一端系在一颗钉子上，另一端系在另一颗钉子上，再让铅笔带紧线运动，那么铅笔将画出一种卵形线，又称椭圆。每颗钉子处在这个椭圆两个焦点的一个焦点上（就像太阳处在地球椭圆轨道的一个焦点上）。如果你把两颗钉子靠近，则得出的椭圆更像圆；如果你把两颗钉子放得越开，卵形线就变得越来越扁。

对于大多数人来说，这种画曲线的游戏也许就到此为止了。然而，麦克斯韦却意犹未尽。他从一颗钉子上解开线的一端，接着把线的这端系住铅笔，然后让线绕未系线的钉子转圈，铅笔带紧线，结果铅笔画出另一种曲线。这是一条漂亮的、偏向一边的卵形线，轮廓像鸡蛋。这还仅仅是一个开端。他推论：简单的椭圆可定义为一个移动点的轨迹，该移动点到两焦点（钉子）的距离之和为一常数（线的长度）。有如下等式：

$$p + q = s$$

这里 p 是铅笔到一个焦点的距离，q 是铅笔到另一个焦点的距离，s 是线的长度。然而，当画他发现的新卵形线时，他把铅笔到两焦点之一的线长增加了一倍，所以得到以下等式：

$$2p + q = s$$

16 他画出了更多的曲线，变化线绕钉转圈的次数，得到各种鸡蛋形的卵形线。他发现，他在原则上可以围绕任何一颗钉子让线转任意圈，因此可以得到一个完整的卵形线族：

$$mp + nq = s$$

这里 m、n 是任意整数。他接着去画具有 3、4 和 5 个焦点的曲线。

由此可见，提出几何定理对麦克斯韦来说并非什么了不起的事情，他总是在做这类事情。十分庆幸的是，他父亲决定把这套图形拿去让他的朋友詹姆斯·福布斯[1]指教，福布斯是爱丁堡大学的自然科学教授，他和他的数学同事菲利普·凯兰对麦克斯韦的天才表现大吃一惊。

两位学者一起查阅了数学文献，以调查是否有前人曾做过类似的事情，结果只发现十七世纪著名的法国数学家、哲学家勒内·笛卡尔[2]做过。笛卡尔曾发现相同的双焦点卵形线，但麦克斯韦的结果更有一般性，而且他的画法更简单。不仅如此，他的

1. 福布斯（James Forbes，1809—1868）：苏格兰物理学家，1834 年发现热辐射的偏振，观察到它们的干涉，最先演示了热导率与温度有关。
2. 笛卡尔（René Descartes，1596—1650）：法国数学家，哲学家，因将笛卡尔坐标体系公式化而被认为是“解析几何之父”。

双焦点曲线方程在光学上有实际的应用。

这就是麦克斯韦在科学舞台上的初次登场亮相。福布斯在爱丁堡皇家学会上代他宣读了论文，[5] 因为他被认为年纪太小而不能做这件事。这件事引起了相当多人的兴趣，其中有个人叫 D.R. 海，他是一位印刷商兼艺术家，曾试图通过数学方法得到美丽的图形，在爱丁堡广为人知。正是他对“完美的卵形线”的追求促使麦克斯韦利用钉子和线来进行这方面的尝试。据悉，海也曾用钉子和线去做过尝试，但最终只是在使用三颗钉子上取得了一些成功。不过，他仅仅使用了一个循环，得到一个由六个部分椭圆构成的卵形线，它巧妙但不很优美。我们时常在问自己这样一个问题——“为什么我就没有想到呢?”然而，当海先生看到麦克斯韦的答案时，没有谁比他更后悔了。

麦克斯韦的头脑是清醒的。他现在成为名人了，他父亲为之 17
非常高兴。不过，卵形线的论文标志着另一个更加成功的、科学生涯的开始。他开始深入研读数学大师勒内·笛卡尔的著作，并很快就发现这位大师在计算上有个小小的错误，但这丝毫没有动摇他对大师的崇拜。在随后几年里，他陆续阅读了科学各个领域中的开创者的著作，并被它们深深吸引。

这些科学伟人成了他的朋友，他钦佩他们的奋斗，并理解到绝大多数的发现都是来自失败和摸索。通过研究哲学，他比他那个时代的人对于科学发现过程有更深刻的认识。没有人比他更全面地了解科学发展的历史。除了掌握了这些知识以外，他还拥有超凡的原创性和直觉。这些因素综合在一起把他造就成这样一个伟人，伟大的美国物理学家罗伯特·密立根[1]把他描述为“有史以来最睿智的人物之一”。

麦克斯韦通过阅读了解到人类在揭示自然奥秘的过程中容易犯错误，所有的大科学家都犯过错误。所以，他清醒地认识到，他在计算中也有犯错误的时候。在给一位朋友的信中他说：“我很可能写出一个想象中的公式”，这意味着是一个错误的公式。实际上，他的直觉常使他修正结果，即使是在他犯错误的时候。当他阅读过去或现在的科学家的著作时，他能容忍其中的错误，却毫不留情地批评那些不诚实的行为，并向读者予以揭露。他揭露了泊松[2]“在制造气压计方法上说谎”；揭露了安培[3]在精确地证明他的载流导线之间力的定律时，隐瞒了他最初赖以发现该定律的粗糙的实验。

除了几次生病以外，麦克斯韦在爱丁堡公学最后两年过得算是十分愉快的。尽管他很坚强，而且爱好运动，但他还是不时地
18 生病。他的英语成绩可以与数学成绩媲美。他在记忆方面没有遇到任何麻烦，在诗歌创作方面显示出超强的能力，在押韵和韵律上无可挑剔。他在历史、地理和法语上也获得了学校的奖励，在最后一年取得了全班第二名的好成绩。他常以打油诗逗乐他的好

1. 密立根（Robert Andrews Millikan，1868—1953）：美国物理学家，因测量电子电荷而获 1923 年诺贝尔物理学奖。
2. 泊松（Siméon Denis Poisson，1781—1840）：法国数学家，在概率论中提出泊松分布。
3. 安培（André-Marie Ampère，1775—1836）：法国物理学家，发现安培定律，提出分子电流假说，电动力学奠基人之一。

友，同刘易斯·坎贝尔、P.G. 泰特和其他聪明的同学很认真地讨论各种各样的问题。其中一个同学后来回忆道：为了迎合聪明孩子的父母亲，校方决定增开一门新课程——自然科学，实际上校方并不太在意谁能教这门课程。这位同学记得，麦克斯韦和泰特懂得的知识比老师还多。

麦克斯韦有时待在离市区不远的他的姨妈简家里。[6] 作为他妈妈的妹妹，而且自己又没有孩子，简尽其所能地给麦克斯韦以指导。她觉得他应该学法语。她是一位菩萨心肠、刀子嘴的人，很可能是戴维·科波菲尔（David Copperfield）的姨妈贝特西·特罗特伍德（Betsy Trotwood）的人物原型。她试图纠正麦克斯韦的怪癖，改善他的社交。当麦克斯韦正对着桌镜里的光影或者蜡烛火焰的摇动而思索时，他常听到简唤他去做伴的声音："詹姆斯，你快来帮我。"

每逢星期天，姨妈常带他去圣公会和长老会教堂，还安排他参加她朋友拉姆齐教长开设的问答教学法课。拉姆齐与年轻人关系很好，他警告他们不要跟着分离长老会的独立教会运动跑，或者热心任何新宗教团体。实际上，麦克斯韦不需要这类的警告。他的信仰引导了他一生，但它具有强烈的理性特色，而没有任何宗派色彩。公共机构的政治运作，无论是宗教的、国家的，或者是大学的，他都不感兴趣。

麦克斯韦喜欢的另外一个亲戚是约翰·凯舅舅。约翰·凯是他妈妈和姨妈的哥哥，也是他父亲的老朋友。约翰·凯和约翰·麦克斯韦一样也是律师，只不过他更成功，成了一名法官。 19

两个约翰都对技术抱有热情，他们尝试制造并销售发明的装置，但不成功。其中一项发明是风箱，它能产生连续平稳的强气流。有一天，约翰·凯带着麦克斯韦和刘易斯·坎贝尔去拜访威廉·尼科耳[1]，著名的实验光学仪器制造者。尼科耳曾利用爱尔兰晶石制造出的棱镜发现产生偏振光的一种方法。这种棱镜后来称为尼科耳棱镜，是标准实验箱中不可缺少的器件。麦克斯韦痴迷在尼科耳实验场地所看到的一切，那次拜访对他产生了重大影响。

不过，最美好的时光还是在格伦莱尔度假。麦克斯韦和当地的伙伴们一直保持良好的关系，与欢乐谷的社交生活保持着密切联系。他们在山上骑马、散步，夏天去野餐和射箭，冬天在冰上掷石头。他还帮助庄园员工收割。但有一种消遣是麦克斯韦不愿意去做的，那就是狩猎。他虽然不谴责别人去打猎，但他自己从不去打猎。他喜欢动物，与它们保持着亲善友好的关系。他能骑烈马，训练狗玩把戏。

他帮助父亲管理庄园。自从他父亲搬到庄园里来以后，庄园的状况一直不佳。建造住宅花费了约翰大部分的积蓄，积蓄其余部分还要投入土地改良之中，例如清除石头、排水和建围墙。当这些事情逐渐做完之后，约翰就开始建造谷仓了，这是一开始就计划好的事情。不过，计划中的住宅扩建尚需等待，在厄尔河上建桥的计划也被搁置，他们还只能徒涉浅滩过河。

1. 尼科耳（William Nicol，1768—1851）：苏格兰物理学家，尼科耳棱镜的发明者。

不过，并非所有的假期都是在格伦莱尔度过的。圣诞节他通常是在佩尼库克他的伯父乔治·克拉克爵士家中度过的，在那里溜冰很吸引人。乔治爵士长期从政，那个时期做了皇家造币厂的官员。他还是一位业余的动物学家，后来当上了动物学会的主席。他很有政治手腕，他的两个副主席被传闻是天不怕地不怕的 20
人物，总是相互唱反调。他们之间最著名的冲突发生在一八六〇年在牛津召开的一次会议上，绰号“老滑头”的威尔伯福斯主教提出要粉碎达尔文[1]的物种起源理论，却遭到了托马斯·亨利·赫胥黎[2]的迎头痛击。

他有时还去格拉斯哥看望他的堂姐杰迈玛，她现在移居到那里。杰迈玛爱上了休·布莱克本，并和他结了婚。休·布莱克本是格拉斯哥大学的数学教授，与热情洋溢的新任自然哲学教授威廉·汤姆森关系友好。汤姆森二十二岁就当起了教授，是一位有才能和有灵感的人。他在随后的五十三年中一直担任这个职位，后来被封为开尔文勋爵，是英国现代科学的创始人之一。他的慧眼立刻便看出麦克斯韦是一位罕见的天才。这两位天才结成了终生的朋友。汤姆森更是一位能让人思想火花迸发的人，他和法拉第[3]是对麦克斯韦影响最深的两个人。

---

1. 达尔文（Charles Darwin，1809—1882）：英国博物学家，进化论的创始人。
2. 赫胥黎（Thomas Henry Huxley，1825—1895）：英国生物学家，1860 年前后任英国动物学会副主席。
3. 法拉第（Michael Faraday，1791—1867）：英国物理学家、化学家，电磁感应现象的发现者，场概念的提出者。

在我们说出麦克斯韦以上的经历后，人们自然不会怀疑他将来会从事科学工作。然而，他父亲却希望他进入法律界。为什么会如此呢？我们必须对当时的背景做些交代。

在十九世纪中叶，在英语中“科学家”这个名称还未被普遍应用。物理学家和化学家被称为“自然哲学家”，而生物学家则被称为“自然历史学家”。许多从事科学工作的人都是些富有的
21 绅士。其他一些人，或者是牧师、医生、律师和商人，科学对他们而言仅仅是一种爱好。克拉克和凯家族中有几个成员就是这种人。在大学和一些研究机构（例如皇家天文台和皇家研究所）里，教授的职位非常少，薪水很低，而且鲜有空缺，因为这些职位多半是终身制的。要想竞争较好的职位是十分困难的，因此，科学被认为是有意思的职业，但不能以之谋生。工业和交通虽发展得很快，但这些进展都是那些没有多少科学背景的工程师带来的。确定海洋经度的问题不是由数理天文学家而是由约翰·哈里森和他制造的时钟解决的。一些有独创性的物理学家，例如查尔斯·惠斯通[1]和威廉·汤姆森，把他们的天才用于新电报装置的发明上了。当然也有例外，法拉第和其他从事电磁研究的工作就不是以实际应用为目标的。总而言之，科学是一个冠冕堂皇的爱好，却是一个贫穷的职业。

约翰也许联想到自己作为一位科学追随者的失败经历，所以不希望儿子重蹈覆辙。在父亲的愿望和自己对科学的爱好之间，

---

1. 惠斯通（Charles Wheatstone，1802—1875）：英国物理学家、发明家。

麦克斯韦感到了压力。不过，他的兴趣广泛：文学和哲学是带有刺激性的，学好法律又太花时间。

无论如何还不能做出选择。他下一步要进入爱丁堡大学学习，将跟随菲利普·凯兰学习数学，跟随詹姆斯·福布斯学习自然哲学，跟随著名的威廉·哈密顿爵士[1]学习逻辑。他渴望丰满自己的羽翼。他以特有的风格赋诗一首，以庆贺这次升学。这首诗既饱含深情又有点讽刺他昔日的母校。[7]

要是母校听得见，
他应牵着我的手。
不然，在嘈杂声中，
我会为古老的母校欢呼：
敬爱的母校， 22
神秘的母校，
在母校的日子，
多么美妙。

有人会以为我喝醉了，
有人会以为我疯了，
也有人会跟我一起

1. 威廉·哈密顿爵士（Sir William Hamilton，1788—1856）：苏格兰哲学家，因在逻辑学方面的贡献而闻名。

为我们古老的母校欢呼。

一些人把希望寄托于国王和大主教，
在人类历史上，
毫无疑问，
母校是第一所给人希望的学术机构。

让那些书呆子去寻找古希腊的遗风，
那些晦涩的语言和行话。
我感到朴实无华的，
仍是那些古老的苏格兰大学。

让所有的学者，无论尊卑，
都来哀悼朴实学风的逝去，
让他们去思考，而我们来举杯，
一齐祝愿苏格兰的大学永远年轻。

03

第三章

哲学

23 爱丁堡大学 1847—1850

麦克斯韦十六岁就进入了爱丁堡大学，他偏爱科学和数学，但也很有可能遵从他父亲的愿望而学习法律。然而在十九岁那年，他作为一名立志从事科学事业的青年去了剑桥大学。

当麦克斯韦的科学才能越来越明显地表现出来时，休·布莱克本和詹姆斯·福布斯就同他父亲去争论，从而促成了他职业方向的转变。按照他自己的话来说，他将从事“另外一种法律工作”。约翰·克拉克·麦克斯韦虽犹豫不决，但最终还是做出了正确的决定。对于想在科学上建功立业的人来说，剑桥大学无疑是最好的大学。许多作者为麦克斯韦没有早点去剑桥而表示遗憾，他们也许是对的，但正如我们将要看到的那样，爱丁堡大学三年的学习将促成他成为独特类型的科学家。

苏格兰的大学一直在为开放高等教育而努力，为的是使出身贫贱家庭的孩子也能和绅士的孩子一道进入大学。它们为能培养出自信的青年一代而感到自豪，这些青年人能够完成任何任务，在任何情况下都坚忍不拔。大学的课程繁多，未来的医生、律师、牧师、教师和工程师都将学习拉丁语、希腊语、社会史与自

然史、数学、自然哲学和精神哲学。精神哲学——我们现在简称为哲学——是基础。在爱丁堡的大学里，精神哲学比其他任何课 24
程都享有更高的地位，它有两个教授职位，其一是在逻辑和形而上学方面的，其二是在道德哲学方面的。

在面临选择班级的时候，麦克斯韦就像在蛋糕店里的一个饥饿的孩子一样，他决定从学习自然哲学、数学和逻辑开始。由于自然哲学和数学的课程起初太简单了，所以未能够引起他的兴趣，但他立刻被威廉·哈密顿爵士讲授的逻辑课程迷住了，该课程不久就被分成形而上学和哲学的其他方面。请不要把威廉·哈密顿爵士同爱尔兰的数学家威廉·罗恩·哈密顿爵士[1]相混淆。威廉·哈密顿是位有建树的哲学家，同时还是一位颇能激励学生的教师。麦克斯韦终于遇到了不逃避回答他提出棘手问题的教师，而且高兴地发现问题的答案又以更深刻的问题形式而出现。毫无疑问的是，威廉·哈密顿的课程为麦克斯韦在后来工作中的哲学方法打下了基础。

为了了解这种哲学方法是什么，为什么它如此重要，我们必须简要地回顾一下历史。伟大的十八世纪苏格兰哲学家戴维·休谟[2]曾把猫放入到鸽子当中，据此论证他的怀疑论观点：除了用数学以外，什么东西都不能被证明，而我们所认识的绝大多数事

1. 威廉·罗恩·哈密顿（William Rowan Hamilton，1805—1865）：爱尔兰数学家，提出“哈密顿函数”，研究四元数及其应用。
2. 休谟（David Hume，1711—1776）：英国哲学家和历史学家，他认为人类认识的唯一来源是感觉经验，作品包括《人性论》和《政治论》。

实仅仅是臆想。休谟的观点惊动了那些头脑顽固的英国人，他们起来建立他们自己的“常识学派”（Common Sence school）。他们认为，怀疑世界是否存在是愚蠢的，怀疑上帝是否存在同样也是错误的。为此，他们拒绝不能直接从观察事实得来的任何信仰或者方法。他们还说，促进科学进步的途径是只要通过实验结果的增长，归纳原理的这种狭义的解释是英国人弗朗西斯·培根[1]在一个多世纪以前就提倡的。在他们的哲学体系当中，没有想象的地位。

实际上，常识学派本没有什么大错。实验证据的确是至关重
25 要的，但有创新精神的科学家都具有丰富的想象力，并充分利用工作假设（working hypothesis），而这些假设常常来自与其他科学分支的类比。十分庆幸的是这个学派的信徒终究认识了这一点，并且达成一个观点：实在是真实的。类比和想象性的假设也很奇妙，但要恰到好处。科学家应当对他宠爱的想象保持怀疑，哪怕是它们导致了进步。当许多科学家忘记实验检验并成为他们自己创造的奴隶的时候，他们不再具有创造性了。但麦克斯韦从不这样。

哈密顿非常有主见，提出了他自己的观点，哪怕有些观点是有异议的。他嘲笑所有“证明”上帝存在的尝试，并且坚持认为：尽管知识和逻辑是研究宇宙的基本工具，但它们对于发现它

1. 培根（Francis Bacon，1561—1626）：英国哲学家、政治家，提出了以观察和实验为基础的科学认识理论。

的起因是无能为力的。麦克斯韦赞同这个看法，但毫无疑问的是，哈密顿轻视数学就错了。大体上讲，哈密顿赞成常识学派的大部分观点，但也尊重休谟的德国对手伊曼纽尔·康德[1]的观点。他强调了康德的主张，即所有知识都是相对的：除了知道事物间的相互关系以外，我们一无所知。这一观点引起了巨大的反响。不久之后，麦克斯韦就把这种思想带到他的科学工作中。在完成哈密顿布置的关于物质特性的一次练习中，麦克斯韦写道：

> 既然我们唯一能直接感觉的事物是力，那么力也许可还原成光、热、电、声音，以及其他所有能够被感觉到的事物。

在二十年之后，当麦克斯韦在审阅汤姆森和泰特合写的《自然哲学论》(*Treatise on Natural Philosophy*)初稿时，他在如下一点上不得不纠正他们。由于他们对质量的定义有误，从而得出结论说："物质从来就不被感觉觉察到。"由于缺乏麦克斯韦的哲学能力，他们未能将他们的思想纳入正确的方向。这个小小的例子给予我们一个启示：麦克斯韦是如何能够探索科学思想的许多领域，而同时代的人却不能够做到这一点。

麦克斯韦最伟大的工作展示了两个特征，它们都起源于他的 26

1. 康德（Immanuel Kant, 1724—1804）：德国哲学家，主张经验现象通过理性转变成知性，其经典著作包括《纯粹理性批判》等。

哲学洞见。其一是，常常在事隔几年之后，他能够回到一个主题上，并且通过利用全新的方法把它提高到新的高度。例如，他对电磁学做过两次研究。其二甚至更值得注意。他的电磁理论具体表达了这样一个概念：我们能够直接测量的事物，例如机械力，实际上只是更深层次过程的外观体现，像电场强度这些实际存在明显地超出了我们想象的能力。对于这个超前的思想，只有二十世纪的科学家才能理解它。正如贝恩斯·霍夫曼在《量子的奇妙故事》(*The Strange Story of the Quantum*)中所述的那样："利用空间、时间和因果关系根本无法描述基本的原子过程。"

然而，麦克斯韦远不仅仅是一个思想家。他还想做实验，十分幸运的是得到了詹姆斯·福布斯的热情鼓励。[1] 他们俩建立了亲密的友谊。麦克斯韦常常在等待几小时之后才得到去教授实验室完成各种研究的机会。福布斯发现了麦克斯韦的天才和潜力，让他跟随他自己的奇思妙想去做，这正是最好的学习方法。麦克斯韦在使用标准仪器方面成了专家，只要需要随时可以准备好仪器。这段经历是如此愉快，以致麦克斯韦后来给他的研究生以类似的自由。甚至当他做了卡文迪许实验室主任之后，在他没有被询问时他从不告诉别人该做什么研究。"我从不阻拦任何人去做什么实验，"他曾对一位朋友说，"即使他没有发现他想要的东西，他也许会发现其他的东西。"[2]

福布斯还助力麦克斯韦形成明晰的写作风格，这反映在麦克斯韦的科学写作当中。麦克斯韦曾向爱丁堡皇家学会提交了一篇写作松散的论文初稿，福布斯的数学同事菲利普·凯兰被指定为审稿人。福布斯知道麦克斯韦需要学习这一课，所以也批评了麦克斯韦的文章。他一针见血地说：“……很显然，发表这篇论文 27 对于科学的读者来说一定是无益的，它的步骤在许多地方不能达到像凯兰教授那样一位代数学家的要求……”严厉的谴责实际上是一种善意的帮助，麦克斯韦明白这一点，并开始逐渐形成自己独特的科学写作风格。学者们发现其风格独具特色，就像其他人发现路易斯·阿姆斯特朗[1]的小号的声音，或者文森特·凡·高[2]的绘画风格。叙述具有权威性，但清新而又通俗；方程从推理中自然而然地导出。麦克斯韦从不掩饰他对代数的偏爱，这种嗜好反映在他的论文当中。同样，他所提出的概念是如此深奥和独创，以致学者们至今还争论不止，猜不透他的确切深意到底是什么。不仅如此，他还遗留下一些精深的出版物，当今物理学和工程学学生的许多标准教材都源于它们。

福布斯是位多才多艺的自然哲学家，兴趣广泛，特别钟情于地球科学，而且是这门学科的积极倡导者。[3]他发明了地震检波器，测量了地球不同深度处的温度，是首位认真研究冰河的学者。对于他和麦克斯韦来讲，科学无处不在。不过每逢周末，他常常摇身一变，成为科学童子军的领队，带领学生去田野旅行，在喧闹嬉笑中伴随着严肃认真的研究。在一次外出旅行中，福布斯对校准数据异常马虎，很可能是故意测试青年学生的严谨性

1. 阿姆斯特朗（Louis Armstrong，1901—1971）：美国小号演奏家。
2. 凡·高（Vincent van Gogh，1853—1890）：荷兰画家，著名作品有《向日葵》等。他与失落情绪长期斗争最终以自杀结束生命。

的。麦克斯韦在给刘易斯·坎贝尔的一封信中写道：

> 星期六，自然哲学家们带着气压计来到亚瑟[1]宅邸。教授把它放到山顶上，然后要我们对着它吹气，直到它有水珠。他没有把它放直，以致把山的测量高度抬高了五十英尺。不过，我们又把山高减了下来。

福布斯对科学的一言一行都引起了麦克斯韦的极大兴趣，麦克斯韦痴迷在物理世界当中。他已经具有敏锐的观察能力和实际
28 工作本领，这些都是在福布斯的影响下得到的学科和职业的训练。青年麦克斯韦还从福布斯那里得到鼓励，这可以从一篇书评中明显看出，这篇书评是在多年以后他写给《自然》杂志的：

> 假如一个孩子具有研究自然的潜在才能，一位真正的科学家在自己的实验室工作时，让这个孩子参观，这可能是这个孩子一生的转折点。对于科学家对他的实验所解释的一切，这个孩子什么都听不懂，但他亲眼看到了实验过程，看到了科学家的辛劳和耐心。实验一次又一次地失败了，但科学家并没有丧气，而是在实验条件上寻找失败的原因。[4]

当麦克斯韦的导师福布斯一八六八年去世时，麦克斯韦对一

---

1. 亚瑟（Arthur）：英国传奇英雄，传说是六世纪时不列颠国王，在卡米洛有王宫。

位朋友说："我爱詹姆斯·福布斯。"

毋庸置疑，福布斯和哈密顿远远胜过其他教授。菲利普·凯兰的数学课非常有用。但麦克斯韦对威尔逊教授讲授的道德哲学一点印象也没有，在他看来，这门课仅仅证明了糊涂的思想会导致错误的结论。[5]他喜欢上化学课，但认为上得有点不到位：格雷戈里教授的课与肯普先生开设的实用化学课是分开进行的，特别是"肯普的实用化学"倾向于描述过程，在格雷戈里看来是"无用且有害的过程，是那些想找点事情干的化学家发明的"。这段经历使麦克斯韦确信：实验教学不仅对于科学教育是基本的，而且应该分开成若干部分，并且把它们同理论教学结合在一起，而不只是事后作为印证理论而添加进去的课程。

在爱丁堡大学的三年期间，在麦克斯韦所获得的所有知识中，正规课程提供的知识只是占很小一部分。其余的知识来自阅读和他独自的实验，而其中的大部分又是假期在格伦莱尔获得的。在那个时代，苏格兰的大学从四月底放假至十一月初，以便大学生们回家帮忙干农活。麦克斯韦从大学图书馆借 29
来许多书籍，其中有牛顿的《光学》（*Opticks*）以及一些法国大数学家的著作：傅里叶[1]的《热的解析理论》（*Théorie analytique de*

1. 傅里叶（Baron Jean Baptiste Joseph Fourier，1768—1830）：法国数学家、物理学家，提出了傅里叶级数，在著作《热的解析理论》中推导出热传导方程。

la chaleur)、蒙日[1]的《画法几何学》(*Géometrie descriptive*)、柯西[2]的《微分学》(*Calcul differentiel*)和泊松的《机械论》(*Traité de mécanique*)。傅里叶的书对他触动很大，为此他花费二十五先令买了一本，这个书价在一八四九年来说还是相当高的。他在哲学方面的读物包括托马斯·霍布斯[3]的《利维坦》(*Leviathan*)和亚当·斯密[4]的《道德情操论》(*Theory of Moral Sentiments*)。除此之外，还有一些手头的拉丁文和希腊文书籍以及供消遣的小说和诗歌。

当然，麦克斯韦在格伦莱尔的大量时间还是花费在洗衣房上面的临时实验室中。他的所有仪器都在那里，他的家人称它们是“詹姆斯的垃圾”。在给刘易斯·坎贝尔的信中他描述了实验室里的一些情况：

> 我将一扇旧门放在两只木桶和两把椅子上，这扇门只有一边是可靠的，另一边上有个天窗，它可以上下滑动。
>
> 在这扇门上放了很多碗、水壶、盘子、罐等，里面装有水、食盐、苏打、硫酸、胆矾、石墨矿石；门上还放有破镜

---

1. 蒙日（Gaspard Monge，1746—1818）：法国数学家，创立了画法几何和射影几何，对微分几何也做出了重要贡献。
2. 柯西（Augustin Louis Cauchy，1789—1857）：法国数学家，最大的贡献是发展了复变函数论的原理。
3. 霍布斯（Thomas Hobbes，1588—1679）：英国政治哲学家，他的著作《利维坦》认为人类的本质是自私。
4. 亚当·斯密（Adam Smith，1723—1790）：苏格兰政治经济学家和哲学家，他的著作《国富论》使他成为古典自由市场经济理论的奠基人。

> 子、铁线、铜线、铜板、锌板、蜂蜡、封蜡、黏土、松香、木炭、透镜和产生伏打电流的装置；还有大量的甲虫、蜘蛛和木屑，它们被放进不同的液体和毒药中。

最伟大的击球员唐纳德·布拉德曼爵士曾经说过，为了练就非凡的眼力和掌握时机能力，他曾花费大量时间去练习，就像一个小孩对着墙上画的门柱数小时不停地击打着高尔夫球。麦克斯韦也是同样，不厌其烦地做着他的简陋实验。

他制作了许多粗糙的电磁装置。为了获得更多的电池，他把旧罐子用电镀法镀上铜。他也做了许多化学实验。为了给当地的孩子们取乐，他让他们对着两种白色粉末的混合物吐唾沫，结果 30
那混合物居然由白色变为绿色了。

不过，他主要迷恋的还是偏振光——振动排列整齐而非杂乱无章的光。[6] 他被淬火玻璃所迷住，从红热状态迅速冷却下来的玻璃，由于外部比内部冷却得快，因此内部形变被冻结而呈现出偏振光美丽彩色图案。不过，最令他着迷的不只是美学上的原因，他还想研究导致彩色图案的玻璃的形变。为了得到合适的玻璃，他把窗户上的玻璃切割成各种几何形状，再把它们加热至炽热，然后迅速地让它们冷却下来。

他一开始没有产生偏振光的现成装置，因此不得不自己动手制作。他知道，当普通光线以一定的角度投射到玻璃表面上时，反射的部分光线就是偏振的。于是，他利用一个大火柴盒和以封蜡固定成合适角度的两块玻璃，制作了一个起偏器。还有一种方法就是让光通过偏振片——水晶材料的薄片。为了得到合适的水晶薄片，他常常耐心地花上好几个小时切割并抛光易碎的硝石片。

他得到的彩色图案比预想的更让他吃惊。他灵机一动，又制作了一个投影描绘器，把彩色图案的像投影在纸上，以便能用水彩把它们描绘下来。他把其中一些水彩图送给了尼科耳，两年前他和他的舅舅约翰以及刘易斯·坎贝尔曾在威廉·尼科耳的工场拜访过这位著名的光学仪器制造者。尼科耳对送来的礼物印象很好，于是就把一对爱尔兰晶石偏振棱镜回赠给了麦克斯韦。麦克斯韦终生以此为荣，这使他更容易地得到更好的偏振光。

然而，麦克斯韦要做的事情还很多。能看到玻璃中美丽的图案固然很好，但这只是他要做的第一步。能够把相同的方法加以
31 推广，以显示各种形状的固体在受到不同压力下的内部变形样式吗？这本应该是工程师最感兴趣的事情。为了检验这个想法，他需要一种透明的材料，以便很容易地做成各种形状，然后通过拉伸、压碎或者扭曲使它们变形。透明胶如何呢？它虽不容易拉伸或压碎，但很容易扭曲，他所需要的就是厨房里的骨胶。他用纯净的透明胶做成一个圆环，以一个纸圆筒作为环的外围，一个软木塞放进环的内部。当这一切就绪以后，他保持纸圆筒不动，通过旋转软木塞给透明胶圆环施加扭力。他接着让偏振光穿过透明胶，从而把变形样式优美地显现出来了。接着，他用不同的透明胶做实验，而且以不同的施力方式使之变形。这个实验标志着光弹性方法的诞生，并让工程师们由此受益。当工程师检验一个部件或者结构的设计时，他们只需要用透明材料——例如环氧树

脂——做一个模型，然后利用偏振光来显示在各种负载下模型形变样式。

自己动手做的经历大大改善了麦克斯韦的实验技巧，同时也增进了他对自然物质和过程的深厚感情，后来这种感情渗透到他所有的理论工作中，和他的数学才能一样，至少构成了理论工作的一个重要部分。

当然，麦克斯韦还有另外的“小成果”——他爱好的数学研究。他在爱丁堡大学时期发表了两篇论文，它们都是由菲利普·凯兰代他在爱丁堡皇家学会上宣读的，因为他还是被认为年龄太小了，不适宜由本人亲自去宣读论文。头一篇论文是他三年前关于卵形线论文的自然延续，讨论的是一类曲线的几何特性，该曲线由在另一个曲线上的动点所描绘。该曲线一个常见的例子就是：在平路上行驶的自行车外轮胎上一点所产生的曲线——一种称为摆线的倒 U 形曲线。这篇论文中的一个简单结论是：

> 当曲线 A 在一条直线上滚动时产生曲线 C，而当曲线
> A 沿其自身转动时则产生曲线 B，那么，当曲线 B 沿曲线 C 32
> 滚动时则产生一条直线。

对于几何学者来说这是个有趣的问题，但似乎没有很大的应用价值。

麦克斯韦的第二篇论文则非同凡响。对于一位十九岁的大学生，而且几乎完全是由他独立完成的情况来说，这的确是一个了

不起的成就。这篇论文把偏振光的实验和数学密切结合起来，讨论了固体在压力下的弹性。他首次提出了基于形变函数的光弹性的一般数学理论，并且对于圆柱体、球体，以及横梁的各个部分，推导出各自的函数。他利用自己的实验检验他的一些结果，并在论文中画出了偏振光显示的彩色的形变图案。他虽在这篇论文上下了苦功，但由于缺乏经验和在措辞上遇到的大麻烦，导致他提交的论文初稿很难被读懂。他为此受到了上面所提到的福布斯的严厉批评。他很快发现其中的错误，并迅速把论文修改好。如果要寻找标志他科学成熟期的分水岭的话，这个事件就是分水岭。

尽管列举了以上这些独立的活动，但它们绝非麦克斯韦在格伦莱尔隐居生活的全部内容。他以与父亲为伴而快乐，他父亲在某种程度上更像是他的一位兄长。他帮助父亲劳动，还与当地伙伴们一起消磨时光。每当炎热暑期来临时，他总是劝说伙伴们跟他一起到泥炭一褐色池塘游泳，那池塘是两条河流的交汇地，伙伴们害怕里面的鳗鲡。他和庄园里的孩子一起玩耍，组织他们每天早晨去挑水。就这样，他融入“欢乐谷”的社会生活当中。不过，仍然还是有许多想法和方案萦绕在他心头，他渴望将它们与他的朋友一道分享。他给刘易斯·坎贝尔写去一封长长的信，描述了他关于哲学问题的研究和想法，并且恳求他来玩。

33 在爱丁堡大学的头一年，他很开心有来自中学很亲密的同学为伴。不过，刘易斯·坎贝尔随后去了牛津大学，接着 P.G. 泰特和另外一个朋友艾伦·斯图尔特去了剑桥大学。他开始觉得自己像一潭死水里的一叶孤舟，而他的同伴则正在向光明的彼岸划行。也许，他本应该是为成为苏格兰的律师而做好准备的。他决定再读一些书籍，然而，一个喜出望外的转折点出现了，他兴高采烈地对刘易斯·坎贝尔写道：

> 我已有立刻通读《法学博士文集》(*Corpus Juris*)和《法典》(*Pandects*)的打算了，然而，实现这些打算看来是越来越希望渺茫了，因为去剑桥的计划又死灰复燃，剑桥大学寄来了入学日程表和录取通知。

约翰·克拉克·麦克斯韦终于同意麦克斯韦去剑桥读书了。不过这只是好事的开端，下面就立刻遇到了选择学院的问题。福布斯极力推荐他去他的母校三一学院[1]。P.G. 泰特在圣彼得学院——又称彼得豪斯学院[2]，该学院很小却是一流的；刘易斯·坎贝尔的弟弟罗伯特·坎贝尔将去凯斯学院[3]，那里也被看好，但人满为患，而且必须寄宿。因此，麦克斯韦最终选择了彼得豪斯学院。

---

1. 三一学院（Trinity College）：1546 年建立，由于得到英国王室较多的捐赠，是剑桥最富有的学院，建筑规模最大。牛顿 1660 年进入该院学习，后在该院担任教授长达 32 年。
2. 彼得豪斯学院（Peterhouse）：1284 年建立的剑桥的第一所学院，因在圣彼得教堂旁，又故称圣彼得学院（St Peter's College）。
3. 凯斯学院（Gonville and Caius College）：全称是贡维尔及凯斯学院，由贡维尔和凯斯两位创建人先后建立和重建。

就这样，十九岁的麦克斯韦进入了剑桥大学。他在学科上已经积累了大量的知识，阅读的书籍远远超过一个受过教育的人一辈子所阅读的书籍。他还是一位有经验的实验家，已经发表了三篇数学论文。不过，他就是从来没有在有压力的地方学习过。剑桥在智力方面可是卧虎藏龙的地方。

他仍然天马行空，独来独往。他一直保留着格伦莱尔的口音。在一群陌生朋友当中，他有些谨小慎微，但相处多了，他就成了中心，以宜人的玩笑和启迪人的思想使他们欢愉。他穿着整齐，但仍不时髦。他从不奢侈，总是乐意乘火车的三等座位旅
34 行，因为他喜欢硬座。刘易斯·坎贝尔的母亲在日记里曾这样描述他：

> 他举止十分特别，但很机智、优秀、幽默，大学将会消除他的古怪性格。我丝毫不怀疑他将成为一个杰出的人才。

根据入学规定，他将于一八五〇年十月十八日到剑桥大学彼得豪斯学院入学。

04

第四章

学会玩魔术

35 剑桥大学 1850—1854

麦克斯韦是和父亲一起前往剑桥的。他们决定在途中稍做停顿，以便参观彼得伯勒大教堂和伊利艾斯大教堂，在那里还可以和其他游客闲聊。不过闲聊只是其中一个活动项目，他们还打算徒步去沃什湾，然后宿营在维多利亚郡。不过，这项计划显然和其他精心策划的计划一样没有下文了。

和其他的新生一样，麦克斯韦一到剑桥就显得十分激动。他到指导老师那里报到，指导老师给他安排了光线非常好的房间，他很高兴地把从格伦莱尔带来的一些小玩意，其中包括磁铁、淬火玻璃、透明胶、古塔胶[1]和他的尼科耳棱镜，安放到合适的位置。为显示他的得意，他还特地邀请老朋友泰特到他房间里来喝茶叙旧。第二天早晨，他和其他的新同学被带领去参观校园，在三一学院的小礼堂里向艾萨克·牛顿和弗朗西斯·培根的雕像敬礼。他对一则官场做派的警诫感到好笑。那是学院礼堂里张贴的

1. 一种亚洲的植物胶，类似于橡胶。它可用于做高尔夫球，也可做绝缘体，并且具有有趣的光学特性。——作者注

一则布告，其中警告说：如果有人不顾禁令参观学院所属畜舍，将被认为是“不道德行为”而被驱赶。

剑桥不仅是美丽的，而且充满学术传统。麦克斯韦一开始是 36
精神抖擞、兴致勃勃的，但不久就陷入了迷茫。他对课堂上教的内容——“欧几里得介绍”和“希腊戏剧浅析”——感到陈旧而且无趣。学院的其他新生和他一样学习认真，但都无意去倾听他的想法，或者加入他喜欢的高谈阔论。他有了想转到其他学院去的想法，尤其是想去曾被福布斯高度评价过的三一学院。与此同时，他的父亲——一位消息灵通、神通广大的人物——打听到一些使他担心的事情：在麦克斯韦结束学位课程以后，他将很难在彼得豪斯学院获得研究员职位。尽管该学院已经开始蒸蒸日上了，而且是一个吸引那些具有数学天才学生的地方，但它很小，得到捐款的数目也相对较少。在麦克斯韦那个年级里很可能只公开提供一个合适的职位，而竞争它的人包括了 E.J. 劳斯——一位已享有盛名的数学家。于是，麦克斯韦在一个学期之后就转到了三一学院。

生活在三一学院让他感到舒心惬意。三一学院很大，而且人们相处得很融洽。麦克斯韦很快就交上朋友，他们大部分都是学古典文学的学生。这些年轻人言辞激昂，趣味横生，话题包括从神学和道德哲学中的深层问题到扑克牌、国际象棋、纽马克特赛马等，当然，女生们毫无疑问对这类话题会感到很沮丧，而且也只能只言片语了事。那时三一学院的院长是威廉·休厄尔——兰开夏郡一位木匠的儿子，一位博学者。在他的激励下，三一学院已成为培育雄辩之才的一块沃土。麦克斯韦自然是参加辩论的一位积极分子。他参加了所有问题的讨论，并经常援引他丰富的知识给讨论以一个新奇的视角。他有时也在夜间出行，寻访学友交换思想，或者与同道约会。

在无数争论的话题当中，有一个话题深入到麦克斯韦内心深
37 处，这就是科学与宗教的关系。争论的双方都认为两者是不相容的，但麦克斯韦等人则认为它们是互补的，并感到有必要解释他们的观点，至少是他们自己能够说服自己。正是在三一学院，麦克斯韦逐渐采纳了分解和解决内部矛盾的一种方法，这使他受益终身。他的信仰植根很深，以致不可动摇，但在他内心深处不能容忍在上帝和科学之间有任何分歧：它们应当是和平共处的，可以建立相通的桥梁。这是一种趋于极端的个人经历，在无论是他自己还是别人的新科学发现中得到多次检验。许多年以后，当他在答复邀请他加入维多利亚协会（Victoria Institute）时，他对它做了概述。维多利亚协会主要是为在基督教和科学之间确立共同背景而建立起来的一个著名的团体。多年以来，他拒绝了他们好几次，但他们渴望他能够成为他们其中的一员。一八七五年，协会主席和委员会向他发来一个邀请他加入的特别请求，但他再次拒绝了，并解释道：

> ……我认为，每个人协调科学与基督教的关系所得到的结果，除了对于他本人而且只是在一段时间内有意义外，应该不具有任何意义，而且也不应当把它看作是社会的一个标

记。因为，在自然科学当中，特别是对于正在深入到未知领域的那些科学分支，它仍无变化[1]。

对于他的所有才学，以及他发明公式以解释物理世界的能力来说，麦克斯韦清醒地认识到，在解释物理世界与精神世界之间关系的问题上，他不比其他人更有资格。

一个更轻松的话题是关于所谓神秘科学的，在那时包括“桌子旋转”这个热门问题。当几个人把他们的手放在桌子上，桌子
好像被什么神秘的力量推动而运动起来。麦克斯韦和朋友们涉足 38
这类事情纯粹只是为了取乐，但在高兴之余潜藏着困扰。他开始担忧有这么多的人乐意接受这样的解释：一定有神秘的力在起作用。使他更烦恼的是，没有人能够解释这种轻信是怎么造成的。他把这个观点相当困惑地写进了一封给朋友的信中：

……我每天都发现有很多理由去相信，对“神秘科学”的研究是会有报答的。不过我认为，当今所说的迷信的倾向比起那些制造迷信来更有意义。一个误导倾向的盛行证明了一个盛行倾向的误导。这个倾向是自然而又客观的，需要考查。[1]

1. 现存的文件以“continually”而结束，但在结尾处显然应该包含“changing”。——作者注

在当今有许多人也担心同样的事情，而麦克斯韦肯定会对他的短文被引用而感到高兴。除了其他人以外，著名的美国科学家和作家卡尔·萨根[1]在他的著作《魔鬼出没的世界》(*The Demon-haunted World*）中就曾引用过。

麦克斯韦的阅读依然是那样神速，他把主要精力用于诗歌的构思上，当然他还要完成老师布置的作业。由于还有许多事情要去做，他每天尝试用非同一般的方式去放松。其中一个方式是在午夜慢跑。一位同学回忆说：

> 从凌晨两点到两点半，他锻炼身体，沿上走廊下楼梯，沿下走廊上楼梯，不停地跑步，直到沿途寝室的同学起床，躲藏在他要经过的门后，当他通过时用靴子、发刷等向他投掷过去。

麦克斯韦的实验一点也没有做了！

麦克斯韦谢绝了许多晚餐聚会，因为那样特别浪费时间。不过，他没有拒绝“使徒者”——由十二位学生组成的精英随笔俱乐部——的邀请。这群学生都自认为是精英，每年还要挑选
39 新成员来顶替那些已离开的成员。成员们轮流做东招待其他成员，在吃完茶点之后，一位成员会当众朗诵随意挑选的一篇随

1. 萨根（Carl Sagan，1934—1996）：美国天文学家，以探索地球外生命存在的可能性，和对于核冬天严重性的预测而著名。

笔，大家接下来进行讨论，并把各自的观点记录在俱乐部记录本上。“使徒者”的成员的确是一群精英，若干年来包括了阿尔弗雷德·丁尼生[1]、伯特兰·罗素[2]、利顿·斯特雷奇[3]、约翰·梅纳德·凯恩斯[4]。凡是在思想、写作和演讲方面具有卓越才能的年轻人都可以来这里一显身手。随笔作者们追逐的是文体而不是实质内容，因此这里也成了炫耀和表现他们才能的地方。当然，随笔作者们也欢迎加入者不受约束地抒发他的思想，从而激发出积极的反响。

麦克斯韦充分利用了这个机会，但他不和其他成员分享他着迷的科学或者哲学问题。他在他的随笔《类比》(*Analogies*）中指出：为了认识世界，我们既需要数据，也需要理论：

> ……能感知的事物的模糊轮廓，融入另一个事物的轮廓之中，我们需要利用理论的聚焦镜，并调节它，使它有时达到一种精确度，有时达到另一种精确度，这样，我们才能经过伟大的世界里程碑看到不同的深处。

1. 丁尼生（Alfred Tennyson，1809—1892）：英国诗人，获得桂冠诗人的称号，其作品反映了维多利亚时期的情感和美学思想。
2. 罗素（Bertrand Arthur William Russell，1872—1970）：英国哲学家、数学家、社会评论家和作家，获 1950 年诺贝尔文学奖。
3. 斯特雷奇（Lytton Strachey，1880—1932）：英国历史学家，传记学家。
4. 凯恩斯（John Maynard Keynes，1883—1946）：英国经济学家，他认为严重的失业是由于消费需求的不足，可以通过一些政府资助项目来缓解。

通过这短短的四十九个字，你们可以了解到麦克斯韦的科学哲学。

麦克斯韦的另一篇随笔题为《写自传可能吗？》(*Is Autobiography possible?*)。他在这篇文章中清晰地表达了他的观点——反省不应当公开进行：

> ……当一个人一旦开始创立他自己的一个理论，他通常能够使他融入这个理论之中。
>
> ……忏悔室的洗胃器只是在明显中毒的情况下才使用，一般情况下许多温和药物的疗效要好得多。

天知道，麦克斯韦是如何看待当今那些沉湎于在电视上自我
40 表现的人的。他肯定会对这样一个具有讽刺意味的事实苦笑：他的电磁理论提供了把这种不健康的表演带进千家万户的方法。

在三一学院时期，麦克斯韦写了成打的诗，从对希腊和拉丁史诗的翻译，到即兴创作的、娱乐朋友的打油诗。其中有两首诗在过去看来是短命的，现在看来却最值得回味。他在第一首诗中嘲笑的可怜对象是年长的院长，他即将去就任希灵顿大学校长。多年来，对于那些错过教堂仪式或者穿着不当的任何人，这位院长总是发送出挑剔的短信。这首诗模仿了罗伯特·彭斯[1]的诗《约翰·安德森》(*John Anderson*)：

---

1. 彭斯（Robert Burns，1759—1796）：苏格兰诗人。

约翰·亚历山大·弗里尔，先生
当我们第一次相见时，
你给我们这些新生演讲，
那时正值纪念耶稣的大斋期。
可你现在已暮年绝顶，
大限将至啊，约翰，
我想，该我们说再见了吧，
约翰·亚历山大·弗里尔。
……
约翰啊，再也不用听
你那乏味的演讲了，
在教堂里，再也没有人
对那神位膜拜了。
温顺的希灵顿牧师会听到，
让圣母马利亚们睡去的声音，
就会这样，约翰·亚历山大·弗里尔。

约翰，在我们永别前，
让我们忘记干净，
那些可耻的发明，
那些有价值、无价值的笔记。
因为在所有的习俗下，

41 凡夫俗子生活得最真实。
这就是真谛啊，老院长
约翰·亚历山大·弗里尔。[2]

在麦克斯韦的诗当中，这是最具嘲讽的一首。在 W.S. 吉尔伯特[1]和汤姆·莱赫之间，他通常更接近前者。“真挚的”是一个真正的赞词：真挚是麦克斯韦最珍视的一种品格。

在第二首诗中，麦克斯韦支持在演讲中和现在我们称之为应用数学中喜爱的“刚体”，还用他正确的眼光对它的进展提出了挖苦。还是模仿彭斯的诗，只不过这次模仿的是《绅士的未来》（*Comin'through the Rye*）。

假如一个物体遇上一个
在空中飞行的物体，
假如这个物体与飞行物体相撞，
这个物体会被撞飞吗？它会飞到哪里去？
每次碰撞都可以测量，
无论是我和你，
甚至是妇女都可以测量，
至少可以去试一试。

1. 吉尔伯特（William Schwench Gilbert，1836—1911）：英国喜剧作家、诗人。

假如一个物体碰上另一个物体，
二者以前都是自由物体，
它们将朝着什么方向运动？
我们并不是什么都能知道。
碰撞问题有它自身的解决方法，
即严密的分析方法。
如果我对它们不感兴趣，
我又对什么感兴趣呢？

只要时间允许，麦克斯韦总是修补他收集到的五花八门的科学仪器，为后来更进一步研究扩大思路。有些思路是从日常生活中偶然得到的，他利用其中的两个观点写了一些短文。当他注意
到被抛向空中的纸片以一种独特的方式飘然落下时，他写了一篇 42
关于物体任意颤动后再与铅直线成一固定角稳定旋转的论文。在另一篇论文里，他报告了通过鱼眼透镜得到一些异常的发现，据说他是通过早餐中对腌鱼的仔细观察而获得灵感的。他的观点是，具有不同折射率的平透镜，不像一般透镜那样，将形成一个完整的像；为使这种情况发生，他给出了一个公式，通过它可计算折射率的变化。

由于不许在学院里养狗，麦克斯韦只好和房间里有猫的人交上了朋友，说服他们允许他让猫上他的床，以弄清楚猫能从多高跳下来。这个事情被当作他的逸事传开了，还添油加醋了一番。几年以后，当再访剑桥时，麦克斯韦否认他曾经把猫扔出

窗外。

作为对未来的高等法官和大主教的一个训练手段，剑桥大学以坚持实行数学荣誉学位考试而闻名。甚至希腊语或拉丁语的学生也必须通过这个考试才能获得学位。这是一场可怕的考试，在四年课程中的最后一年的元月进行，地点设在寒冷的礼堂。考生都要参加前三天的考试，内容主要是规定的书本作业。对于那些想获得荣誉学位的学生，包括学习文学的学生，还必须面对后四天更加艰苦的考试。给予甲等及格者——那些获得头等荣誉的人——的奖赏是终身承认，而且这也成为他们选择事业的一个坚实基础。考试者按分数排位，获得甲等及格者的第一名就好像获得了奥林匹克金牌一样。在数学荣誉学位考试之后，数学成绩优秀的考生还要参加更艰难的竞争史密斯奖的考试，获得史密斯奖意味着光明的职业前景。

剑桥的这个数学传统主要起源于伟大的艾萨克·牛顿。牛顿既是剑桥的学生，又是剑桥的教授，他以他的运动定律创立了力学，还引入了微分学来处理连续变化的量。由于牛顿的方法是基于几何学而不是代数，所以数学荣誉学位考试大纲包括了古代希腊几何学的奠基人欧几里得[1]的著作。正是由于对牛顿是如此尊
43 敬，数学荣誉学位的考题多年来完全忽视了数学的巨大进展。这

1. 欧几里得（Euclid，约生于公元前 3 世纪）：古希腊几何学家，被称为几何学之父。

些进展是由法国数学家勒让德[1]、拉格朗日[2]、拉普拉斯[3]、柯西、蒙日、傅里叶和泊松，瑞士数学家欧拉[4]，以及最伟大的德国数学家高斯[5]等人取得的。到了麦克斯韦参加考试的时候，剑桥考官终于认识到他们的落后，为此扩大了考题范围。这要感谢一群人的努力，查尔斯·巴贝奇[6]便是这群人当中的一员，[3]他现在主要是作为计算机之父而被人们记起。

解答数学荣誉学位考试考题需要精湛的解题技巧。实际上，考题的设计就是出于这个目的，就像填字游戏一样，和实际问题几乎没有关系。当麦克斯韦后来成为考官后，他极力纠正这种倾向。为了快速而又准确地回答问题，考生必须掌握一大堆窍门和捷径，以避免犯错误。不过，这并不是麦克斯韦的长处，他很像是一位不得不学习杂耍把戏而在打秋千的艺术家。然而，他知道要投入并去学习什么东西，用他的话来说，"福布斯教授曾经告诉解题的诀窍是要藐视它"。

---

1. 勒让德（Adrien Marie Legendre, 1752—1833）：法国数学家，因其在数字理论和椭圆积分方面的工作而备受后人的怀念。
2. 拉格朗日（Joseph-Louis Lagrange，1736—1813）：法国数学家和天文学家，发展了变分法并在机械学研究方面做出过重大贡献。
3. 拉普拉斯（Pierre Simon，Marquis de Laplace，1749—1827）：法国数学家和天文学家，以其关于太阳系起源和星云假说的理论而著名。
4. 欧拉（Léonard Euler，1707—1783）：瑞士数学家，尤其以对微积分的开创性贡献，以及复数、对数、三角函数和月球运动等理论而闻名于世。
5. 高斯（Karl Friedric Gauss，1777—1855）：德国数学家和天文学家，因其对代数、微积分几何、或然率理论和数字理论的贡献而为人称道。
6. 巴贝奇（Charles Babbage，1792—1871）：英国数学家和分析仪发明者，他依据的原理与现代数字计算器的原理相似。

麦克斯韦参加了“甲等及格者的制造者”威廉·霍普金斯开设的家教班的学习。[4] 绝大多数数学荣誉学位考试的教练，包括霍普金斯，都是自由劳动者，所以他们的收入依赖于他们使学生取得好成绩的名声。霍普金斯对麦克斯韦掌握的知识印象深刻，但同时也对他知识的“无序状态”感到吃惊。他教给麦克斯韦更多的常用解题方法。麦克斯韦的确学习了怎样巧妙解题的方法，但他又不情愿受制于标准的解法。只要有可能，他总是试图以图来解决问题。至少有一次，当老师用符号和数字写满黑板时，而麦克斯韦则用几行字和一幅图解决了问题。他的确化简了，但并不彻底，容易造成代数错误。霍普金斯曾说：“他的分析中不可能使人对物理问题产生不正确的想法，但太不完善了。”麦克斯
44 韦从不逃避问题，但也不在它上面花多于需要的时间。在追求获得数学荣誉学位考试好成绩上，他从不拼命地死记硬背。正如他的朋友 P.G. 泰特后来描述的那样，他是“在很大程度上走自己路的学生”。

家教班的另外一个学员 W.N. 劳森对这个时期的麦克斯韦做了如下描述：

> 我猜想你肯定记得，麦克斯韦是几乎什么都喜欢谈的人。他和我都是霍普金斯的学生（尽管我们的座位相隔很远）。我清楚地记得，在我通宵达旦地解答霍普金斯的问题而又毫无结果的时候，他总是来找我闲扯，我多么希望他早点走开。最后，也就是在我们要到霍普金斯家去的半小时之

> 前，他才说：“好啦，我现在要去解决霍普金斯先生提出的问题了。”当我们在霍普金斯家相遇的时候，他已经解决了所有的问题。

麦克斯韦在时间上对任何朋友都是慷慨的，即使是对于像劳森这样根本不需要他帮助的人也是如此！有一次，他的一个朋友患了眼疾而不能读书，他于是每天晚上花一小时帮他阅读第二天要学的内容。当同学情绪陷入低迷时，他总是帮助他振作起来。有几次他还照顾正在生病的同学，还帮助在学习上遇到困难的新生。他抽出时间同他父亲、姨妈简、刘易斯·坎贝尔和其他人保持及时通信。

他也许有些操劳过度了。有一个假期，当他到萨福克郡一位朋友家拜访时，他发烧了，神志昏迷，不得不在床上躺了两个星期。[5] 那个朋友的家庭把他当作自家人一样照料。他对他们的善意感激不尽，特别是当知道他们克服困难每天都给他父亲写信报告病情的时候。对于这个家庭的生活方式，他情不自禁地做了一个哲学性的评论：这个家的每一个人都不孤独。在给一位朋友的信中，他以非常不同的方式谈到家庭的乌托邦：

> 允许家庭中的每个成员都有一些各自的思想、工作或研究的空间，即不需要其他人过度关心、同情或支持。这种空 45
> 间的范围应当扩大，让每个成员有一个广阔、自由的时空行动场所，这样可以大大增加家庭的资源，以致每个成员会认

为这些资源就是特地为他而设的。

在参加数学荣誉学位考试的几个月前，麦克斯韦触及一场大规模的宗教论战。伦敦国王学院的教授 F.D. 莫里斯掀起基督教社会主义运动，并吸引了一大批学生。由于憎恨资本主义工业非人性化的后果，莫里斯积极鼓吹合作社，并设立了技工学院。莫里斯本来就是一个有争议的人物，他还发表了一系列“神学评论”(Theological Essays)，有些人认为它们冒犯了英国国教的条款，这更使他处在风口浪尖。莫里斯的举动吓坏了学院的当权者，因为他们需要与伦敦主教保持良好关系。为此，他们召开紧急会议，决定解雇莫里斯。

麦克斯韦的剑桥朋友和许多学生对莫里斯的遭遇感到震惊。麦克斯韦虽不完全赞同莫里斯在神学上的激进观点，但完全支持他设立技工学院的观点。在那个时期，学生们没有游行，也没有静坐，整个事情也没有引起公开的突发事件，然而，同情的人越来越多，莫里斯热诚传教的影响在他被解职后依然长久地保留在剑桥。麦克斯韦在家乡就曾帮助过年轻的农民，他将格伦莱尔图书馆的书借给他们。后来，在任剑桥的研究员、阿伯丁的教授和国王学院的教授时，他每周都至少花费一个晚上的时间给技工学院上课。

数学荣誉学位考试临近了。考生们一直咬牙忍受着残酷的训练，以便他们能胜任七天、每天六小时的数学荣誉学位考试。这既是对身体又是对精神的严酷考验，但也少不了在傍晚做一些恢复性的放松活动。麦克斯韦发现他能够提供一种不同一般的恢复性活动。聊天、读书这些一般的消遣有时还不足以消除疲劳，一些同学发现了一个理想的替代方式：他们拥进麦克斯韦的房间，46
在他的耐心指导下，利用磁铁做实验。

麦克斯韦在数学荣誉学位考试中名列甲等及格者第二名，仅次于彼得豪斯的 E.J. 劳斯。在竞争史密斯奖的考试中，他们并列第一名。劳斯是一位数学家，而且非常优秀，一直在做第一流的研究工作，至今还有以他名字命名的函数——劳斯函数，有幸跻身于著名的拉格朗日函数和哈密顿函数之列。麦克斯韦已经竭尽全力了，但仍然没有赶上 P.G. 泰特。泰特在两年前就获得了甲等及格者第一名和史密斯奖，不过他那时并没有遇上劳斯的挑战。麦克斯韦已经获得的成绩使人相信，他有望在三一学院获得一个研究员的职位，而这正是他在事业上梦寐以求的良好开端。他的父亲很高兴，他在爱丁堡的姑妈、姨妈和朋友们向他表示祝贺。

这是愉快的四年。麦克斯韦虽在智力方面信马由缰，但仍然获得甲等及格者的荣耀。他吸收了剑桥学术的传统，但又保持了自身的特点。他已经成长起来了，他的行为仍然不同一般人，但给他新朋友的印象是一位有趣的年轻人，而不只是一位古怪的人。他的新朋友有 R.H. 波默罗伊，一位来自爱尔兰的天才，后来做了印度政府官员；R.B. 利奇菲尔德，后来在伦敦技工学院做管理工作；H.M. 巴特勒，后来成为哈罗学校的校长，随后又担任了三一学院的院长。除了他最亲密的朋友以外，他给其他许多朋友的深刻印象，与其说是因为他是一位天才，还不如说是因为他是一位好心人。他使朋友们感到一切都很美好。有位同学是麦克斯韦的一个普通朋友，他后来对刘易斯·坎贝尔回忆起在三一学院时期的麦克斯韦：

> 我们可以找出很多事例来说明麦克斯韦的和蔼与善良。
> 47 凡在三一学院认识他的人都能回忆起一些他的仁慈及友好举止，并且留下了不可磨灭的印象。“善良的”麦克斯韦是对他最好的评价。

作为麦克斯韦的朋友，坎贝尔也亲自勾画了在他眼中的麦克斯韦的形象：

> 到了这个时期，他的举止对于所有知道他的人来说已经具有无以言喻的魅力，使他不知不觉地成为他朋友和亲属的圈子的中心。无论这些圈子是大还是小，他都是如此。

紧接着的未来似乎已经决定好了。麦克斯韦作为获得学士学位的学者留在三一学院，并申请研究员职位，只不过该职位必须在两年内申请到。在成为研究员的几年之后，他将期望获得教授职位，不过这很可能是在别的大学。因为，那时三一学院的研究员在七年的任期内必须遵守英格兰教堂的规定，而且不能结婚，而这些是麦克斯韦无意承诺的。他想探索科学的新领域，并且对自己的能力充满自信。美好前景即将展现出来。

05

第五章

蓝色＋黄色＝粉红色

剑桥大学 1854—1856

在完成数学荣誉学位考试以后，麦克斯韦自由地去发展最近四年来一直在他心中孕育的科学思想。他现在完全掌握了工作所需要的工具：由于霍普金斯的指导，他在数学上得到的训练可以与过去从福布斯那里得到的实验训练相匹敌。尽管他作为学士学位获得者按要求要忙着去带学生，并且不久将要参加获取研究员资格的考试，但是，他还是有大量的时间供他自由研究和享受生活。他的确承担了繁重的教学和考试准备工作，而这些工作对他后来担任教授是一个很好的经验积累。他还从事大量的体育运动：散步；在卡姆河上划船；在新体育馆内锻炼；在“游泳棚”里游泳，他在那里还组织了一个俱乐部，融洽了人与人之间的关系。和许多独立走上人生之路的年轻人一样，他对如何取得成功充满了种种设想。他对此曾经写道：

享受生活、行动自由的他，必须在睡前完成他的工作。决不把工作留到明天，以免后悔；决不做明天的工作，以免他成为一个幻想家。并不是要去完成那些没有意义的工

> 作，也不是那些只为了永久的工作，他只是为了规范自己的行为。
>
> 快乐是一个人在今天的工作中能够体会到的，同时又是 49
> 与一生工作有关联的一部分，也是永久工作的一个体现……

麦克斯韦不怎么喜欢神圣的格言。他的这些话绝没有向公众发号施令的意思，它们是他记下来以做自勉之用的。他有一位朋友将要去担任校长职务，并向他寻求建议，他把这些话赠送给了他。我们可以确信这位朋友一定发现了它们很有用，因为多年来他一直保存着它们。这位朋友就是 F.W. 法勒，他后来成为马尔伯勒学校的校长，而后又成为坎特伯雷市的主教。不过，他主要是以一位多产的作家为人们所记住的，他的著作《埃里克》(*Eric*)或《涓滴成河》(*Little by Little*)中包含着受欢迎的道德故事。

麦克斯韦特别想研究两个物理问题，因为人们对它们了解得不很清楚。其中一个问题是电与磁，我们将在后面再谈到它。另一个问题是视觉的作用，特别是我们看到的彩色的过程。他对后一个问题的兴趣，使我们回想起他在三岁时就曾提出的一个问题——“但是，我怎么知道它是蓝色的呢?”

研究视觉的一种方法就是要研究人类和动物的眼睛。由于没有现成的研究仪器，麦克斯韦决定亲自动手做一台。他做的这台仪器非常接近世界上的第一台检眼镜[1]，而它的发明者通常被归功于德国物理学家、生理学家赫尔曼·亥姆霍兹[1]，亥氏大约在一年前独自研制了这台仪器的原型。人们当初对这台奇怪的仪器指着他们的眼睛存有戒心，而麦克斯韦则把它首先指向狗，随后又指向了狗的几个同伴。他发现狗的眼睛“非常美丽，它的底色是赤褐色的，上面有光亮的色斑，蓝色、黄色和绿色的网状物，以及大大小小的血管”。不过，人们仍然不愿意让这台仪器指着自己的眼睛，麦克斯韦于是就首先通过自己的示范来劝说几个人，让他们允许他这样做。人类的眼睛并没有狗的眼睛壮观，它是纯茶褐色的，但能很清晰地显示出烛焰的像。在视网膜的不同处，
50 特别是在其中心附近的神秘的黄斑处，测试人们的视觉是很有趣的。不过，最初还需要解决几个更基本的问题。还没有人能够解释彩色视觉是如何形成的。

艾萨克·牛顿早在十七世纪就指出：我们所看到的白色太阳光，是太阳光谱中从红色到紫色所有色光的混合，我们可以在彩虹中看到从红色到紫色的太阳光谱。然而，有些颜色，例如褐色，并没有出现在光谱中，而牛顿则认为：它们必定是某些纯光谱色的混合。问题是要找到支配混合过程的规律：对于某种非光谱色，需要混合什么样的光谱色才能得到呢？牛顿为此提出了一个有独创性的假想模型。他把光谱所有的颜色排放在一个圆周

---

1. 检眼镜（Ophthalmoscope）：一种用来观察眼睛内部结构（特别是检查瞳孔）的仪器。这种仪器主要含有一个镜片，可以反射来自眼睛和眼球中心小孔的光线，通过它来检查眼睛。

上，然后把不同的砝码放在这个圆内各自适当的位置上，以表示在某种混合色中的各种颜色，每个砝码的大小正比于混合色中对应的光谱色的数量。每种非光谱色都位于圆内，它们的位置就是砝码的重心，表示构成非光谱色的光谱色的混合。白色显然是位于圆心上的，因为它是所有光谱色均匀的混合。牛顿的这种构想虽是一个天才的即兴创作，但牛顿明白它是不可能十分正确的。因为，在圆周上存在着令人棘手的不连续点，在这点上光谱两端的红色与紫色相遇了。

一个半世纪以来，牛顿的解释仍然是最好的一种。然而，在某种意义上来说，艺术在这个领域却走在了科学的前头。画家很早就知道他们在调色板上如何混合颜色，通常将红色、蓝色和黄色作为“原色”(primary colour)，并将它们以不同的比例混合，以得到他们想要的颜色。纺织工利用类似的方法，混合染料以得到新颜色。原色的种数也许具有某些生理学意义，它是只有三种吗？英国医生、物理学家托马斯·杨[1]考虑过这个问题，并在十九世纪初就提出：人眼有三个感受器，且每个感受器只对一种特定的颜色敏感，来自它们的信息被大脑综合后给出一个可感知 51
的颜色。这是一个天才的洞见，但遗憾的是托马斯·杨未能够拿出实验证据来支持它，直到我们的主人翁出场之前，这个理论基本上被埋没了。

---

1. 托马斯·杨（Thomas Young，1773—1829）：英国物理学家、生理学家，发展了光的波动学说，发现了光的干涉图样，阐明了波的叠加原理。

麦克斯韦对色视觉的兴趣起始于在詹姆斯·福布斯的实验室的时候，那时他还是爱丁堡大学的一名大学生。福布斯有了混合色的想法，即将一个圆盘涂成若干色扇形，就像一个馅饼形统计图一样，再使它快速地转动。人的眼睛和大脑此时不能对单独的颜色做出反应，相反只能看到一种模糊的混合，人的大脑将它反应成一种单一的、不同的颜色。福布斯论证道，假如托马斯·杨的理论正确的话，那么，通过选择三种恰当的原色，把它们涂在圆盘的扇区中，调节扇区的大小直到恰当的混合出现，人们就很有可能产生包括白色在内的任何想要的颜色。福布斯试图通过混合艺术家的配料——红色、黄色和蓝色——得到白色，但结果总是事与愿违。让他困惑的是，他试图用蓝色和黄色相混合，以检验它们是否能给出绿色，这是混合颜料和染料众所周知的一个规则，但他惊奇地发现，从旋转圆盘上他看到的不是绿色而是暗粉红色。

这的确是令人困惑的一件事，麦克斯韦于是独自开始了他的实验，不久就找到了答案。原来，在混合光（正如当我们旋转多色的圆盘）和混合颜料（正如人们混合颜料和染料）之间存在着根本的差别。颜料充当的是颜色的提取器，因此，在两种颜料混合后，你所看到的光是那些颜料未能吸收的颜色。换句话说，混合颜料是一个减色过程，而混合光是加色过程。对于现在的物理学学生来说，所有这些知识是基本知识，但在十九世纪五十年代是一个基础研究的突破。当麦克斯韦利用红色、绿色和蓝色作为原色涂在旋转的圆盘上时，他得到了漂亮的结果。

现在是把这些结果建立在一个合适基础上的时候了。福布斯因身体疾病早就放弃了这项实验工作，所以麦克斯韦只好独自做实验了。他利用旋转圆盘的一个改进型——陀螺，订购了 52
D.R. 海所制造的彩色纸张。海是爱丁堡的艺术家和印刷商，过去曾对麦克斯韦关于卵形线的论文很感兴趣。他很可能是英国在彩色印刷领域最著名的专家，能够提供色彩范围很广的彩色纸张。麦克斯韦将彩色纸张裁剪成圆形，并在每张圆形纸的中心打一个洞，以便让陀螺的转轴穿过。为了获得圆形分析图效果，他沿径向裁剪圆形纸，使三种颜色的纸，或者更多颜色的纸，能够相交并以任意比例彼此胶合在陀螺上。通过利用陀螺轮缘周围的一个标度盘，他能够测量出混合当中每种颜色的百分比。当陀螺旋转起来后，再把合成颜色与放在旁边不同颜色的纸相比较。当这个装置开始产生有趣的结果时，麦克斯韦又对它做了改进。他在陀螺的第一个圆纸盘上又加上稍小一点的第二个纸盘，就这样，当陀螺旋转起来以后，通过调整这个圆盘，使内圆的颜色同外环的颜色达到一致。这不仅得到了较好的比较，而且也使他能比较颜色的亮度以及它们的色调，包括内圆或者外环的一个黑色扇形区。[2]

将各种颜色一起旋转而混合是很有趣的，不过麦克斯韦则希望找到一套法则，确定任何一种颜色与所有其他颜色的联系。他果然找到这种联系——麦克斯韦原色三角形（见图 1）。这是一个伟大的发现。[3]

如图 1 所示，R、G 和 B 是一个等边三角形的顶点，分别代表红色、绿色和蓝色这三种原色。[4] 三角形内的每一点都对应着一个由红色、绿色和蓝色混合而得到的一种颜色，而混合的比例分别由坐标 r、g 和 b 的相对长度给出。例如在图 1 中，C 点的颜色是由 9 份红、4 份绿和 3 份蓝混合形成的，根据作者的粗略计算，它对应一种暗粉红色。白色由三角形的中心点 W 表示。在三角形中亮度或者强度没有显示出来，但能够通过另外的数字
53 确定，必要的话还可用几何图形表示出来，这将需要将图扩展到三维。于是，这个三角形就给出了一个简单的公式：

配色性（色匹配）=x% 的红色 +y% 的绿色 +z% 的蓝色

这里 $x=\frac{100r}{(r+g+b)}$，$y=\frac{100g}{(r+g+b)}$，$z=\frac{100b}{(r+g+b)}$。

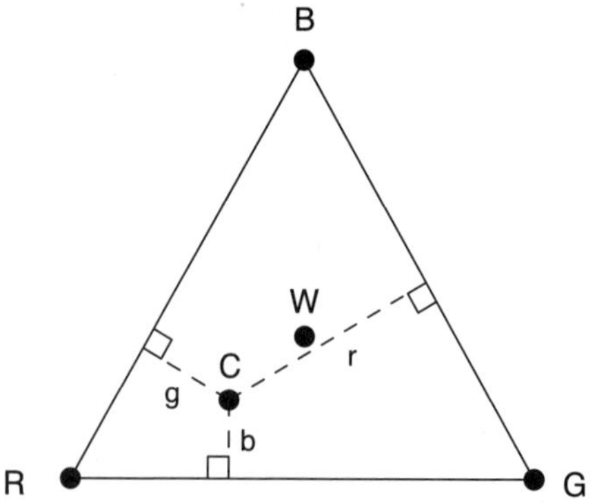

图 1

麦克斯韦面临着的一个问题是：并非所有的颜色都能通过他

的红色、绿色和蓝色三原色的混合而得到。这里有两个原因：首先，他不能确切地知道人眼的三种感受器对哪三种颜色最敏感（他没有办法去搞清楚这一点）；其次，尽管每种感受器对于某种特定的颜色最敏感，但它也能接受邻近范围的颜色，就像无线电收音机接受某一频率附近的一个频带一样。无论他选择何种深浅的红色、绿色和蓝色，它们都不能和人眼的感受器完全匹配，因此并不是所有的颜色都位于三角形中。不仅如此，他还在一个
简单而又精巧的解上遇到了挑战。他发现，当旋转圆盘时，通过 54
加进一种颜色匹配的原色而不是另外两种原色，他能够得到相匹配的余色（remaining colour）。换句话说，他通过把一种原色的负色放到方程的另一边，从而把它们混合起来。按照这种方法，他就能够在他的图中表示所有的颜色。那些具有一种原色负色的颜色就具有负的 r，或者负的 g 或 b，因此它们位于三角形之外。他的体系是牢固的，因为它不依赖于选择精确的原色。越是选择与人眼特征相一致的原色，位于三角形之外的颜色就越少。正如他所指出的那样，这个体系对于任何三原色都有效，只要人们以某种比例混合它们而得到白色。

他还继续证明：作为三原色混合的一种被感知颜色的表示，等价于赫尔曼·格拉斯曼体系的另一种表示。在格拉斯曼体系中，颜色是由两个变量确定的，即现在所称的谱色调（spectral hue）和色饱和度。在图 1 中，谱色调由 W 指向 C 的一条直线确定，而色饱和度由线段 WC 的长度确定。他还指出，求出从一个体系到另一个体系的转换值是一个简单的几何问题，所以，

对于染色技师来讲，从一个体系转换到另一个体系现在就比较容易了。为完善对一种颜色的描述，这两个体系都引入了强度或者亮度作为第三个变量。

麦克斯韦的三角形现在仍以所谓色品图（chromaticity diagram）的形式被应用着，而后者只是在细节上与他的原始概念有所不同。色品图应用一个直角三角形，其中只有红色和绿色的比例被表示出来，而蓝色的量被隐含，因为红 + 绿 + 蓝总是等于 1。在图 1 中，亮度也没有被表示出来，但它可以通过一个数确定，该数在把图推广到三维时可被表示出来。

麦克斯韦邀请朋友和同事来比较颜色，从而发现人们在视觉上对彩色的感觉有差别。他特地找了一些色盲的人，发现他们中
55 的多数人缺乏对红色敏感的感受器，这就解释了为什么他们不能将红色和绿色区分开来。他提出一个矫正的办法：使用一副一块镜片是红色、另一块镜片是绿色的眼镜。

就这样，麦克斯韦已经扫除了一堆混乱和疑问。他核实了色视觉的三原色理论，并对色混合给出了一个简洁、可靠的数学公式。这项工作真是一个绝妙的表演。不过，即使在当时，他发表该研究结果也是很低调的：他向爱丁堡皇家学会提交了一篇论文，[5] 在剑桥哲学学会上做了一次报告，并利用色陀螺演示了一些结果。

对于三原色理论，我们现在得到日常应用的是彩色电视机，它完全是按照这个原理工作的。然而，人们很少提到麦克斯韦在这方面的贡献。其中的一个原因是，亥姆霍兹与麦克斯韦同时也

在独立地从事相同的研究，而且通过后人莫名其妙的宣传得到了更多的荣誉。至少有一位权威作者已经提出这样一种观点：麦克斯韦应当得到更多一点的荣誉。不过，优先权的争端是冗长乏味的，不属于我们故事的内容。[6]

在麦克斯韦的头脑当中无论如何也没有考虑荣誉这个问题。他专心研究这项远未完成的工作，打算更精确地测量人们视觉的差别，得到满足纯光谱色范围的红色、绿色和蓝色混合的精确值。色陀螺对于这项工作来说已不太精确了。尽管通过它可得到精确的混合，但圆盘上的颜色不能精确地确定。他把它们描述为“不同颜料简单的样品”。为了得到其他人也能够重复的结果，他将不得不考虑直接从阳光中提取纯色，然后进行混合。发明是无止境的，麦克斯韦又发明了一种“色箱”(colour box)。他利用棱镜将太阳光分裂为各单色，然后调节狭缝去选择他需要的颜色，并控制每种颜色的量。他早就意识到这种装置在某个时候是需要的，并早在爱丁堡大学的假期，在格伦莱尔就做了“色箱”的一个雏形。他现在开始着手改进它，这项工作后来结出了 56
果实。

与此同时，麦克斯韦还在紧锣密鼓地研究电和磁，并于一八五五年发表了一篇论文，许多历史学家认为它是他第一篇“伟大的”论文，也是他论电和磁的三篇论文中的首篇论文。这三篇论文前后跨度九年时间，不仅给电学和磁学带来了一场革命，而且也给科学家思考物理世界的方法带来了一场革命。

由于库仑[1]、安培、法拉第以及其他物理学家的工作，人们对电和磁的现象已有了许多了解。尽管关于电和磁的著作已经汗牛充栋了，但这方面的知识仍然是不完整的。还没有将这些知识统一起来的一种理论。在采取任何行动计划之前，麦克斯韦首先要做的事情就是阅读文献，其中大部分都是涉及高深数学的文献。用他自己的话来说，这是“一个将以前的结果进行简化和缩小的过程，以达到人们能够掌握它们的一种形式”。尽管麦克斯韦已经开始努力去改变这种状况，但有点奇怪的是，仍然没有其他人去提出一种统一的理论。

什么是“以前的结果”呢？它们包含了许多东西，但都与被实验证明的四个主要结果有关。第一，电荷之间的吸引或者排斥力与它们之间距离的平方成正比，异种电荷相吸，同种电荷相斥。第二，磁极之间的吸引或者排斥与电荷情况类似，但磁极总是成双成对出现，即每个北极必有一个南极相伴。[7] 第三，导线中的电流在导线周围产生环形磁场，磁场的方向依赖于电流的方向。第四，当把一个环形线圈移近或者远离磁铁时，或者将磁铁移近或者远离线圈时，线圈中会产生感应电流，并且电流的方向依赖于线圈运动的方向。

科学家们试图用两种方法解释这些结果。偏好数学方法的物理学家，例如法国的西米恩·泊松和安德烈-玛丽·安培以及德

1. 库仑（Charles Augustin de Coulomb，1736—1806）：法国物理学家，1785 年通过实验得出了库仑定律，是静止点电荷相互作用力的规律，为电学的研究奠定了基础。

国的威廉·韦伯[1]，他们已经推导出一些方程，这些方程基于这样 57
的假设：电荷之间以及磁极之间的作用是**超距作用**，在它们之间的空间中什么事情都没有发生过。然而，迈克尔·法拉第则与之相反，他认为电荷和磁铁给所有空间注入了**力线**，这些力线和其他电荷和磁铁发出的力线相互作用，从而产生了我们感觉到的电力和磁力。

在当时，大多数著名的科学家都非常赞同超距作用观点。尽管这种观点对于所有已知结果并没有提供一个令人信服的解释，但它被人们推导出了精确的公式，而这些公式相当有效。更加有理由的是，它仿效了已经建立的牛顿的引力理论模型。而且，这些科学家的判断被一个广泛坚持的观点所强化：伟大的牛顿曾明确地否决了引力是通过某种介质产生的可能性。牛顿是一位暴躁且不愿意做不赞同的事的人，他就是这样向一些同时代人解释他的思想。然而，在这个问题上，他实际上采纳的是相反的观点。这个观点很清晰地反映在他写给一位同事的信中：

> 引力应当是天生的、固有的，而且对于物质来说是最基本的，因此一个物体能够通过真空超距地作用于另一个物体之上，而不需要传递的媒介传递作用和力。这个观点在我看来是一个弥天大谎，而且我坚信，任何在哲学问题上思考周

1. 韦伯（Wilhelm Eduard Weber，1804—1891）：德国物理学家，因对地球磁力的研究而著名。

全的人决不会去轻信这个观点。[8]

这真是一个莫大的讽刺！超距作用学派的民间英雄本应该站在法拉第的一边！然而，他们的观点却是那样根深蒂固，其中一些人甚至嘲笑法拉第。皇家天文学家乔治·艾里爵士[1]发表了他的观点：

> 我很难相信，任何人在实践上和在数学上了解了[基于
> 58 超距作用的计算和实验结果之间]的一致，会一方面对于这
> 个简单而又精确的作用犹豫不决，而与此同时却引用含糊不
> 清、变化不定的力线。

迈克尔·法拉第和詹姆斯·克拉克·麦克斯韦都是有史以来最伟大的科学家。法拉第比麦克斯韦大四十三岁，出生在一个贫穷的家庭，十四岁就给一个装订商当学徒。他从装订的书籍中如饥似渴地学习知识，对百科全书里的科学文章如痴如醉。他后来大胆地加入了当地的哲学学会，并记录了所有的演讲，还将记录装订成四开本的集子。他终于抓住了一个梦寐以求的机遇。一位好心的客户被他的上进心所打动，便给了他一张可以去听伦敦

---

1. 艾里（George Biddel Airy，1801—1892）：英国天文学家，1835年被封为皇家天文学家，担任该职位长达46年。

皇家研究所天才且具有超凡魅力的汉弗莱·戴维爵士[1]演讲的票。他被戴维演讲所陶醉，把演讲全部记录下来，把演讲记录的装订本赠送给戴维，并请求戴维给他一份工作。大约一年以后，他果真得到了戴维的雇用，因为戴维刚刚解雇了参与打架的一位职员。他开始是做一个洗瓶子的工人，第二个学徒期开始业余学习做实验，虽然是学徒，却是他科学职业的开端。后来戴维让他做了他的助手。当戴维发现他渐渐成为他的科学竞争对手时，嫉妒不已。每当他们争论时，戴维常用刻薄的语言中伤法拉第，而法拉第最后总是服从了戴维。

在戴维去世后，法拉第被任命为皇家研究所教授，并担任该职位直到三十四年后他去世。在那个时期，他发表了他做的大量实验内容，其中绝大部分都是关于化学、电和磁方面的。他从一位敏锐的观察者、谨小慎微者和持之以恒者，发展成对物理学高屋建瓴的一位洞见者，做出了巨大的发现。他还是一位魔术师，以他温和的方式承袭了戴维演讲的传统，吸引了满堂听众来听他的科普演讲。到了一八四〇年，他在英国很可能是最著名的科学家了。然而，他从未得到科学权威人士的认可。因为，他从未上过正规的中小学，更不用说大学了，因此他没有学过一点数学。 59
所有人都对他的实验才能感到惊异，但几乎没有人相信他具有一个理论家同样的才能。

1. 戴维（Humphry Davy，1778—1829）：英国化学家，电化学的创始人，分解出了钠、钾、钡、硼、钙和镁。

然而，麦克斯韦却是一个相信法拉第具有理论家才能的人。经过通读法拉第的《实验研究》一书，他首次被法拉第的胸襟和坦诚所折服：

> 法拉第……向我们展示了他成功的和不成功的实验，以及他初始的观点和后来发展了的观点，因此，即使是归纳能力较差的读者，也会感到共鸣甚至于钦佩，进而会这样认为，要是他自己有这样好的运气，也应该是一位发现者。[9]

正是通过深入的阅读，麦克斯韦越来越感到法拉第思想的威力。这位伟人把他的任务谦虚地描述为“工作，完成，发表”，这并没有反映出他在工作中的智力强度和微妙之处。任何发现都是来之不易的：创造性思维的伟大跳跃是需要的，然而它们总是出现在透彻的思考之后。麦克斯韦深刻地认识到，法拉第的力线概念绝不是异想天开，而是一个严肃的理论。

法拉第对磁铁的行为长期困惑不解，并得出了以下结论：磁铁不仅仅是一块性质特别有趣的铁，而是一系列看不见的弯曲的触手或者力线的中心，它们伸展到所有的空间。在法拉第的体系中，北极和南极之间的磁吸引力的产生，是因为每个触手从一极伸向另外一极，沿着它的纵向就像一根橡皮筋一样产生一种拉力。另一方面，两个北极之间的磁排斥力的产生，是因为一个磁极的触手排斥另一个磁极的触手，就像被压缩的橡皮一样。在磁铁磁极的附近密布着很多触手，因此力很大；远离磁极的地方触手稀疏，因此力较小。人们因此可以能够明白，为什么乔治·艾里爵士称这个观点是“含糊不清、变化不定的”。然而，任何只要看见在一个磁铁附近由在一张纸上的铁屑形成的美丽图案的 60
人，就能明白法拉第心里想的是什么。铁屑成为小磁铁，沿着力线分布，而每条铁屑组成的线和邻近的线由于侧向的斥力而相互分离。

为解释带电体之间的静电力，法拉第引入了和磁力线行为类似的电力线。不仅如此，他还做出更进一步的假设：磁铁在附近的金属线圈中会导致一种紧张状态，在磁铁或者线圈运动时，这种紧张状态将引起一个电流。他将这称为电致紧张态（electrotonic state）。

在麦克斯韦看来，法拉第的思想既强大又真实，它们所缺乏的只是数学表示而已。要是他能找到一种方法来在数学上表示力线，他也就能够证明，对于静电和静磁效应的所有已知公式能够从力线的数学表示中推导出来，就像从超距作用推导出已知公式一样。这将挫败批评法拉第的专家，而且，尽管力线的数学表示自身不是一种新理论，但它将给予麦克斯韦继续发展它奠定基础。

麦克斯韦的当务之急是处理静止的力线，这只是一个先期目标：电和磁的完整理论还需要处理运动的力线，但那是后话。静态问题基本上是个几何问题，但它比欧几里得几何要复杂得多。弯曲的力线弥漫着整个空间，作用在每一点上的力的强度与经过该点的力线有关。这是几何矢量，其大小和方向在整个空间中都在连续变化。尽管矢量几何的数学还处在幼年期，但前人在这个领域已经做了相当好的工作，麦克斯韦可以利用这些成果，我们随后要谈到这个方面。麦克斯韦首先要做的事情是尽可能跟上法拉第推理的步伐，给力线一个严格的量化描述，而且尽可能用少量的数学符号。

不过，该从什么地方着手呢？有没有其他的物理现象其行为
61 类似于力线，而且在数学上被处理过呢？假如有，也许一个类比的方法将是有效的。幸运的是灵感就在他身边，它来自威廉·汤姆森。汤姆森是麦克斯韦堂姐杰迈玛的丈夫休·布莱克本在格拉斯哥大学的同事，麦克斯韦在中学时就见到过他。汤姆森比麦克斯韦大七岁，现在已是一位有影响力的人物了，并且牢牢占据着格拉斯哥大学自然哲学教授的位置。早在剑桥大学做学生的时候，汤姆森就做出著名的发现：描述静电力大小和方向的方程。这些方程与那些描述通过固体物质的稳定热流的速度和方向的方程，有相同的数学形式。静电力和热流之间似乎存在着一个异乎寻常的类似，这让麦克斯韦看到了一线曙光，使他感到这是一个值得研究的方法。他这时与汤姆森已经非常熟悉了，并在信中告诉汤姆森他的打算是要“入侵你的电学禁区”。汤姆森对自己能成为导师而感到高兴，于是欣然同意了麦克斯韦的想法。和麦克斯韦一样，汤姆森更关心的事情是推进人类知识的进展，而不是沽名钓誉。他那时正陷于其他的工作之中，包括那个年代最激动人的技术——电报。

威廉·汤姆森将静电力和热流进行比较，虽是一个有灵感的

见识，但并非出类拔萃。麦克斯韦则希望找到一个类比，使它比热流更容易被人们掌握。在这个初期阶段，他敏感地回避为力线提出任何物理机制。他选择的类比是假想的、从能渗透的媒介流出的、无重的、不可压缩的流体：流体的流线将代表电力线或磁力线，于是，他就能够通过改变媒介各处的孔隙率（porosity）以解释不同物质的电或磁的性质。

法拉第曾把力线看作是一系列离散的触手，而麦克斯韦则将它们合并成触手的一种连续的一个量，称为“通量”。在一点的通量密度越大，那里的电力或者磁力就越强。在任意一点流体的 62
方向对应于该点通量的方向，流体的速度对应于通量密度。作为追踪涡流整体运动的一种装置，麦克斯韦构想出假想的管子，流体在管子里流动。流体的运动好像真是以管子做壁，因为流线从不交叉，而且整个流管系统分布密集而没有缝隙。因此，在管子狭窄处，流体流得快；在管子宽阔处，流体流得慢。电或磁的通量，尽管是不变的，但非常类似地包含在管子中。通过类比，在管子狭窄从而通量密集处，作用力强；在管子宽阔从而通量稀疏处，作用力弱。[10]

使流体流动的是压力差。流体沿流管从高压处向低压处流动，在任意一点的流量正比于那里的压力梯度。与此相类似，通量是由电势（电压）或者磁势造成的，任意一点的通量密度正比于势梯度（potential gradient），他将它称为场的**强度**。等压或者等势点处在假想曲面上，该曲面处处与管垂直，就像一层层洋葱皮一样彼此紧密地压在一起。

为解释静电和静磁的各种性质，麦克斯韦详细阐述了这个类比。正电荷和负电荷分别由流体的源和漕代表，对电和磁具有不同敏感性的物质，由具有不同孔隙率的媒介表示。导体由均匀压力区域代表，里面的液体是静止的。通过另外一个类比，他发现相同流体的流动也可以表示流经导体的电流。

现在万事俱备了。流体类比不仅给出了由超距作用假设而得到的相同的公式，还解释了一些发生在不同物质的边界上的电的和磁的效应，而这些是不能被超距作用解释的。

63 流体类比的关键是流体是不可压缩的。每立方厘米的空间总是包含同样数量的流体，不管流体流动多快都是如此。这就导致了如下结果：物体间的电力或磁力反比于它们之间距离的平方。这完全是一个几何问题。[11]

现在，麦克斯韦已经证明法拉第是正确的，而且把他的“含糊不清、变化不定的”力线转变成为一种新的、在数学上没有缺点的概念——场。不过到现在为止，他还只是分别处理了静电场和静磁场。另一个更困难的问题——弄清变化的电场和磁场之间如何相互作用——仍然有待以后去解决。这个问题涉及一个著名的物理效应——运动的磁铁使其附近的线圈产生电流。我们已经了解到，法拉第认为这种情况发生的原因是：磁铁，即使在它静止的时候，也会在线圈中引起一种神秘的“电致紧张态”；只要磁铁（或者线圈）运动，它就造成电流的形成。尽管这个观点是多么新奇，但麦克斯韦从骨子里相信它是合理的，因此他开始着手从数学上表示寻找电致紧张态的方法。

不过这一次，他不得不偏离他过去只用图形描述和简单方程的风格。他需要一些强有力的工具，还要研究人们对矢量做了些什么研究。这方面的工作主要是由三个人做的。第一个人是乔治·格林[1]，他是诺丁汉郡的一位磨坊主，自学数学，四十岁才进入剑桥大学，两年后获得研究员职位，逝世于一八四一年。[12] 第二个人当然就是威廉·汤姆森了，他在一八四五年发现格林在十七年前写的一篇被人遗忘的论文，并立刻认识到这篇论文是很有价值的。[13] 第三个人是剑桥大学的卢卡斯教授乔治·盖布里埃尔·斯托克斯[2]，他是威廉·汤姆森的好朋友，后来也成为麦克斯韦的好朋友，他还是这两人的顾问和鼓励者。[14]

在通过充分利用前人工作的基础上，麦克斯韦给予法拉第的
电致紧张态以合法的地位，并为它导出了一个数学表示。和以往 64
情况一样，这一次还是他的直觉帮助了他。关于电和磁的联系已经建立了两条定律。其中一条定律给出了包围载流导线的假想回路上的总磁力；另外一条定律告诉我们，当通过线圈的磁通量以一定速率增加或者减少时，在线圈中将产生多大的电流。这些定律似乎是合理的，但麦克斯韦觉得它们并不太切中问题的要害，因为它们处理的只是整个回路积分量的总和。他认为，唯一能恰当了解的方法应该是考虑在一个很小空间内的电和磁的关系，因

1. 格林（George Green，1793—1841）：英国数学家、物理学家，引入位势概念，发现格林公式和格林函数。
2. 斯托克斯（George Gabriel Stokes，1819—1903）：英国数学家、物理学家，以对流体力学的研究而闻名。

此他着手以数学家称为微分的形式重新表述这些定律：应用在一点上的矢量，而不用整个回路积分的总和。当这样处理后，他发现其中一个矢量非常适合表达法拉第电致紧张态这个概念。当处在一个均匀又稳定的值时，这个量没有作用；当它随时间或者空间变化时，它将产生电力或磁力。[15] 不过，这次成功在麦克斯韦心中依然只是部分的成功：他已经得到了一个数学定义，却未能考虑出怎样从物理上解释这些数学符号，哪怕是依据类比。因此，到目前为止，电致紧张态依然保持着它的某些神秘性。

以上这些是麦克斯韦尽最大努力所做到的事情。根据法拉第的力线概念，他创建了场，这个概念是二十世纪物理学的标准规范，但对于那个时代的科学家来说是令人吃惊的新奇，那时的科学家通常把现实世界看作是实物和实物间的虚空构成的，而力、通量和势联系的麦克斯韦体系，则是当今物理学家和电气工程师所采用的体系。即使是这样，对于法拉第的物理思想，他除了赋予它们数学表示并列出方程以外，几乎再没有增加什么东西。尽管这些成果令人满意，但它们只能解释静电和静磁作用。他仍然面临着一个艰巨任务，即把他的工作推广到**变化**的场中。
65 但是，它们相互作用的方式似乎与任何其他的物理现象很不相同，因此他一定感到他正面临着一个极其严峻的挑战。不过话又说回来，场的概念给他打下了一个坚实的基础，而且通过在数学上表示电致紧张态，他至少找到了在攀登时一个脚趾大小的立足点。

他把论文命题为《论法拉第的力线》，并在剑桥哲学学会上宣读了。他着重强调，流体类比只是帮助思考之手段，对电和磁的性质甚至还没有提供一个理论的外貌。[16] 这个明智的谨慎来源于他强烈的哲学背景：作为研究的临时工具的类比，可以是很成功的，但不能忘记它只是一种类比，不能代替研究的对象。他曾收到来自法拉第的一封热情洋溢的信：

> 我收到了你的论文，非常感谢你把它寄给我。关于你对“力线”所说的那些话，我不敢冒昧地谢谢你，因为我知道你已将它用于增进哲学真理。不过，你一定会猜想到，你的工作使我感到欣慰，并促使我做进一步的思考。当看到你就这一主题去构造一种数学形式时，起初我几乎是被吓坏了，但后来我惊讶地发现，你把它处理得是如此之好。[17]

麦克斯韦几乎从没有停止过对电和磁的思考。当他再思考时，他会感到“电的状态又来了”。不过，他还有其他的工作要做，直到六年以后他的下一篇电磁学的论文才问世。这篇论文包含了有史以来最伟大的科学发现之一——电磁波。

当然，麦克斯韦并不能把所有的时间都花在科学研究上。为履行辅导教师的职责，他布置并管理在切尔滕纳姆学院举行的一场考试。在获得研究员职位之后，他对三年级的大学生讲授流体静力学和光学。他耐心地讲授这些课程，只要有可能，就以做实验来证明讲授的内容。有一次，他遇到了麻烦。当他正在演示如何计算水在受压下从洞口逸出的速度时，这时院子里的水管突然 66

破裂，产生了一个人人可见的壮观的喷射。他加入了雷俱乐部（Ray Club），该俱乐部的成员就各种各样的主题，例如摄影术、英国对印度的管理等，轮流发表演讲。[18]他也帮助在剑桥开办了一个技工学院，并承担了首批部分课程的讲授任务。他还尽力去劝说当地的商店在有课的晚上早点关门，以便工人们能够来上课。

他和父亲在格伦莱尔度过了绝大多数的假期，但在一八五四年夏天，他到湖泊地区[1]与他的表兄妹们待了一周。他喜欢他们，但一直最喜欢莉齐，她现在已是一个漂亮而又非常聪明的十四岁姑娘了。他们彼此相爱了。在那个年代，女孩子们一般要到十六岁才结婚，他们也打算如此照办。他兴奋不已，在那个周末兴高采烈地从卡莱尔步行五十英里返回格伦莱尔。遗憾的是他们没有能结成婚。由于担心近亲血缘关系，他们最终被家庭说服，放弃了结婚的打算。这段经历对双方都有很大伤害，但他们还是挺了过来，并各自同别人结了婚。对于这件事，没有任何有关信件被保存下来，很显然，他们彼此都太痛苦，不愿保留这类信件。我们知道这件事应当要感谢埃弗里特教授，他在莉齐的女儿九十岁时拜访了她。[19]

在一八五四年那个圣诞假期，他父亲肺部严重感染。他竭尽全力护理他父亲，放弃了正在撰写中的有关色视觉方面的论文，

---

1. 湖泊地区（Lake District）：英格兰西北部的一个风景区，包括坎布里亚山脉和大约15个湖。该地区之所以吸引大量游客是因为它与19世纪的湖畔派诗人如华兹华斯等联系在一起。

花了几个月时间去照顾他父亲。不过，他在这期间还保持着通信，仍然以他惯有的热情洋溢的风格写信，例如：

……我现在全力以赴从事超人南丁格尔所从事的职业。除此之外，我一直还在对测量行星形状的面积仪进行描绘，我还写信去驳斥一些人轻率地对待力学，有些人给它强行加进他们自己都没有弄明白的东西，他们还提出他们的仪器将 67
发挥作用，然而它们根本不可能是那样的。

以上文字是他写给朋友一封信中的部分内容。在这封信中，他说学期开始时他肯定会迟到，而且很可能整个学期都不能来上课。[20] 他的确错过了那个春秋学期，但幸运的是他父亲康复了，于是他在复活节后返回剑桥。不久他听说了他已被推选为三一学院的研究员，不过处于最佳状态时期的想法都消逝了。

一八五六年二月，他收到一封来自福布斯教授的信。教授告诉他，阿伯丁马里斯查尔学院自然哲学教授的职位空缺了，建议他去申请这个职位。福布斯还说他在这件事情上已经帮不上忙了，这个职位的授予权控制在国王、律师界和内政大臣手上。麦克斯韦咨询了他的父亲，考虑是否要提出申请。如果他得到这份工作，他将离开被认为是英国科学中心的剑桥，而要前往一个处于科学边疆的地区。不过话又说回来，在剑桥以后的几年当中，他还是要去寻找一个职位，而现在这样的机会并不是常有的。再说，剑桥就像一座象牙塔，在象牙塔之外也许更精彩。为期不长的苏格兰学年将使他有更多时间和他境况不佳的父亲待在一起。作为教授的候选人，他还很年轻而且没有经验，但这绝不是选择的障碍。威廉·汤姆森二十二岁时就被任命为格拉斯哥大学的教授，而 P.G. 泰特二十三岁时在贝尔法斯特当上了教授。

于是，他决定去申请，但起初不知道该怎么做。他不是一味追求名利的人，当知道须要有“大腕”写推荐书时，他给所有著名的人士写了信，他知道他们将会说些对他有利的话。另一位候选人曾请求麦克斯韦给他写一封推荐书，麦克斯韦在爱丁堡大学时就知道他，麦克斯韦于是照办了。[21] 泰特也是麦克斯韦的竞争对手之一，他也想回到苏格兰，并从事物理学研究工作，因为他在贝尔法斯特的职位是数学教授。

68 麦克斯韦的父亲被这次机会的刺激和儿子的前景弄得飘然起来。他的健康似乎一度好转了，但终归不能持久坚持下去。在复活节的假期，麦克斯韦和父亲一起待在格伦莱尔。有一天，在昼夜护理他父亲之后，他父亲约翰·克拉克·麦克斯韦在第二天早晨突然去世。

麦克斯韦现在是孤身一人了。他父亲一直是他最亲密的伙伴，而且永远活在他心中。然而他不仅仅是感到悲哀，许多人对他父亲的爱和尊敬使他感到无比骄傲。他充满感激之情，为有这样明智而又仁慈的父母亲感到十分幸运。他把父亲去世的消息写信告诉给亲戚和朋友们，并举办了葬礼，然后接手了庄园事务。在了解他父亲为改善庄园财务状况做了大量工作以后，他非常认真地担负起新地主的角色，特别是对于员工及其家庭的责任。

在回到剑桥以后，他又投入繁忙的工作当中。这时，他得知他已经获得了阿伯丁的那个职位。事已如此，一切都不可改变了。当学期匆匆结束后，他就捆扎好他的论文，包装好大大小小实验用品，带着美好的回忆，离开三一学院回到格伦莱尔。他整个夏天在那里坚持不懈地熟悉庄园的工作，推进他父亲的计划，同时还不时地招待亲戚和来自剑桥的朋友。他还设法装配好实验仪器，给他的色箱一个可行的改进。一八五六年十一月，他动身前往阿伯丁。

06

第六章

土星与统计力学

69 阿伯丁 1856—1860

在阿伯丁住下后麦克斯韦便去拜会他的新同事。他本期望见到一些和他年龄相仿的同事，因为马里斯查尔学院以前曾聘任过许多年轻人，但这时他发现，相对他而言，这里最年轻的教授已有四十岁了，而教授的平均年龄是五十五岁。教授们喜欢与年轻的同事交流，他们欢迎麦克斯韦。实际上，这里的每个人都是好客的，以致麦克斯韦在外面吃饭的次数比在家里还多。社会环境是合意的，不过有得也必有失。麦克斯韦稍后在给刘易斯·坎贝尔的信中写道：“在这里任何玩笑都不能开。我两个月以来还未曾开过一个玩笑，有时候一个玩笑已到了嘴边，但还是将它咽了下去。”麦克斯韦肯定时常把这里与能自由自在开玩笑的剑桥进行对比。不过，他斗志高昂、兴致勃勃，因为还有很多正经的事要去做，且他决心将它做好。

像苏格兰的其他大学一样，马里斯查尔学院的目标是提供扎实、广博和易接受的教育。它的主要业务是提供四年制的文学硕士课程，其中必修课程有希腊语、拉丁语、自然历史、数学、自然哲学、道德哲学和逻辑。学院的学生绝大部分来自阿伯丁及其

周边地区。许多学生出自商人家庭，其他学生则出自农民、医生、律师、教师和牧师家庭。商人和农民的孩子很少继承他们父 70
辈的职业，最受欢迎的职业是医生、牧师、教师和律师。少数几个毕业生到外地铁路公司当工程师。在麦克斯韦任教期间，只有一名学生成了一位著名的科学家，他就是杰出的天文学家戴维·吉尔。

在那个时期，新任教授都要对学生和同事做就职演说，表明他的工作打算。这是麦克斯韦生平第一次重要的就职演说，他认真做了准备。他在演说中谈到了他在爱丁堡和剑桥的经历，广博的阅读，以及与朋友进行的讨论。他在演说中还清晰地表明，他的目标并不仅仅是讲授科学，还要通过讲科学教会学生独立思考、正确思考：

> 我的职责是给你们打下必不可少的基础，并使你们能够自如地运用它们。研究科学之最理想的境界是，每个人都应该有自己的主见，而不是人云亦云。通过对自然规律细致而又勤勉的研究，我认为，我们将至少避开了模糊的、不连续的思维方式的危险，从而养成健康而又活跃的思维，它使我们能够识别在所有流行形式当中的错误。在所有流行形式当中，错误经常出现，且强占了新、老真理的位置。

他还特别强调实验必须是课程的一部分：

> 我没有理由相信：人类的智力在脱离实验工作的前提下能够编织出一个物理学体系。无论何时做那样的尝试，其结果只会是以失败而告终。

如其他教授一样，麦克斯韦不仅要完成课程的讲授任务，而且还要编写课程提纲。对于一位年仅二十五岁的新手来说，这是
71 一个繁重的任务。他想讲什么课程自然心中有数，只不过得去做细致的准备工作。他高兴地发现，他的前任也一直热衷于采用实验证明方式教学，因此遗留下了大批完好的仪器。前期的课程应用数学知识不多，且容易弥补上。在备课和准备讨论方面有大量的工作要做。像任何新教师一样，他遇见的棘手问题是在评估学生能力之前，估计课程所要达到的程度。他小心翼翼地准备着每一节课。为了准备光学课程，他购买了一批鳕鱼眼和小公牛眼，以恢复他的记忆和练习解剖之用。一切都很顺利，他有了一个不错的开端。

每逢周末夜晚，他就到阿伯丁技工学院给工人上课。剑桥以前没有技工学院，在他的帮助下才得以创办。而阿伯丁的技工学院早就创办了。事实上，他的前任过去三十年来一直在那里上课，这个传统也是他乐意坚持的，这使他每周有十五小时的讲课任务。不过，即使把备课和管理工作考虑在内，对于一个全职教师来说，这也并不繁重。然而，对于一位还要从事前沿研究的教师来说，这就是一个相当重的负担了。

对于那些爱好锻炼的人来说，阿伯丁远没有剑桥方便。这里

既没有体育馆和游泳池，在迪伊河上也没有像剑桥那样的划船。这里的冬天比较短，所以在午饭时间快步行走就显得很重要了。他很快就找到一个同事和他一起步行，但这个同伴几周之后生病了，后来便打起退堂鼓。他在周末有时到美丽的海边散步，在海里游泳。在写给姨妈简的一封信中他告诉她，二月他在海里泡了一下，后来还“在桅杆上做体操”！幸运的是这些滑稽的动作没有被当地新闻记者发现，否则他们一定会对这个“疯狂教授”的故事添油加醋。

尽管他对于学院的政治没有兴趣，但还是卷入到一场冲突当中，这次冲突在当地引起了一阵轰动。

马里斯查尔学院并不是阿伯丁唯一的大学，这里还有另一所 72
大学——国王学院。整个苏格兰当时仅有五所大学，而阿伯丁就占据了其中的两所，这是很不一般的。一些当权者不愿意划拨经费，故极力主张马里斯查尔学院和国王学院合并。因此成立了一个皇家委员会，研究有关意见，最后决定该怎么做。与此同时，对于合并存在着两派。爱好交际的麦克斯韦不久就与国王学院的年轻同事交上了朋友，他的这一举动被认为是不合时宜的。两所大学间的关系多半是敬而远之，一所大学的大部分教授及其家庭与另一所大学的大部分教授及其家庭没有什么交往。关于合并的争论时有发生。我们将会看到这场争论愈演愈烈。

麦克斯韦生命的新篇章开始了，它是不平凡的，但在某种意义上说又是孤独的。对于友情淡薄而又封闭的阿伯丁社会来说，他是一位新移民，他一学年六个月待在那里，从十一月到第二年的四月。在格伦莱尔，他现在无人为伴了，到庄园里劳动，偶尔拜访往日爱丁堡和剑桥的老朋友，这些老朋友现在也是天各一方。只要有可能，他便去拜访他的姑妈、伯父和表兄表妹。然而在绝大多数时候，他通过信件与他最亲近的人分享他的思想。波默罗伊是他最亲密的朋友，在剑桥生病时他曾照顾过波默罗伊。不幸的是，波默罗伊在印度兵变[1]期间战死，这使他感到极大的悲痛。这个时期他在给另外一位朋友的信中表明了他对友谊的珍视：

> 我与朋友有和谐的个人关系，这是因为我希望逃避人们思考文物外观时得到的这种绝望。无论是一台机器和除了“现象”你没看见，或者是想成为一个人，你会感到你的生命原本就是与许多人交织在一起，而且无论是活还是死都被
> 73 这些人所强化。[1]

这是麦克斯韦真诚的告白，但他还是没有找到摆脱悲痛与孤独的良药。不过，对于像他这样精神活跃的人来说，悲痛与孤独是一种苦药良方的生活。他在阿伯丁的工作对他来说毕竟是重要的，没有什么比帮助年轻人获得有用的知识更重要了。他热爱格伦莱尔，在庄园改革和处理邻居关系的事务上还想做许多事情。

---

1. 印度兵变（Indian Mutiny）：1857—1858 年由为英国东印度公司服役的印度士兵发动的反对英国殖民者的起义，1859 年遭到镇压。

不过，最重要的是，他仍然对物理世界痴迷，并决心为之竭尽全力，鞠躬尽瘁。

把所有精力都集中在一个研究课题之上而排除其他课题研究，这种做法从来不是他的风格。但在一八五七年，有一个课题占用了他绝大部分的自由时间，这就是土星环问题。

拥有巨大而又扁平环的土星是宇宙中最神秘的天体之一。这种奇特的结构怎样稳定下来的？为什么环不破裂从而坠入土星，或者渐渐离开土星而进入太空？这个问题两百年来一直困扰着天文学家，只是近期才引起剑桥大学圣约翰学院[1]的特别关注。圣约翰学院选择这个问题作为声望很高的亚当斯奖征文题目。

亚当斯奖的设立是为了纪念约翰·库奇·亚当斯[2]发现了行星海王星。不过，设立该奖也许还有另一层意思，即英国科学机构试图为在证实这一发现时的不佳表现而做出补偿。亚当斯花费了四年时间，对已知太阳系最外围天王星的运动的微小摆动进行计算，并于一八四五年预言了一颗新行星的位置。然而，亚当斯的这个预言被皇家天文学家乔治·艾里爵士忽视了。第二年，法国人于尔班·勒威耶[3]独立地做了类似的预言，并告知柏林天文台。

---

1. 圣约翰学院（St John's College）：1511 年建。学院后面横跨剑河的桥叫叹息桥，是仿威尼斯城的建筑，也是一处名胜景点。
2. 约翰·亚当斯（John Couch Adams，1819—1892）：英国天文学家，最先计算出尚未发现的海王星的位置。
3. 勒威耶（Urbain Le Verrier，1811—1877）：法国天文学家，几乎与约翰·亚当斯同时计算出尚未发现的海王星的位置。

柏林天文台把望远镜对准勒威耶所预言的位置，结果果真发现了那颗预言的行星。艾里也许是为了安抚自己的良心，做了一个有利于亚当斯这一方的回顾性的声明。接下来就发生了一些激烈的
74 争论，要把荣誉归属于亚当斯一人，而亚当斯对此一直保持着沉默。最终和解战胜了争吵：亚当斯和勒威耶分享了这个荣誉，亚当斯后来也成了皇家天文学家。

亚当斯奖两年颁发一次。土星问题的征文题目是一八五五年设立的，截止期是一八五七年十二月。这个问题研究起来非常困难，曾经难倒了许多理论天文学家，其中包括大天文学家皮埃尔·西蒙·拉普拉斯。尽管拉普拉斯是权威著作《天体力学》（*La mécanique céleste*）的作者，但他也未能够解决这个问题。对于解决这个问题，出题人的愿望也许大于指望。假设土星是（1）固体，（2）液体，（3）由大量分离的物质团块组成的体系，那么土星环在什么样的条件下才是稳定的？出题人期望得到一个完整的数学解释。

麦克斯韦首先尝试采用固体环假设。拉普拉斯曾经证明过，一个均匀的固体环将不会是稳定的。他还曾经推测但未能证明：假如固体环的质量分布是不均匀的，那么这个固体环可能是稳定的。麦克斯韦于是从这一点开始了他的工作。也许考虑到“我究竟该从哪里开始?”，他从土星中心开始，依据环在土星中心造成的势，列出该处运动方程（引力势大致等于给水系统中的压力；引力势之差产生力）。

通过利用已知的数学方法，并将它们前所未有地组合起来，

麦克斯韦得到一个令人吃惊的计算结果：他证明，除了在一种特殊情形之外，几乎任何固体环都是不可能稳定的。这种特殊情形是指在环的圆周一点上集中了大约五分之四的质量，而其余的质量是均匀分布的。由于通过望远镜可以清楚地看到土星的不均匀结构还不至于到达那种程度，所以固体环的假设应当被放弃。麦克斯韦向他的朋友刘易斯·坎贝尔报告了这项研究的进展，并援引克里米亚战争作为比喻：

> 我一直在攻克土星这个难题，并不断地向它发起进攻。
> 我对固体环的研究已经取得了一些突破，现在开始在液体
> 环中溅起水花，其中符号的冲突令人惊骇。一旦我再次研 75
> 究它时，它就好像是一个黝黯的环，有点像塞瓦斯托波尔
> 围城战，一边炮群绵延 100 英里，另一边却绵延 30000 英
> 里，而且射击从未停止，围绕着一个半径是 170000 英里的
> 圆周。

液体环是稳定的吗？这就要取决于内部的波动行为了。它们是自身稳定的，或者是越来越大到破裂？麦克斯韦利用傅里叶方法分析了可能发生的各种波动，并证明液体环将不可避免地破裂成分离的块状物。

麦克斯韦通过排除法证明：尽管土星的环在我们看来是连续的，但它们是由许多独立轨道运动的离散物体组成的。不过，还有许多工作要去做。出题者希望得到的是稳定条件的数学分析。

但完整地描述大量的、大小各异的物体的运动显然是不可能的，不过，为了了解能够发生什么运动，麦克斯韦选择研究一个特殊情形，即由空间均匀分布的粒子所构成的一个环。

麦克斯韦证明：这样的一个环将有四种不同的振动方式，而且只要它的平均密度远低于土星的平均密度，这个环将是稳定的。当他考虑两个这样的环时（其中一个环在另一个环的里面），他发现有些排列是稳定的，而另外一些则不是。对于环半径的某些比例，环的振动将增大并且破坏了环。他的计算只能到此为止了，但他认识到粒子之间将会发生碰撞——摩擦的一种类型；他还预言，这将导致也许在很长一段时期内里面的环向内运动，而外面的环则向外运动。

麦克斯韦因此被授予亚当斯奖。实际上，他是唯一参加竞赛的人。这个奖大大提升了他的声望，因为它表明，对于这样一个困难的问题还没有其他人能够达到提交征文的程度。正如我们已
76 经看到的那样，皇家天文学家乔治·艾里爵士对于麦克斯韦这项成果的科学价值也不能十分肯定，但当他宣称麦克斯韦的论文是“我曾见到过的、数学应用于物理学的最杰出的著作之一”时，他肯定没有说错。这项工作是一场艰巨的劳动。实际上，它既是判断力又是创造力的一次胜利，数学是如此精确，以致错误被及时发现，而且一扫而空。它是视觉、直觉、技巧和顽强的一次证明，使麦克斯韦赢得了英国顶尖物理学家的地位。他现在被看作是与乔治·盖布里埃尔·斯托克斯和威廉·汤姆森平起平坐的人物了。

很有意思的事情是，自麦克斯韦之后再没有人能够把对土星环的认识向前推进一步了。二十世纪八十年代初，“旅行者 1 号”和“旅行者 2 号”拍摄的照片表明，土星环的结构正是麦克斯韦预言的那种类型。尽管征文获得了亚当斯奖，但麦克斯韦在第二年还是花费大量的时间去完善它，他要在一八五九年发表它之前使一般读者能更明白地理解它。[2]

为演示在土星环中存在的某种波动，麦克斯韦设计了一个手动曲柄的机械模型，并让当地的工匠约翰·拉梅奇做了一个。当转动手柄时，安装在木质环中的小象牙球能够以两种方式振动。他称它是“受可理解图像崇拜者启发”的产物。他很可能是在挖苦威廉·汤姆森，因为汤姆森经常声称，检验我们是否理解一个事物是“我们能否做一个它的机械模型”。这个模型现在还保存在剑桥卡文迪许实验室，与之保存在一起的是另一个漂亮的“动力学陀螺”，它也是由拉梅奇制造的，麦克斯韦设计它为的是验证在一篇短文中提到的旋转物体动力学问题。很显然，麦克斯韦即使不是“可理解图像”的崇拜者的话，那么至少也是它的一个支持者。动力学陀螺作为教学用具获得了巨大成功，麦克斯韦为在各教育机构工作的朋友复制了几个，在十九世纪九十年代它成了供不应求的一种产品。

当麦克斯韦到剑桥访问并被授予文学硕士时，他随身带着陀 77
螺，并在他房间的一次聚会中演示给朋友们看。朋友们让它不停地旋转起来。一天清晨，有一位朋友来喊麦克斯韦起床，他十分惊奇地发现那陀螺居然还在旋转着！然而，实际的情况却是这样的：当麦克斯韦看见那位朋友来时，他重新使陀螺旋转起来，然后跳到床上盖上毛毯！

土星问题曾一度几乎夺去了麦克斯韦对其他研究的兴趣，但随着获奖论文（该论文重十二盎司）的完成，麦克斯韦开始把部分兴趣投向光学，想进一步向前推进彩色视觉的研究。他使用了一个改进了的彩色箱，并采用一种有独创性的彩色匹配的新方法。他所使用的那个彩色箱仍然是由拉梅奇制造的。

以前的老方法是通过直接比较的方法，去发现三原色如何混合才能与正在研究的第四种光谱色匹配。现在方法不同的是，麦克斯韦只用三原色中的两种色进行混合，以发现什么样的混合能得到自然白光。因为已经知道三原色如何混合能产生白光，麦克斯韦只利用一点简单的代数知识就能做到这一点。这种方法操作更简单，使匹配更容易。

彩色陀螺实验也改用了新方法，这种新方法干净利落。麦克斯韦的原色必然不能够精确地响应人眼的三种感受器，因此麦克斯韦通过直接混合不能产生所有的颜色。对于难以实现的彩色，麦克斯韦先前的解决办法一直是把一种原色的负色放到混合色中，使它与要匹配的颜色混合，而不是与另外两种原色混合。但是，对于所有色彩，新方法给出了一个简单、直接的匹配。这有时暗含一种原色的一定负值，但负号仅在相关彩色方程被改造为一般形式时才出现。

对于光学仪器的理论，麦克斯韦还提出了一种新方法，即通过往仪器中输入了什么以及仪器又输出了什么来定义仪器（此即工程师所谓的“黑箱”方法），而不是采用内部的反射和折射细节来定义仪器。他仅仅计算出物和像之间的几何关系，用现代工程技术术语来说，就是仪器的输入和输出之间的传递函数。虽然光学那时已是一个高度发展的科学分支，但在麦克斯韦之前还没有人考虑过做这件事。

不过，麦克斯韦在阿伯丁所做的最著名的工作，包括一个真正基本的科学发现，是一个他以前从未涉足的课题，即气体分子运动论，我们随后再谈到它。除了这以外，也同时发生了其他的事情。

麦克斯韦现已成为学院院长丹尼尔·迪尤尔及其家庭特别喜欢的人物了。他经常去他们家拜访，并被邀请加入家庭周末度假活动。他和迪尤尔教授的女儿凯瑟琳·玛丽相处融洽，彼此渐生爱慕。就我们所知，这是他与表妹莉齐失恋后所发生的第一次浪漫的爱情。他提出求婚，凯瑟琳接受了。他们于一八五八年二月订婚，并于六月在阿伯丁举行了婚礼。

刘易斯·坎贝尔从汉普郡赶来做伴郎。他和新婚妻子成为麦克斯韦在格伦莱尔的首批客人。在几个星期以前，麦克斯韦曾到布赖顿作为他们婚礼中的伴郎。这是一段快乐的时光。从麦克斯韦给朋友的信中可以看到，真是变化太大了！在三月给坎贝尔的信中，麦克斯韦告诉他订婚以及举行婚礼的大致日期，并邀请坎贝尔夫妇随后来格伦莱尔：

在我们今天观测了月食之后，下一步计划就是计算会合点。初步结果可以在六月初得到……

五月初，我将在家里忙一阵子，中旬将去剑桥、伦敦、
布赖顿，以及许多事先计划的地方。在这之后，我们两人按
79 照协调战术的原则在阿伯丁待在一起。之后，我们将秘密地
做一次长途旅行，在欢乐谷共享欢乐，那时我们无所畏惧，
唯一期待的是你们从布赖顿发来增援我们行列的回信……

这是一桩不太平常的婚配。凯瑟琳那年三十四岁，比麦克斯韦大七岁，她在麦克斯韦出现之前几乎放弃了结婚的希望，或者没有考虑过结婚。他们夫妇俩都曾体验过孤独的滋味，所以更能体会到在一起的欢欣。麦克斯韦在一首诗中写道：

相信我，春天来了，
花蕾都在绽放。
一年的美丽，
都在这绽放的花蕾里。

绽放的花蕾告诉我们，
生命在流动。
那些含苞的花蕾所掩饰的，
让我们终生回味。

我在花蕾中长时间徘徊，

怀疑冬季是否，
冷冻了我的血液。
可我已成熟而不会变心。

现在我不再怀疑、等待，
我所有的恐惧已不复存在，
夏天来了啊，我亲爱的，
尽管有些晚，但霜雾已被驱散。

麦克斯韦夫妇都期待前往格伦莱尔共度美好时光。麦克斯韦在一首诗中发出邀请，[3] 邀请凯瑟琳同他一起共享在格伦莱尔的美妙时光，这对他来说意味深长：

可否请你跟我来，
在春潮初涨的时光。
在这样宽广的世界里，
安慰我，来到我的身旁?
可否请你跟我来， 80
看一下学生如何在此成长，
在我们美丽的山坡上，
在我们自己的小溪旁?
……
我们将共度此生，

在春潮初涨的时光。
虽然世界如此宽广，
你真的要做我的新娘。
不论是责备，还是赞赏，
没有人能使我们天各一方，
使我们背离带来快乐的生活方式，
在我们自己的小溪旁。[1]

在一个月的蜜月之中，麦克斯韦夫妇在格伦莱尔享受着“阳光、清风和溪流”。然后，麦克斯韦要回去工作。凯瑟琳尽可能地帮助麦克斯韦，特别是在利用彩色箱做色视觉实验方面。利用红、绿、蓝的混合，他们各自得到了一系列纯光谱色的匹配，而且麦克斯韦在他发表的结果中采用他们的观测。[4] 他们所画的色度图非常接近今天使用的标准图，而标准图是在一九三一年由德克莱瑞奇国际委员会（Commission Internation d'Eclairage）发表的。

一八五九年四月，麦克斯韦阅读了德国物理学家鲁道夫·克劳修斯[2]写的一篇论文，这篇论文立刻激发起他的想象力。这是一篇讨论气体扩散速度的论文。关于气体扩散最常见的一个例子

---

1. 此诗译文引自童元方《水流花静：科学与诗的对话》，三联书店，2005年，第216—219页。
2. 克劳修斯（Rudolf Clausius，1822—1888）：德国物理学家，提出热力学第二定律，对气体动力学理论也有贡献。

就是，当你打开装有香水的瓶子，瓶子中的香水气味将会以某种速度在空气中传播。十八世纪的瑞士物理学家、数学家丹尼尔·伯努利[1]提出了后来被称为气体分子动理论的理论：气体是由大量的分子组成的，且气体分子朝各个方向运动；气体分子碰撞到一个表面，产生我们感觉到的气压；我们感觉到的热只不过是气体分子动能的反映。其他物理学家随后发展了这个理论，到
十九世纪中叶，该理论已经能够为实验发现的关于气体压强、体 81
积和温度的定律提供解释。

然而，对于气体扩散速度的解释仍然存在着困难。例如，当利用这个理论去解释常温下的气体压强时，气体分子的速度似乎应该运动得非常之快，大约在几百米每秒。既然气体分子的速度是如此之快，那为什么香水味的扩散速度要慢一些呢？克劳修斯认为，每个气体分子都经历过大量的碰撞，因此总在不断地改变运动方向，为了穿越一个小房间，它实际上要运动好几千米。这个改变分子运动方向的碰撞次数是令人吃惊的。麦克斯韦对此做了这样的描述：

> 假如你以 17 英里 / 分钟的速度运动，在 1 秒钟内 17 亿次地改变行程，那么 1 小时后你将会运动到什么地方？[5]

---

1. 伯努利（Daniel Bernoulli, 1700—1782）：瑞士物理学家、数学家，在气体分子理论方面做了开拓性的工作，并对概率理论和微分方程理论有所贡献。

克劳修斯在计算中曾经采用这样的假设：在一定的温度下，同种气体的分子的速度相同。克劳修斯虽然认识到这个假设可能不太对，但又想不出什么更好的假设。麦克斯韦开始也是如此。在数学上表示气体分子运动的问题有点像他在处理土星环所面临的问题。在处理土星环问题时，他只好委曲求全，只是对一种简单的特殊情况计算出结果。然而，他现在又有了灵感，它猛然开启了我们理解世界并取得巨大进展的道路。

源于牛顿运动定律的标准数学方法在此已派不上大用场了，因为把如此之多的分子运动逐个地分析清楚是不可能的。麦克斯韦知道，真正需要的是用一个方程，或者说一个统计律，来表示分子大量运动的方法。麦克斯韦推导出一个统计律，即现在所谓的麦克斯韦分子速度分布律。这个定律描述的不是单个的分子，而是给出了速度在任何确定范围内的分子的比例。

麦克斯韦得到这个定律的方法之大胆也是让人吃惊的。推导只用了寥寥几行，而且没有涉及碰撞问题，在它里面实际上似乎
82 根本没有什么物理学的东西。论点大致如下：

1. 对于压强均匀、温度稳定、由一种分子构成的气体，每个分子的速度可用沿任意选择的直角坐标系的 x,y 和 z 轴方向上的分量表示。对于任何分子，如果不考虑其速度的方向的话，那么它的合速率 s 等于其在 x,y 和 z 轴方向上的各分量平方之和的平方根（只需把勾股定理扩展到三维情形，并应用速度的合成）。

2. 由于各轴是相互垂直的，沿着一个分速度方向，具有任

意一个特定值的分子数目，独立于其他分速度上的分子数目。例如，沿 x 轴方向上的，与沿 y 和 z 轴方向上分速度的任意一个特定值的分子数目无关。然而，这个分子数目却与具有合速率 s 的某一特定值的分子数目有关。[6]

3. 对于分子来讲，没有任何理由认为在一个方向的速度比其他方向上的速度更快，因此，沿每个轴方向的速度分布应该都是相同的。

这三个论点包含了一个特定的数学关系，这个关系很容易得出，它给出了沿三个轴中的任意一个轴的速度的统计分布公式。由于轴是任意选择的，所以任意方向上的速度具有相同的分布。

这就是物理学中前所未有的统计定律——麦克斯韦分子速度分布律。这个分布曲线是呈钟形的，已被统计学家所熟悉，现在普遍称之为正态分布。钟形曲线的顶部对应于零速度，曲线在正负方向上是对称的。曲线的形状随温度而变化：气体温度越高，钟形曲线越扁平、越宽阔。无论在什么温度下，在任意方向上的平均速度总为零，然而，在任意方向上的平均速率随温度增高而增大。根据速度统计分布律很容易推出速率分布率。 83

就这样，麦克斯韦由此做出了一个第一流的发现。这个发现开启了物理学的新方法，导致统计力学的诞生，导致对热力学的正确理解，还导致量子力学中概率分布的应用。假使麦克斯韦没有做出什么别的发现的话，仅这一项突破也足以使他步入世界伟大科学家之列。

关键的论点是论点 2，它是这样一个假设：速度的三个分量在统计上是各自独立的。这纯粹是由直觉得到的。麦克斯韦认为它一定是真实的，尽管他也承认这个假设似乎有点臆断。多年以后，麦克斯韦的分布公式得到了实验的验证，它表明麦克斯韦的直觉是正确的。

就像麦克斯韦的许多思想来源一样，这个直觉来自类比。多年来，物理学家一直应用统计学方法，在他们的实验观测中允许误差。他们知道测量中的误差遵循统计律。社会科学家也运用这种方法研究人口特征。但在麦克斯韦之前，还没有人想到统计学规律也能应用于**物理过程**。麦克斯韦回想起他在九年前曾阅读过关于比利时统计学家阿道夫·奎特勒工作的一篇介绍，其中包括对误差公式的一个简单推导，该公式基于最小二乘法，这是对一系列分散观测数据做最佳估计的一种方法。[7] 这正是麦克斯韦所需要的类比。用现在的眼光来看，它似乎太简单了，任何人都能够认识到最小二乘公式，并把它应用于气体。然而，为得到这种联系，用罗伯特·密立根的话来说，它需要“有史以来最伟大的智力之一”。

在那个时期，没有人**确信**气体是由分子构成的，更没有人确信正是分子运动决定了气体的物理性质。在物理学家当中，即使是支持分子观点的那些人也仍然持有牛顿的猜想：分子间的静斥力是造成压力的原因。麦克斯韦在爱丁堡时就学习过静态理论，
84 但他的直觉使他强烈地倾向于分子运动论。这个理论现在成为一个似乎可信赖的竞争者，因为它能够解释已被实验发现的物理定律。不过，麦克斯韦走得更远，他应用分子运动论预言了一个新

定律。现在需要的是检验：如果实验表明预言是错误的，那么这个理论应当被排除；如果实验表明预言是正确的，那么这个理论将会得到巩固。

麦克斯韦所预言的新规律似乎违背了常识。新规律认为：气体的黏滞度——阻止一个物体在气体运动的内部摩擦力——与气体的压力无关。人们一般会预想，越压缩气体，则产生的阻力就越大。一开始，麦克斯韦也对新规律与人们所预想的结果恰恰相反而感到惊奇。但是，进一步的思考表明，气体的压力越大，对被周围许多分子包围的一个运动物体的作用，通过分子提供的屏蔽作用相互抵消：在一个分子与其他分子碰撞之前，它运动的平均距离就越短。几年之后，麦克斯韦和凯瑟琳亲自做了实验，结果表明他的这个预言是正确的。

这是麦克斯韦在气体理论方面的首次探险，它虽是一件有意义的工作，但也绝非没有瑕疵。麦克斯韦做出第二个预言：气体的黏滞度应该随绝对温度平方根的增大而增加。但我们将看到，他后来所做的实验验证也表明，这个预言是错误的。他的直觉相信一个关系是真实的，但是这次犯了错误：这个关系是气体的能量在线性能量和转动能量之间均分。他的直觉是正确的，这个原理是很重要的一个原理，现在被称为能均分定理，但他的证明有错。在推导热传导方程中他也犯了许多错误。他还出现了一些计算错误：在计算铜和空气热传导率的比值时，他得到的结果是8000，因为他忘记把千克化成磅，把小时化成秒！

除了以上这些错误之外，麦克斯韦的著作还是赢得了赞美，

特别是来自欧洲大陆科学家的赞美。克劳修斯深受鼓舞，并对一
85 些难处理的问题的解决做出另一番尝试。克劳修斯当然同时也指出了麦克斯韦的错误。以光谱学的发明者而著称的古斯塔夫·基尔霍夫[1]曾经说：“他是一位天才，但是人们必须检查他的计算。”即使是这些崇拜者，也没有完全理解麦克斯韦将统计学方法引入到物理学中的全部意义。然而，有一个人却做到了这一点，这时他还是维也纳的一位十几岁的学生，在五年之后才阅读了麦克斯韦的论文并深受鼓舞，后来把毕生精力都投入这个学科的发展之上，这个学生就是路德维希·玻尔兹曼[2]。在十九世纪六十年代和七十年代，玻尔兹曼和麦克斯韦轮流拓展新领域，玻尔兹曼在麦克斯韦逝世之后继续前进，给热力学奠定了严格的统计学基础。尽管他们自己从来没有这么认为过，但他们之间的确是一种极好的伙伴关系。他们的名字现在被永久地放在一起，即分子能量的麦克斯韦-玻尔兹曼分布。

一八五九年九月，适逢英国科学促进协会在阿伯丁召开会议之际，麦克斯韦提出了他的研究结果，并把论文分两部分在第二年发表。[8]这次会议是一桩重大的事件，艾伯特亲王[3]及许多感兴趣的公民（包括麦克斯韦）出席了大会，大会所筹集的钱用来建一座

1. 基尔霍夫（Gustav Kirchhoff，1824—1887）：德国物理学家，以对光谱分析、光学和电学的研究著名。
2. 玻尔兹曼（Ludwig Boltzmann，1844—1906）：奥地利物理学家，气体动力学的奠基人之一。
3. 艾伯特亲王（Albert，Prince Consort，1840—1861 年在位）：维多利亚女王的德裔丈夫，对女王影响很大，并是艺术、科学和工业的鼓励者。

漂亮的新大楼。许多年以后，这座大楼成为阿伯丁的音乐厅，在二十世纪初一个律师事务所的工作就是给那些最初的捐献者支付微薄的红利。由于不能逐一找到那些捐献者，他们不得不在当地的报纸上刊登一则广告，请求任何知道詹姆斯·克拉克·麦克斯韦先生住在什么地方的人前来联系。一位学校的巡视员——他曾研究过麦克斯韦时期的阿伯丁——前往该事务所，并询问他们是否真的从来没有听说过克拉克·麦克斯韦教授——一位曾经在阿伯丁的大街散步的名人，他们说没有听说过。在这位巡视员对麦克斯韦的丰功伟绩大力宣讲一番之后，一位律师却说道："那的确很有趣。我们之所以登广告，是因为多年以来我们一直在向马里斯查尔学院的詹姆斯·克拉克·麦克斯韦先生发红利，但这些钱总是以'查无此人'为由而被退回。"

然而，课堂上的麦克斯韦又是个什么样子的？他是一位成功的教师吗？人们能够给出的最简洁回答是"是"或者"不是"。由于他的才能，麦克斯韦从不刻意去追求教学技巧。他会非常认真地去准备一节课，每当他坚持用他的手稿讲课时，他就讲得很好，但接着会突然跳进类比和比喻的世界，其初衷是帮助学生学会思考，结果却常常让学生迷惑。他不擅长写黑板，经常在黑板上写代数式时发生错误，然后又花时间找错和改错。学生们却喜欢他，一些学生觉得他的确会鼓舞人。以下报道来自乔治·里思，他是苏格兰长老会会议主席，英国广播公司第一任老板约翰·里思爵士的父亲。报道写道： 86

> 然而，克拉克·麦克斯韦［比其他教授］有名得多，他是一位杰出的学者和科学家，后来终于闻名全世界。他是一位具有高尚灵魂的、信基督教的绅士，举止优雅，具有这种品格的人自然会忠于教育。

下面一段描述是戴维·吉尔写的，他曾是好望角皇家天文台的台长。

> 在讲完课之后，克拉克·麦克斯韦经常同我们中间的三四个同学在教室里待上几小时，我们这些学生想问一些问题或者讨论一些论点，而就在这个时候，他会让我们看他设计的和正用来做实验的仪器模型，例如他的进动陀螺、色箱等。这是我最高兴的时刻。
>
> ……那些能够捕捉麦克斯韦思想火花的人觉得他有着一种超人的灵感，这星星点点的火花是他在演讲的黑板前自言自语时，或他在演讲谈话后眼睛闪烁着才智和联想的光芒时迸发出来的。

如此优秀的一位科学工作者，特别是笃信良好教育的价值，
87 在行为准则上有着坚定立场，然而却颇为缺乏基本的教学技能，这似乎是荒谬的。最主要的困难还在于他的口头表达上。不过，这种情况并不会在以下场合发生：他发表正式演讲；紧扣他的教材讲课。这种情况也不会在一般会话中出现。在与气质相似的同

伴对话时，他能够轻松自如地发挥他的想象力。然而，他在教室里往往就似乎陷入以上两类模式之间的尴尬境地。考虑到人们不同的学习方式方法，他总是尽力引入有益的例证和类比，但这些汹涌澎湃和迅速变化的图景反而使他的听众糊涂了。用刘易斯·坎贝尔的话来说是“这些迂回曲折的和充满悖论的幽灵，尽管他也意识到它们的危险，常常使他处于事与愿违的境地”。

也许还有一个原因就是他太理想化了。和他一样，所有优秀的教师的宗旨是教学生去独立思考问题，但大多数优秀的教师同时也明白，一些学生所期望的是获得少数被整理得很有条理的知识，以便他们能够通过考试，因此大多数优秀的教师会尽其所能去帮助他们成功地达到这个有限的目标。然而，麦克斯韦却从不这样去做。

但是，麦克斯韦总是尽自己最大努力去帮助任何真正想学习的学生。每个学生只能从图书馆借两本书，而教授借书的数目却不受限制，有时还可帮朋友借书。麦克斯韦常常替他的学生把书借出来，每当为此事而受到同事们的异议时，他总是以学生是他的朋友来做答复。在他离开阿伯丁很久以后，他对劳动者的讲课仍然被这些学生铭记。一个农民还记得这样一件事：这位教授曾让他们中的一个人站在一个绝缘的垫子上，“给他加上负电”，于是他的头发竖了起来。

两所大学合并的争论一直在进行着。皇家委员会已经决定两所大学必须合并，接着剩下的问题是采取“联合制”——保持院系不变化的一个共同管理体制，还是采取“融合制”——一个彻底的合并，这种合并方式将把教授的数量减半。融合制最终取得了胜利，一所新的阿伯丁大学即将在 1860—1861 学年开学时成立。新大学在自然哲学方面只设一个教授席位，而麦克斯韦竞争
88 这个席位的对手是国王学院的戴维·汤姆森。汤姆森是国王学院的副院长和秘书长，一位老谋深算的人物，早有“诡计多端者”的绰号。对于这场竞争，麦克斯韦显然处于不利的位置，特别是解雇他还有一个经济的理由——他在学院服务没有达到十年，因而解雇后将不用支付退休金。不过，有利的因素是麦克斯韦的科学成就，但只有少数人认识到它们的重要性，而且这些人没有一人住在阿伯丁。最后的结果是选择了汤姆森，而麦克斯韦被解聘了。

也就在这个时候，詹姆斯·福布斯在爱丁堡大学的自然哲学教授席位出现了空缺，因为福布斯一直在生病，而且正准备前往圣安德鲁斯大学担任校长。这是一个诱人的机遇，麦克斯韦应该有机会继任他的导师兼朋友的职位。麦克斯韦在爱丁堡有很多朋友和亲戚，而且那里离格伦莱尔更近。于是，麦克斯韦递交了求职的申请。不过，那时还在贝尔法斯特的他的朋友 P.G. 泰特也递交了求职申请。这时阿伯丁的解雇决定还没有透露，因此泰特成为爱丁堡大学的首选对象。

麦克斯韦失去了一份工作而又被另一份工作所拒绝，这真是祸不单行啊。不过，他并没有失业太久，伦敦国王学院也希望拥有一位自然哲学教授，麦克斯韦在报名后即被选中。

在此期间，麦克斯韦还有大量的工作要做。除了准备发表他

的关于气体理论的伟大论文之外，他还就弹性球问题写了一篇论文，同时还向伦敦皇家学会递交了他关于彩色实验的一份报告。不久，他听说伦敦皇家学会肯定了他的这项工作，并准备授予他物理学中最高级别的奖章——伦福德奖章。他还有庄园上的事务要处理，以及要去实施一个重要的计划——为地处格伦莱尔北面的科索克的一座新教堂筹集捐款资金。

就在那个夏天，麦克斯韦去了马匹交易市场，为凯瑟琳买了一匹漂亮的小马。他返回不久就患了一场重病，高烧不止。他患的是天花，几乎可以肯定是在马匹市场里被感染的。这个疾病几乎要了他的命。他坚信，正是因为凯瑟琳无微不至的照料才救了他的命。

麦克斯韦一恢复健康，便驯服了买来的小马查利（Charlie）， 89
他把女人坐的马鞍垫上一条毛毯，以改变妇女骑马的习惯。一八六〇年十月，在经过了多事之秋的一年后，麦克斯韦和凯瑟琳又打包搬家，前往伦敦就职。

07

第七章

旋转的涡旋

90

伦敦 1860—1862

麦克斯韦一家在肯辛顿一个漂亮的住宅区里租了住房，[1]那里离他工作的地点只有四英里，天气好的时候就可以步行去，否则就乘马车去。他住房的附近是拥有大片绿地的肯辛顿花园和海德公园，那里是散步和骑马的好地方。凯瑟琳的小马查利也由火车从格伦莱尔运了过来。有了小马，麦克斯韦就可以再租一匹马，于是他们夫妇俩就能够在大多数下午享受骑马运动了。他们住宅的顶部是一个大阁楼，那里正好安放麦克斯韦的实验用具。在这阁楼的走道两边摆放着两个实验用具箱，乍看起来像口棺材，有点吓人；但实际上是麦克斯韦新做的、尺寸更大的色箱，大约八英尺长，靠近窗户以便获得充足的光线。

国王学院地处泰晤士河北岸的斯特兰德大道之上，建立于一八二九年。英国国教徒能够在非宗派主义者大学学院和它之间二中择一。非宗派主义者大学学院在它的北面一英里处，其目的是作为英格兰严格意义上的教会大学牛津和剑桥的另一个选择。国王学院是一所**新式**大学，初期的宗旨是大力培养青年人，使他们适应快速发展的社会对职业工作的需求。不像剑桥大学和阿伯

丁大学的传统那样，国王学院开设的课程很像今天的大学所开设的课程，它开设的课程涵盖的新学科包括化学、物理学、植物 91
学、经济学和地理学等，同时还涵盖实用性很强的法律、医学和工程学等实用课程。

当然，发表就职演说也是少不了的，二十九岁的麦克斯韦现在对此早已轻车熟路了。就像在阿伯丁所发表的就职演说那样，他依然强调的是他最想帮助大学生去学会独立思考：

> 在课堂上，我希望你们不要只死记结果，或者只适用于发生在特殊情况下的公式，你们要研究的是这些公式依赖的原理，如果没有它们，这些公式就只是一些精神垃圾。
>
> 我了解人的精神倾向是实践胜于思考。然而，精神劳动并不是思考，那些习惯把劳动作为实际应用的人们常常会发现，得到一个公式比掌握一个原理要容易得多。

麦克斯韦就职演说的结尾是一段颇具预言色彩的阐释：

> 最后，我来讲一讲电和磁的科学，它研究吸引力、热、光和化学作用的现象，该现象依赖于物质的条件，我们在这方面还只有不全面和不牢固的知识。我们已经收集了大量的事实，这些事实已经得到整理，并以大量的实验定律表示出来。然而，这些实验定律背后的中心原理是什么，我们还不清楚。我们这一代人没有权利抱怨前人已经做出的伟大发

> 现，好像这些发现使我们没有更多的事情可以干了。这些发现给予科学一个广阔的前景，而我们不仅要整理已经被占领的领域，而且还要不断去开拓新的领域。

麦克斯韦还抨击了广泛流传的一个误解，它认为在科学领域
92 除了把测量自然特性的精确度提高到更多小数点以外，我们几乎无所作为。这是人们都期望的、由新来的一位教授所发出的豪言壮语。不过在随后四年内，他通过创造一个理论，把他的豪言壮语变成了现实。该理论巧妙地将所有事物联系起来，与此同时，还把科学的范围扩展到梦想不到的领域。

就像在阿伯丁一样，教授的岗位是要求教授从事科学前沿研究。这里的教学负担要比阿伯丁轻一些，不过一学年却是八个月而不是六个月。另外，周末夜晚还要给技工讲课，因为这也是国王学院教授的职责之一。麦克斯韦精心备课，并通过增加实践知识和引入最新发现而不断改进教学内容，而他引入的最新发现常常是他自己做出的。这类课程一直被国王学院沿用，在一百年之后，它仍被认为是一种非常好的课程。麦克斯韦通常根据日常经验出考题，尽量使考题更加有趣。他还坚持认为，为了确保试卷清晰，试卷应当铅字印刷而非石印。

查尔斯·惠斯通教授是麦克斯韦的同事，学习物理的学生都熟知他，把他看作是惠斯通电桥——一种用来测量电阻的电路——的发明者。但实际的情况是，惠斯通并没有发明这种电桥，尽管他是一个多产的发明者。他因发明英式六角手风琴而赚

了一大笔钱，就像威廉·汤姆森通过电报装置的专利权而赚了一大笔财富一样。他因为这种电桥而得到带有虚假成分的声誉，总算被真正属于他却又失去的声誉所平衡了：普莱费尔密码本来是惠斯通最杰出的发明，却被记到了普莱费尔的名下。[2] 惠斯通和麦克斯韦都有共同的兴趣，但奇怪的是，他们之间似乎没有什么联系。这种奇怪现象发生的主要原因似乎是出在惠斯通与大学所处的关系上。惠斯通在教授岗位上已经有二十六个年头了，但在这二十六年当中的最近二十五年里，他专门从事研究和发明，不讲课。他几乎不参加学院的活动，截至麦克斯韦到来时，他甚至一次都没有来领取薪水。

生活在伦敦使麦克斯韦有更多的机会参加皇家学会主办，特 93
别是在皇家研究所里举行的讲座和讨论。在皇家研究所，法拉第在戴维的基础上发扬了为公众举办讲座的优良传统。在来伦敦之前，麦克斯韦就和法拉第通过通信方式彼此建立了学者式的友谊，不过对于麦克斯韦来讲，能亲自拜见这位他最崇拜的科学家是令他最高兴的事情了。法拉第现在因年龄原因很少自己开讲座了，但他仍然坚持来听讲座。他已有七十多岁，记忆力在逐渐衰退。他和麦克斯韦相处得很愉快，让我们愉快地追忆一下他们在一起的时光。这两位谦虚而又和蔼的伟人，背景不同但爱好相同，他们共同的努力给科学和技术带来了一次质的飞跃。

一八六一年五月，麦克斯韦应邀到皇家研究所做关于彩色视觉的报告。他不仅仅谈论原理，还给听众演示一张彩色照片，即任何颜色都可以通过混合三原色而得到。色箱对于达到这个目的并不适合，因为每一次实验只能允许一个人做。彩色陀螺又太小了，使得坐在后排的听众无法看清楚。

不过，也许应该还有别的办法。黑白照相的基本技术是众所周知的，而且把一张底片投影到屏幕上是很容易实现的。然而，麦克斯韦能够得到一张彩色照片吗？他轮流通过用红、绿和蓝滤色器给同一个物体照相，然后又用这些滤色器把底片同时投影到屏幕上。不过，这里还是存在一个问题：当时的照相底片只对蓝光敏感，而对红光不怎么敏感。尽管如此，但还是值得试一试。国王学院的同事托马斯·萨顿是一位照相专家，他很乐意帮麦克斯韦的忙。他们给一条格子呢带照了三次相，冲洗出底片，并获得了成功。就这样，皇家研究所的听众目睹了世界上第一幅彩色照片。

不过令人奇怪的是，所有模仿麦克斯韦做法的尝试都没有成
94 功，下一张彩照直到很多年以后方才问世。麦克斯韦当时到底是怎样得到彩色照片的呢？大约在一百年以后，柯达实验室的一个研究小组才揭开了这个谜底。

其实，若按照麦克斯韦的做法，照片本不会成功的，因为麦克斯韦和萨顿所采用的底片实际上对红光一点也不敏感。他们的成功完全出自一系列的巧合。格子呢带中的红色染料碰巧既反射红光又反射某些紫外线，被萨顿用来作为红色滤色器的溶液碰巧在相同的紫外线区域有一个通带（pass band）。不仅如此，尽管底片上的感光乳剂对红光一点也不敏感，但它碰巧对紫外线敏感。因此，照片上显红色的部分实际上是来自超出人眼视觉范围

的紫外线。真是幸运的麦克斯韦！然而，麦克斯韦的幸运也是由他本人所赢得的！因为他的一条准则是：不管实验成功的希望有多么渺茫，决不能阻止他做实验的步伐，因为他也许会得到出人意料的发现！

在展示彩色照片的三个星期之后，在三十岁生日的一周之前，麦克斯韦因土星环和色视觉的研究工作而当选了皇家学会会员，这是对他成为英国第一流物理学家的认可。尽管他的名声还远不及威廉·汤姆森和斯托克斯，但在麦克斯韦家族中他是首位当选皇家学会会员的人。麦克斯韦也许私下想过，他的父亲一定会为之而含笑九泉的。

在加盟国王学院时期，麦克斯韦只发表了一篇关于电学和磁学的论文，而且那是五年前的事情了。然而，电学和磁学始终在他的心中，新的思想观点一直在他脑海里酝酿。他深信潜意识的思考对于产生科学洞见具有巨大的作用。当他还是一名学生的时候，他曾在一首诗中表达了这个看法：

> 在我们的脑海里隐藏着力量和思想，
> 在它们未爆发时我们并不知道。
> 通过意识流行为来自内心深处，
> 在那里意志和意识伴随着思想的来去悄无声息， 95
> 我们可以寻找隐藏在深处的暗礁和旋涡的踪迹。[3]

后来，他在写给一位朋友的信中也表达了同样的观点：

> 我坚信，大脑里一定有一个部位控制人的意识，在那个部位里，思想在酝酿和推敲，一旦它们喷薄而出就非常清晰了。[4]

早在剑桥撰写《论法拉第的力线》的论文中，他就找到了一种把力线在数学上表示为连续场的方法，并开创了用一组方程表述电磁场的先河。不过，所有问题并没有得到彻底解决，他现在觉得是该认真解决这个问题的时候了。他已经取得一些进展，即类比不可压缩流体涡流模型——流体的压力对应于电势或磁势，流动的方向和速度表示电场或者磁场的方向和强度。他进一步拓展了这个类比，例如利用流体源和槽带电的表面，这使他能够推导出静电学和静磁学所有重要的公式。他又按照流体的另一种作用做类比以表示电的流动，他还曾着手将稳恒电流以及它们的作用引入到这个方案之中。

这个类比是成功的，但不能够使麦克斯韦获得更进一步的成功，因为它只对静电场和静磁场以及稳恒电流有效。不久，一切都发生了变化。场的行为在某种情况下一点不像流体的平缓流动，实际上，它们的行为完全不同于任何已知的物理过程。因此，麦克斯韦不得不去寻找一种新方法。

在处理电场和磁场的方法上，有两派观点是众所周知的。一
96 派打算否定法拉第和场，认为磁极间、电荷间或电流间的所有作用都是源自超距作用。这是西米恩·泊松和安德烈 – 玛丽·安培所采取的方法，他们还为静止场和稳恒电流推导出原始公式；而

麦克斯韦则采取场方法重新推导出那些公式。超距作用也是威廉·韦伯试图构造一个完整理论的基础，该理论数学形式优美，并且对绝大多数已知效应提供了解释。然而，韦伯做出了一个关键的假设：两电荷之间的力不仅依赖于它们之间的距离，还依赖于在两电荷连线上它们的相对速度和加速度。麦克斯韦很重视韦伯的工作，但凭直觉没有看重这个假设，更一般地说是不认可超距作用的概念。

因此，麦克斯韦选择了走第二条路线，即超越几何类比并构造一个可以想象的电磁场的力学模型，这个模型能反映真实的场。假如他能够构造出一个合适的模型，那么支配它运行的方程应该适用于真实的场。

我们知道，在电学和磁学中，所有已知的实验结果都可以归结为四种结果，为了得到世人的承认，麦克斯韦的模型也应该能解释它们：

1. 电荷间的作用力：不同的电荷相互吸引，相同的电荷相互排斥，每个电荷都受到与它们距离平方成反比的一个力。

2. 磁极间的作用力：不同的磁极相互吸引，相同的磁极相互排斥，每个磁极都受到与它们距离平方成反比的一个力；磁极总是南极、北极成对出现。[5]

3. 导线中的电流在导线的周围产生一个圆形磁场，磁场的方向依赖于电流的方向。

4. 在线圈中磁通量的变化，将会在导线中感应出电流，电流的方向依赖于磁通量的增减。

97 麦克斯韦的模型应该是精确的，以至于电荷和电流、磁极强度和距离等已知公式都能够从模型中推导出来，当然还应该包含任何新的公式。

麦克斯韦首先从结果 2——磁力——着手。对于他的模型，他需要想象一种充满空间的、能够解释磁吸引力和排斥力的媒质。为此，需要沿着磁力线产生张力，垂直磁力线产生压力。磁场越强，张力和压力就越大。为了满足这个目的，模型中的想象的媒质应该由某些成分构成，而这些成分与常见物质有一些类似之处。

这似乎是一项无法完成的任务，但麦克斯韦的想法出奇的简单。他假设：所有的空间都被微小而密集的球形涡旋所充满，涡旋的密度很低但是是一定的，且这些涡旋能够旋转。就像地球旋转使地球在赤道处隆起而在南北极处变平一样，当一个涡旋旋转时，离心力将使它在中心地带向外膨胀，而在自旋轴两端收缩。每个旋转的涡旋都试图在中心处向外膨胀，但相邻的涡旋将把它压缩回去，阻止了这种膨胀。如果在某一点附近所有的涡旋都以相同的方向旋转，那么它们将相互排斥；它们将在垂直于它们自旋轴的方向上共同产生一个压力。

在沿轴的方向上将产生吸引作用。涡旋在这个方向上收缩，于是就产生了张力。如果旋转轴在空间呈线状排列，这些线的行为就像是法拉第力线，沿它们的长度方向上产生吸引力，沿横向产生排斥力。涡旋旋转得越快，沿切线的吸引力和沿法线的排斥力就越大，换句话说，磁场就越强。

因此，在沿涡旋旋转轴的方向上场将发生作用。但是，怎样发生作用呢？磁力按照惯例被定义为由北极指向南极。麦克斯韦在他的方案中引入另外一个规定：场的存在将依赖于涡旋如何旋 98
转。场的方向用右手螺旋法则确定；如果涡旋的自旋反向，那么场的方向也反向。

然而，如果涡旋占满了所有的空间，那么为什么却看不见它们呢？它们在普通物质的空间中又如何生存呢？对于这类棘手的问题，麦克斯韦无法搪塞过去。这毕竟只是一个模型。涡旋的物质密度应该是很低的，以至于它们对普通物质的阻碍不能被察觉到。只要它们有一定的质量且旋转得足够快，它们就能够产生需要的力。

不过，麦克斯韦的方案还解释不了不同的物质为何具有不同的磁性。例如，铁和镍具有很高的磁化率，与其他物质（例如木头）相比，它们很容易被磁化。对于磁场，木头似乎甚至比真空都难以接纳它。麦克斯韦以他惯有的自信解决了这个问题。在涡旋和普通物质占据相同空间的地方，涡旋将根据物质的磁化率而改变其行为。这种改变在力学上等价于涡旋的质量密度的变化。例如铁，它比空气或者真空中的密度更大，因此对于一定的自旋速率来说，离心力增加，磁通量密度也增加。

以上介绍的是模型的基本情况。涡旋的自旋轴决定了空间中任意一点的磁场方向，它们的密度和旋转速率决定磁场的大小。另外，模型还为结果 2——静止状态下的磁力——提供了精确的、正确的方程。

到现在为止，模型一直都还工作得不错。不过，还是存在两个问题。第一个问题是，是什么使涡旋运动？第二个问题是，位于一条线上的涡旋与其附近线上的涡旋都是以相同的方向旋转的，以至于在收缩的两个表面上，它们将以相反的方向运动，彼此将会产生很大的摩擦。令人惊讶的是，麦克斯韦又轻而易举地就解决了这两个问题。

为了避免涡旋之间的相互摩擦，他在它们之间引进了更小的
99 球形粒子。这些粒子就像滚珠，或者就像工程师们放置在旋转方
向相同的两齿轮之间的“惰轮”（idle wheels）。尽管这个想法似乎有点疯狂，但麦克斯韦对它很认真，而且一切问题就此迎刃而解。把微小的惰轮看作是带电粒子，当电动势出现时，它们将沿涡旋之间的沟道运动，正是这种运动形成了电流，也正是这种运动造成了涡旋的自旋。

然而，众所周知的是，只有导体（例如金属）中才有电流，绝缘体（例如玻璃、云母或真空）中根本没有电流存在。有鉴于此，麦克斯韦提出了另一种方案，其中涡旋的行为将根据与它们共享同一空间的物质的类型而变化。在绝缘体中，涡旋或者局部的涡旋群，将抓住它们的微小粒子，所以它们能够旋转但不能整体移动。但在良导体（例如铜导线）中，粒子因受到的阻力小而能够移动，因此形成了电流。一般说来，物体的电阻越低，粒子的运动越自由。

麦克斯韦的微小粒子的一个基本特征是，它们与涡旋是滚动接触，不存在滑动。在磁场均匀处，粒子和涡旋一起仅仅与涡旋

一起转动。然而，如果在导体中的粒子只整体移动而不转动，它们将使电流两边的涡旋以相反的方向旋转，这正是在载流导线附近产生环形磁场的条件，即结果 3。如果粒子既转动而且又移动，由于移动产生的环形磁场将与转动产生的磁场叠加。

至此，通过对由更小的“惰轮”粒子驱动的、微小涡旋的精妙装配，麦克斯韦成功地解释了电学和磁学四个主要结果中的两个。这是一个非常令人满意的开始，但未来的路依然任重道远。下一个任务是打算解释结果 4：在线圈中变化的磁通量将会在导线中感应出电流。麦克斯韦选择解释一个等价的结果，即 100

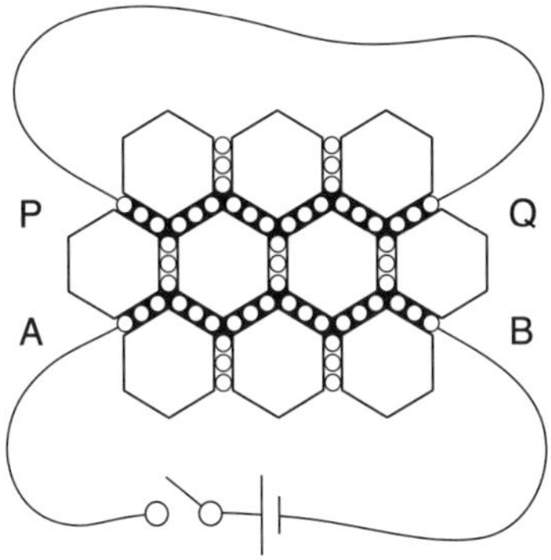

图 2a 开关断开

●所有的涡旋和惰轮静止

●没有电流

●没有磁场

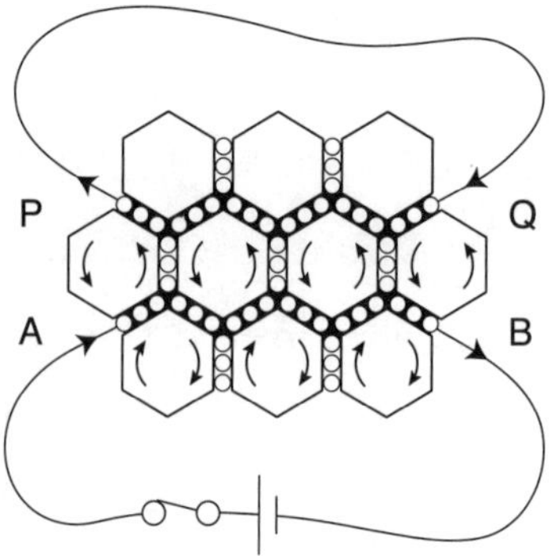

图 2b 开关首次合上

●电流 AB 从左向右流动

●电流 PQ 从右向左流动

●AB 下方的分子涡旋顺时针旋转，产生一个方向为远离读者的磁场

●AB 和 PQ 间的分子涡旋逆时针旋转，产生一个方向为指向读者的磁场（在三维空间中，是一个包围 AB 的磁场）

●PQ 上方的分子涡旋保持静止

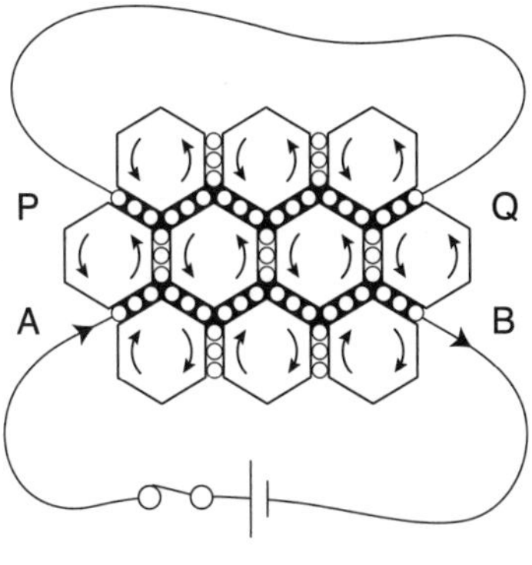

图 2c 在开关首次合上后不久

●电流 PQ 仍然流动，然后停止

● PQ 上方的涡旋开始逆时针旋转，当电流停止时，旋转速度与 PQ 下方的涡旋相同

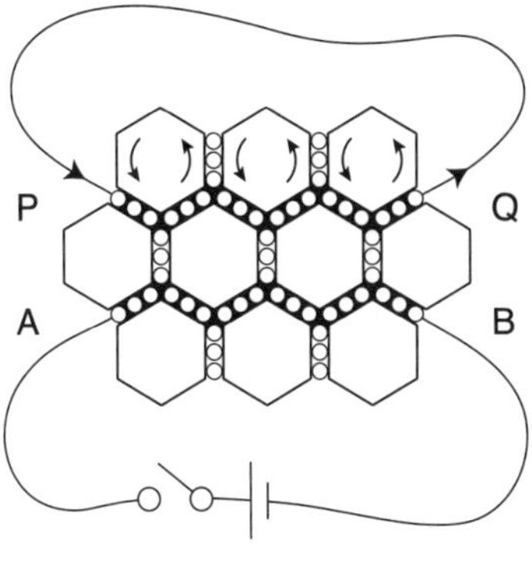

图 2d 开关再次断开

●电流 AB 停止流动

● AB 上方和下方的涡旋停止转动

●电流 PQ 从左向右流动

●电流将减慢，然后停止。这时的状况将回到图 2a 所示的状况

102 当一个电路的电流被接通时，该电流就会产生一个磁场，把两个相邻又分离的电路联系起来，从而在另一个电路中感生一个电流脉冲。麦克斯韦画了一张图来证明他的说法。他之所以把球形涡旋画成六边形的剖面图，“纯粹是从艺术上的考虑”。我们在图 2a~2d 中可以看到它符合我们的要求。

这些图只是描绘了空间一个很小区域的一个剖面。粒子线 AB 中的惰轮粒子处在一段线路中，该线路只是拥有电源、开关的电路的一部分，且电路开始是开路的。那些在粒子线 PQ 中的惰轮粒子处在另一段线路中，该线路是没有电源或开关的另一个独立电路的一部分。AB 和 PQ 中的惰轮粒子由于它们处在导体中，所以能自由运动，而附近的其他惰轮粒子则处在非导电物质中，只能在它们固定的位置上转动。当然，AB 和 PQ 不可能是很细的线路，也不可能彼此靠到一起，这样画图只是为了使图显得更紧凑些。麦克斯韦提出的证明也非常适合于一般大小和正常空间的线路，该线路中包含许多排惰轮和涡旋。麦克斯韦的证明如下。

假设磁场开始为零，电路断开，因此所有的涡旋和惰轮都

是静止的（图 2a）。当闭合开关把电源接入电路时，AB 中的惰轮将从左向右运动，但不转动。这将使 AB 两边成排的涡旋以相反的方向转动，因此在线路附近产生环形磁场。PQ 中的惰轮在 AB 旋转的涡旋和另一边静止的涡旋之间，因为受到挤压开始旋转（沿顺时针方向），同时也从右向左运动，与 AB 中的惰轮的运动方向相反（图 2b）。

不过，包含 PQ 的电路有确定的电阻（所有电路都有电阻），因此里面的惰轮在初始快速旋转之后将会降低转速，从而造成 PQ 上方的涡旋开始逆时针旋转。不久，惰轮的侧向运动将停止下来，尽管它们还将继续旋转。到了这个时刻，PQ 上方的涡旋将和 PQ 下方的那排涡旋达到相同的旋转速率（图 2c）。

当开关再次使电路断开，AB 中的惰轮将停止移动，AB 两边 103
成排的涡旋停止转动。在 PQ 中的惰轮在 AB 这一边的静止的涡旋和另一边旋转的涡旋之间受到挤压，因此，它们开始从左向右旋转，方向与 AB 初始电流的方向相同（图 2d）。

PQ 电路中的电阻再次使惰轮慢下来。这一次，当它们的侧向运动停止下来时，惰轮将不再转动，于是我们又回到了图 2a 所表示的状态。

因此，在 AB 接通而产生稳定电流时，在 PQ 中将会感生一个反方向的脉冲电流；断开这个电流时，在 PQ 中将感生另一个脉冲电流，其方向与初始电流的方向相同。更一般地说，AB 中电流的任何变化，将会在独立的 PQ 电路中通过变化的磁场感生出电流来。这也就是说，通过闭合导线内磁通量的任何变化，在闭合导线中会感生出电流，于是结果 4 得到了解释。如果把 AB 中的电源用交流发电机代替，AB 中的交流电流将会在 PQ 中感生出交流电流来。这正是我们电力系统中变压器的工作方式。

最后，这里还有对法拉第电紧张态的一个机械类比。它是在自旋涡旋角动量场中的任何一点的效应。就像调速轮一样，涡旋充当能量的存储器，起着反作用力的作用而阻止涡旋旋转的任何变化；它以电动势的形式表现出来，该电动势在导体出现的情况下将产生电流。

麦克斯韦已经解释了四个结果中的第三个，但还不能利用这个模型去解释结果 1，即电荷间的力——一般称之为静电力。尽管如此，他还是把这些结果以数学严谨的形式写进一篇题为《论物理力线》的论文之中。该文分期刊登在《哲学杂志》上：第一部分在一八六一年三月刊登，第二部分分别在四月和五月刊
104 登。为了不致造成误解，他煞费苦心地指出，他对涡旋和惰轮的奇异的设计仅仅是一个模型而已：

> 粒子的概念与旋涡[1]的概念密切相关，但通过完全的滚动接触将显示出某些不协调。我引入这个模型，但并不把它看作与自然中存在的事物有联系，甚至我不愿意承认它是一个带电的粒子。它不过仅仅是一个在数学上想象的、方便研

---

1. 麦克斯韦在论文的第Ⅰ、第Ⅱ部分称他的旋转物为“旋涡”（vortices），他在论文后面的部分中用了“涡旋”（cells）这个术语来替换。为了简单起见，我们在这里一开始就称它们为涡旋。——作者注

究的模型，有助于揭示已知电磁现象之间的真实的力学联系。因此我冒昧地说，任何理解这个假设临时性的人将发现它在现象的解释上相当有帮助。

麦克斯韦仍未能完成一个完整的理论，他带着失望的心情和凯瑟琳一道离开了伦敦，前往格伦莱尔度暑假。乡间的生活是轻松惬意的，麦克斯韦夫妇细心地呵护着农作物、植物和动物，兴奋地呼吸着格伦莱尔的新鲜空气。麦克斯韦在整个假期不打算再研究电学和磁学，因此也就没有随身携带任何参考书籍，然而，他的思考却在继续着，并且逐步形成了一个新的思想。

起初，这不过是一个小小的想法。构成他的微小的分子涡旋的物质应该在内部传递切向力，因此每个涡旋应该是各自独立旋转的。为了做到这一点而不耗散能量，这种物质应该具有一定的弹性，或者说弹力。于是新的思想又浮现出来了：这个弹力是不是他一直不能解释的电荷间作用力的根源呢？

在导体中，电流能流动是因为带电粒子和惰轮受电动势作用 105
而都能自由移动。连续的电流不能在绝缘体中流动是因为粒子都被它们周围的涡旋所束缚。然而，**弹性**的涡旋能够变形，能够使粒子在一个短的距离范围内运动。涡旋的变形像弹簧一样将产生一个恢复力，粒子将运动到弹性恢复力与电动势平衡为止。

因此，假如用金属导线把一个电源接到被绝缘物质分开的两金属极板上，那么绝缘体中带电粒子将有一个微小的**位移**（displacement），其方向是从一个极板指向另一个极板。这个微小的位移实质上就是一种短暂的电流。电的运动在整个电路中应该是一样的，因此，在粒子不被涡旋束缚的导线中也有同样短暂的电流流动。这将造成在一个极板表面出现粒子的过剩，而另一个极板表面粒子的短缺，因此一个极板将带正电，而另一个极板则带负电。带电极板间的绝缘物质中变形的涡旋，将像变形的弹簧一样在极板间产生一种吸引力。于是，涡旋的弹性就解释了带电极板间的力。

即使在断开电源时，弹簧仍将保持形变，同时存储能量。如果用金属导线把极板连接起来，弹簧存储的能量将会释放：短暂的电流将在导线里流动，极板上的电荷将被中和而回归为零，涡旋和惰轮将返回到它们静止的位置。

根据麦克斯韦早期的想法，麦克斯韦认为，如果涡旋与普通物质共享空间，那么涡旋的弹性或者弹性刚度（spring-stiffness）将会发生改变，改变的程度依赖物质的类型。物质的电极化率越高，弹性就越差，给定电动势下的电位移就越大。例如，在两金
106 属极板间用云母代替空气做填充物，弹性将减小，在极板间电压一定时极板上的电荷量增加。

麦克斯韦为此做了数学计算，一切都很吻合。他业已揭示，我们所感受到的电力和磁力为什么不存在于磁体或者导线之中，而存在于这些物体之间和周围的空间。静电能是势能，就像弹簧中的势能一样；磁能是转动的，就像调速轮中的能量一样；这两种能量都可以存在于真空当中。不仅如此，这两种形式的能量存在着固定的联系：一种能量的变化总是伴随着另一种能量的变

化。这个模型表明它们是如何相互作用从而导致所有已知电磁现象的。

这又是一次伟大的胜利，但更大的胜利还在后头。这个模型还预言了两个非凡而又全新的物理现象，它们把物理学带进了梦想不到的领域。

其中一个预言即是：电流无处不在，即使是在绝缘体或者真空中也是如此。根据这个模型我们发现，每当电动势开始加在绝缘体上时，必将出现一个微小的电流挛缩（twitch of current），这是因为带电惰轮在被两边的涡旋的反冲力停止之前将轻微地运动。在这个模型中，所有的空间均被涡旋充满，因此这些电流的挛缩甚至在真空中也会产生。

只要电场一变化，这种新型的电流就会出现。在任何地点，它的值都依赖于该点的电场变化率。实际上，它只不过是由于粒子移动而产生的电位移的变化率。麦克斯韦断言，这相当于普通电流，称它为“位移电流”（displacement current）。

描述电磁现象的方程以前只能处理一般传导电流，但在麦克斯韦的新理论中，位移电流被加了进来。于是，整个方程组从五颜六色的一个组合演变成一个优美一致的系统。这并不是马上就 107
显而易见的事情，即使对麦克斯韦来说也是如此。不过，麦克斯韦又发现了更有趣的事情。

所有具有弹性的物质都能传递波。麦克斯韦的涡旋具有弹性，因此它一定具有载波的能力。在绝缘物质中，或者在真空中，一排惰轮的振动会经过它们双边涡旋被传递给周围几排的惰轮，并且可以一直进行下去。因为，涡旋具有惯性，它们不是立即将运动传递出去，而是经过一定的延迟。挛缩将像波浪一样扩散开来。因此，电场中的任何变化将向整个空间发出一列波。

不仅如此，在一排惰轮中的任何挛缩将会使附近的涡旋转动，并因此在磁场中沿涡旋旋转轴方向上产生一个挛缩。电场中的所有变化将会伴随着磁场相应的变化，反之亦然。波将在两个场中传递变化，它们就是电磁波。

那么，它们是什么类型的波呢？在海面或绳上传递的波被称为“横波”，因为海面或绳上粒子运动方向与波的方向垂直。像声波这样的波称为“纵波”或“压缩波”，因为粒子沿波线来回运动。麦克斯韦的电磁波显然是横波，因为变化的电场和磁场都与波的方向成直角。

麦克斯韦已经意识到，他已濒临一个伟大发现的边缘。众所周知，光是横波，而它是不是由麦克斯韦模型预言的那种波所组成的呢？光速经过实验和天文学观测已经非常精确地被人们所知；人们还知道，在任何弹性媒质中波的速度由媒质弹力与其密度比值的平方根决定。在麦氏模型中，涡旋的弹性控制了静电（反冲）力，而它们的密度控制了磁（离心）力。麦克斯韦的计
108 算表明，在真空中他的涡旋的弹性并不能完全确定，它将随三个因素中任何一个变化而变化。[6] 然而，如果他在一个范围内给它确定一个最低值，这相当于假设涡旋物质是一种理想的固体，那么一个著名的结果就会随之而来。在真空或者空气中的波速将精

确地等于电荷的电磁单位和静电单位的比值[1]。这样一种简洁而又自然的结果肯定不可能有错，麦克斯韦因此满怀信心地用涡旋的弹性来满足这一结果。

麦克斯韦现在有了一个非常简单的波速公式。为了将这个波速与光速进行比较，他首先需要查阅威廉·韦伯和他的同事鲁道夫·科耳劳奇[2]所做的一个实验的结果。他们已经测量了电荷的电动力学的和静电的单位的比值；电动力学的单位与电磁单位密切相关，因此，麦克斯韦将很容易地把他们的结果转化成他所需要的比值。麦克斯韦还需要查阅实验测量的光速的准确值。不过，他没有带任何参考书，这件事还需要他等到十月回伦敦之后才能完成。这个夏天很快就过去了。

麦克斯韦是带着未能完成电磁学完整理论的失望心情而来到格伦莱尔的，但当他从这里返回伦敦时，他不仅带上了一个完整的理论，而且还带上了两个全新的预言。不仅如此，这些波很可能被证明其包含着光。他急切地查阅韦伯和科耳劳奇的实验结果，并根据该结果计算出他所预言的波的速度。在真空或空气中，这些波的速度是310740千米/秒。阿曼－希波忒吕－路易

1. 这个比值是在一个电磁单位中静电单位的数值。电磁单位是比较大的，因为要产生一定的力，通过电磁作用比通过静电需要更大的电荷。这个比值的量纲是速度，因为静电力只依赖于电荷，而电磁力还要依赖于它的速度。——作者注

2. 科耳劳奇（Rudolf Kohlrausch，1809—1858）：德国物理学家，1856年发现同一电荷静电单位的数值与电磁单位的数值之比等于光速。

斯·菲佐[1]已经测量出光在空气中的速度为314850千米/秒。

109 彼此结果相符太像巧合了，它甚至允许每个实验结果只有几个百分点的误差。光必定由电磁波构成的！当这两类显然不同的现象可以被一个新理论解释时，科学的巨大飞跃一定到来了。这一次是这样的一个飞跃：麦克斯韦一举把古老的光学和新生的电磁学统一起来了。

麦克斯韦原本不打算把他的论文《论物理力线》的第一和第二部分加以扩展，但现在他开始着手写第三和第四部分了。第三部分包括静电学、位移电流和波。他在第四部分解释了：偏振光波经过强磁场时为什么改变它们的振动面，这个效应是由法拉第在实验中发现的。即使对于那些性格最沉稳的人，这一成就依然是令人振奋的时刻。论文的最后两个部分于一八六二年年初发表了。麦克斯韦在第三部分兴奋地宣布：

> 我们不可避免地得出这样的推论：光是媒质中的电磁现象产生的横波。

遍及整个空间的以太的观念已经不是什么新观念了。那时的物理学家坚持认为，需要某种以太来传递光波，因此，人们也许会期待麦克斯韦对电磁原理的应用会被物理学家心服口服地接

1. 菲佐（Armand Hippolyte Louis Fizeau，1819—1896）：法国物理学家，与傅科一起对光在空气和水中的速度首次做了较准确的测量。

受。但事实并非如此。对于麦氏的电磁理论，那时还存在着种种疑虑，麦克斯韦的朋友塞西尔·门罗的反应最为典型：

> 已观测到的光速和您对在介质中横振动的速度计算的一致，这似乎是一个光辉的结果。但是，我必须说，在您使人们相信这个事实——每当电流被产生，在两排惰轮间的几列粒子受到挤压——之前，我认为还需要一些其他的结果。

阻力深埋在当时的科学思想之中。人们当时坚信：所有的物理现象都产生于机械作用，并且只有在我们能发现其真正的机制 110
之后才能明白它们。此后过了一个半世纪，我们才明白，在新旧观念之间起桥梁作用的旋转涡旋模型，虽是用旧材料构建的，但确实铺平了通向一种全新理论的道路，这也使得我们承认，我们也许永远不明白大自然奥秘的细节。人们不要责怪麦克斯韦同时代人异样的见解，对于他们当中的许多人来讲，那只是一个用来描绘真正机制的机灵但有缺陷的模型，而要研究真正的机制，路漫漫其修远兮。

麦克斯韦本人对于这个模型也不完全满意，当然其中还有别的原因：他想把他的理论在可能情况下，从所有的带有疑问的假设——电磁学证实这假设有效——中解放出来。两年以后，他通过一种全新的方法实现了这个愿望。科学史学家们现在把麦克斯韦的涡旋分子的论文看作是他最杰出的论文之一，不过，他接下来的论文更伟大。

08

第八章

美妙的方程

111

麦克斯韦还有许多其他的工作要做。他和凯瑟琳利用色箱——被邻居误以为是一口棺材——不断收集了更多关于色视觉方面的数据。所有到他家的客人都会朝这个奇怪的木箱子里面窥视，尝试着去配色。麦克斯韦夫妇就是利用这个方法，在正常视觉的人和有色盲的人之间，首次进行了色觉差异的研究。色箱虽给出了理想的结果，研究工作却是十分艰苦：透镜和棱镜必须精确地保持在一条直线上，而且对于每次观测，三条狭缝的宽度必须根据逐次近似计算来调整，直到找到合适的宽度。当麦克斯韦有更紧迫的事情要去做时，这项研究工作就只能见缝插针地零星地干。尽管如此，他们每年还是记录了差不多两百次的观测数据。

在阿伯丁时期的论文《论气体的动力学理论》中，麦克斯韦做了大胆预言：气体的黏滞度，或者说气体内部的摩擦，与压强无关。针对该预言而开展的一项实验是至关重要的。如果预言被证实，这将会大大地巩固气体理论：气体是由分子组成的，分子的运动产生了我们可以测量的许多性质，如压强和温度。这项实验也许很棘手，而且以前也没有人做过。麦克斯韦决定去试一试。

气体的选择很容易，例如空气就非常适合，测量它的黏滞度 112
却比较难。实验的一种方法就是记录摆的摆动幅度的衰减率。麦克斯韦决定选用扭摆，它被密封在一个大玻璃器皿中，在该器皿中的空气的压强可由一个泵来控制。

扭摆的“悬垂物”是三块叠在一起的玻璃片，玻璃片直径约十英寸，相邻两块之间间隔约一英寸，由于它们是被一根钢丝悬挂着的，因此它们可以一起旋转。悬挂钢丝约五英尺长，整个装置立在三脚架上，高度比一个人还高许多。在钢丝的底端固定着一块磁铁，这样，外部的一个电磁体就会使扭摆绕着钢丝的垂直轴摆动。固定的玻璃片之间被插入旋转的玻璃片，因此，在固定的和运动的玻璃面之间的狭小空间中，空气的黏性就会抑制扭摆摆动。一面小镜子被固定在钢丝上，这样，利用反射光将光点投影到屏上就可以观察摆动。如果那个预言是对的，那么，无论玻璃容器里面的空气压强怎样，摆动都会以同样速率衰减。

麦克斯韦把装置弄好，并把它放在房顶用来做实验室的阁楼里。不过，这项实验进行得不怎么顺利：一开始是气体密封不好，接着是玻璃容器会突然地爆炸。然而，麦克斯韦夫妇始终坚持不懈，并最终得到了一组数据，看来很符合理论预计。

麦克斯韦深受鼓舞，于是又着手检验他在阿伯丁论文中的第二个预言：黏滞度应随绝对温度的平方根增加。为此，麦克斯韦夫妇将大玻璃容器放在一个金属盒里面，不同温度的水或水蒸气要能够通过金属盒。为了使盒子绝热，他们用毯子裹住盒子，在它上面放一个大羽毛垫。尽管如此，这些举措仍然难以使装置保持恒温，因此他们不得不试着控制整个房间的温度。刘易斯·坎贝尔报道说，为了得到高温下的数据，凯瑟琳不得不给炉子添足
113 燃料；为了得到低温下的数据，他们运来大量的冰块。到了这时候，技术上的障碍都消除了，他们得到了一组很好的数据。

麦克斯韦带上这两组数据去格伦莱尔度暑假，但他忘记了带上他的对数表，因此必须进行手算。坚持总是会有回报的。第一组数据极好地证实了他的预言——黏滞度在很大压强范围内是不变的。然而，第二组数据却让人大吃一惊：黏滞度的确不随绝对温度的平方根而变化。事实上，它的变化似乎更近似与温度变化成正比。[1]

必须再进行一些认真的分析。分子理论给出了一个正确的预言和一个错误的预言。难道这两个预言在以不同的公式关联这个理论吗？确实如此。相对而言，压强定律适用性更强，适用于任何一种分子。而温度定律却要取决于有关分子的一个特殊假设：分子的行为像表面粗糙的弹子，它们彼此相撞后又立即离开，这时自旋发生了迁移。出现的错误预言很可能与这个假设有关。

还有其他的枝节问题尚待处理。鲁道夫·克劳修斯发现，麦克斯韦在对定律的推导中出现一些错误，即他把气体的动能在线性能量和转动能量之间均分了。对于这个定律，至今还没有人找到一个令人满意的证明。不过，麦克斯韦相信它是正确的，并相信以后会发现证据证明它。然而，又有一个更令人烦恼的问题出

现了。

由这个定律得出了一个与实验结果相矛盾的预言：在定压时空气的比热[1]和定容时的比热之比应该满足一个简单的公式，该公式与分子独立运动模式的数目有关。对于麦克斯韦假设的分子，公式给出的数值是，或者说是 1.333；但对于几种一般气体的实验表明这个值应该是 1.408。这是一个动摇信心的结果，曾
使麦克斯韦一度怀疑分子假说。他虽然经受住了这些疑虑，但理 114
论和实践之间明显的冲突，仍然使他感到非常困惑。他陷入了一个僵局，和往日采取的方法一样，他把这个难题交给了“不依赖于意识而工作的大脑”。

与此同时，年轻的维也纳学生路德维希·玻尔兹曼也开始对同样的问题苦思冥想，他是在稍晚的时候才发现麦克斯韦在阿伯丁的论文的。凭借着和麦克斯韦类似的直觉，他很快明白统计方法才是理解气体行为的关键。他开始沿着这个思路去思考，并为日后思想的一个辉煌的交融奠定基础。

就在此时，麦克斯韦正很费劲地卷入到一项完全不同的工作中，该工作虽不吸引人，却要求迫切且极其重要。这就是建立一套电学量和磁学量一致的度量单位。新科学已被一堆混乱的、杂七杂八的单位所困扰着，而这种情况也逐渐开始妨碍技术的发展了。必须有人站出来消除这场混乱。英国科学促进会决定让麦克

1. 将单位质量的气体的温度升高一度所需的能量值。——作者注

斯韦领导一个小组来做这件事情。麦克斯韦小组的同事也是两位苏格兰人：一位名叫弗莱明·詹金，也是一位爱丁堡公学的老学友；另外一位叫巴尔弗·斯图尔特。

电学和磁学的问题由来已久。磁和静电已被研究了好几个世纪，但一直被认为是互不相干的现象。一些开明的科学家曾经也猜想过它们之间存在的联系，但这些联系的证据是在十九世纪才被发现的。

这里须要提到三个重要的事件。一七九九年，意大利的伯爵亚历桑德罗·伏打[1]发明了伏打电堆，或者说是电池，它是维持连续电流的电源。人们在此之前只能在莱顿瓶[2]这样的装置中存储电，而莱顿瓶只要顷刻间的工夫就可以将它储存的电荷释放得一干二净。伏打最初的目的并不是想去产生电流，只不过是希望通过他的工作来证明他的朋友路易吉·伽伐尼[3]是错的。伽伐尼
115 认为，电来自动物组织，因为他曾用电使死青蛙的腿发生了痉挛。然而，伏打却认为，电是由电路中不同的金属间的化学作用而产生的。伏打的第一个电池组（或者电池）——由多层的银、潮湿纸板和锌叠合而成——只是用来证明自己的观点是对的。电池的确证实了这一点，不过，它很快就以自己的方式发展，人们

1. 伏打（Count Alessandro Giuseppe Anastasio Volta, 1745—1827）：意大利物理学家，发明了第一块电池，为纪念他将电压的单位命名为伏特（volt）。
2. 莱顿瓶（Leyden jar）：电容器最初的一种形式，是由一个内外层都贴有金属箔的玻璃瓶和内层连接着一个通过绝缘瓶塞的导电棒组成。
3. 伽伐尼（Luigi Galvani, 1737—1798）：意大利解剖医学家及物理学家，电流的发现人，他错误地宣称动物组织能产生电。

开始在电镀中使用电流。令人奇怪的是，人们首先赋予连续电流现象的名称是“伽伐尼电”而不是“伏打电”。

既然科学家有了电流，电和磁之间的联系就有指望被发现了。这只要有人将一个罗盘放在一段载流导线附近，然后去注意指针被偏转了就行了。令人意外的是，直到二十一年之后，当汉斯·克里斯琴·奥斯特[1]在课堂上接通了电流，并偶然看了一下放在实验台上的罗盘时，才惊讶地发现指针在迅速地偏转。于是，电和磁之间的联系被证实了。奥斯特的发现的消息传播得非常快，在几个月之内安培就研究出如何利用磁去测量电流；到了第二年法拉第发明了最早的电动机。

如果电流可以产生磁，那么磁应该也可以产生电流。科学家们进行了许多实验，但没有产生任何电流。又是在另一个十一年过去之后，法拉第发现：要使电流在线圈中流动，人们就必须改变通过该线圈的磁通量——磁通量变化越快电流就越大。我们今天在家里、办公室以及工厂所使用的电就应用了同样的原理。[2]

于是，磁、静电和电流被不可分割地联系在一起了。但是，由于科学发展方式的历史原因，它们是用不同的方法去测量的。因此，建立一套一致的单位的任务是艰巨的。电和磁的联系意味着许多单位都是必要的，而且有一些单位还是相当复杂的。自感的单位就是一个例子。任何一个载流线圈会产生一个磁场，该磁 116

1. 奥斯特（Hans Christian Oersted, 1777—1851）：丹麦物理学家、化学家，电流磁效应的发现者。

场又反过来作用于线圈：只要电流有改变，随之发生变化的磁通量就会在导线中感应出一个电动势，该电动势与电流的变化率成正比，并且会阻碍电流的变化。当电流以每秒一个单位的比率变化时，在线圈中产生的电动势的单位值就被称为线圈的自感系数。我们现在称这个自感系数为亨利，它是以美国科学家约瑟夫·亨利[1]的名字命名的。亨利与法拉第是同时代人，他设计了世界上第一个强电磁体，并且发明了电磁继电器，这使远距离电报得以实现。

迄今为止，对于电和磁中各种不同的量还没有人做过系统的研究，那么该如何去测量这些量呢？麦克斯韦承担了这个任务，并在弗莱明·詹金帮助下，给英国科学促进会写了一篇论文，在文中推荐了一套完整的单位制系统。这个单位制后来被几乎完全采用了，是国际上最早被接受的单位制。然而，它却被误称为高斯制（高斯对电磁学的贡献当然不及麦克斯韦，很可能也不及汤姆森和韦伯）。

实际上，单位上的混乱不仅限于电学和磁学。例如，当两个人谈到“力”（force）或“功率”（power）这样的物理量时，你无法确定他们说的是不是同一件事。麦克斯韦决定利用这个机会去澄清这种混乱状态。他超越了论文的初衷，进一步提出了一个系统化方案，即用质量、长度和时间去定义所有物理量。

1. 亨利（Joseph Henry, 1797—1878）：美国物理学家，自感现象的发现者，为纪念他而将感应系数的单位命名为亨（henry）。

质量、长度和时间分别用字母 M、L 和 T 表示。例如，速度被定义为 L ／ T, 而加速度则为 L ／ T^2，根据牛顿第二定律，力 = 质量 × 加速度，所以力被定义为 ML ／ T^2。他的这种方法一直被沿用至今，并且被称为量纲分析。在我们看来，量纲分析在整个物理学中是如此简单而又自然的一部分，因此，几乎没有人想知道是谁最先想到它的。

不过，对于电学和磁学中的主要单位，制定物理标准就变得
很重要了，因为所有测量都要参照它。实际上，这种参照是通过 117
利用标准的可传送的复制品才实现的。尤为迫切的是，电报产业的发展需要一个标准电阻，这样就可以为商业电缆服务起草可行的合同。电阻的单位是以德国的数学教师格奥尔格 · 西蒙 · 欧姆[1]的名字命名的，他提出了欧姆定律：流过电路元件的电流和元件两端的电势差或者说电压成正比；元件的电阻在数值上等于使一个单位的电流流过它时所需的电压。

麦克斯韦和同事开始研制电阻标准。这项任务很困难，因为他们所采用的方法只能利用涉及质量、长度、时间的测量，而依赖对电学量或磁学量的测量是行不通的，因为它们还没有现成的物理标准。既然电阻是电压与电流之比，那么，如果不测量电压或电流，你又怎么能够测量电阻呢？这就需要物理学家的创造力了。当时已有几种测量电阻的方法，麦克斯韦和同事选择了威

1. 欧姆（Georg Simon Ohm, 1787—1854）：德国物理学家，发现了欧姆定律，为纪念他而将电阻的单位命名为欧姆（ohm）。

廉·汤姆森提出的一种方法。

这种方法的要点，是把一个环形线圈安放在一根垂直轴上，然后让它在地磁场中快速旋转。一个感应电动势或者说电压将会在线圈中出现，这样在线圈中就有电流产生，而电流的大小又取决于线圈的电阻。与此同时，线圈中的电流又会产生自身的磁场，该磁场的强度会随着线圈的旋转而变化，但总是会指向东或者指向西，指向取决于线圈旋转的方向。悬挂在线圈中间的一个小磁体将会来回地摆动，但最终会停留在一个角度上，这时线圈磁场的偏转效应被地磁场的约束效应所平衡。这个装置的美妙之处在于：这个偏转与地磁场的强度无关——不管地磁场强度如何，地磁场作用在磁体上的偏转力和约束力是一样的，所以它们
118 之比也是一样的。因此，磁体相对于磁北极的偏转角度只与线圈的电阻、线圈的大小和旋转速度等已知因素有关。

情况大致如此了。小磁体自身的场对线圈中的电流有贡献，而线圈中的电流又对线圈的磁场有贡献。这就使计算变得很复杂，但并不会造成严重的困难，因为小磁体的磁场和地磁场的相对强度可以被分别测量出来。

线圈的磁场是怎样随着旋转的变化而变化的呢？小磁体难道不因交感而振动吗？是的，它不会。假设线圈旋转很快，它的场的变化比磁体自然振动速率要快得多，以至于磁体实际上只响应线圈场的平均值。

这个理论是优美的，却难以付诸实施。他们的旋转线圈是由多圈铜线绕在一个直径大约十英寸的圆柱体上的，并且是利用一

个滑轮装置用手来转动的。这个滑轮装置有一个詹金设计的调节器，用以保持速度的稳定。他们通过记录每一百次旋转的时间来测量速度。为了测量磁体的偏转，他们利用了一个有内置望远镜的刻度尺。每一次测量大约需要九分钟，只要一出错，就必须重做。机械故障使他们备受折腾，在泰晤士河上穿梭的铁船所产生的磁效应也影响了读数。这项工作断断续续地在进行着，因为麦克斯韦和同事都是大忙人。经过好几个月的努力之后，他们得到了一组令人满意的数据，以及线圈的一个精确的电阻值。在完成旋转实验之后，他们要展开铜线圈来测量线圈的精确长度，这也是一件棘手的工作，因为导线必须在不被拉长的情况下被弄直。所幸的是，学院博物馆附近有一条走廊，将导线放进地板间的凹槽中，就可以慢慢地将导线弄直。

不过，从标准推广的角度来说，铜不是一种适合的材料，因
为它的电阻随温度有略微的变化，而且他们所使用的导线太易折 119
断，故不实用。所以最后要做的是，用德国银质导线制作的坚固电阻并在电平衡状态下做上述实验。就这样，麦克斯韦和他的同事给出了世界上的第一个标准电阻。[3] 这项工作还带来了另一项成果。在长期手摇这个装置期间，随着调节器自动地调节线圈的转动速率，麦克斯韦的注意力转向对这种装置的理论思考上。我们将会看到，他稍后就这个主题写了一篇开创性的论文。

对于物理学和工程学中的所有新发展，麦克斯韦不仅自身很留心，而且还让他的学生也紧跟新的发展。为了计算结构中的应力，例如梁桥中的应力，他把格拉斯哥大学土木工程学教授威

廉·兰金[1]的最新方法传授给学生。由于这种计算很费力，他又想出了一个奇妙的简便计算方法。该方法的技巧在于画出“倒易图”（reciprocal diagrams）。在倒易图中，在实际结构中汇聚于一点的线形成了多边形，反之亦然。为了给这种方法以一个坚实的理论基础，他推导出一系列普适的定理，可以将倒易图应用于二维和三维结构。论文《论倒易图形与力的图解》就是这个主题系列论文中的第一篇。他的这个方法在工程设计中常常被用到，一个与此相关的技术后来被X射线和电子晶体学用来测定晶格的形状。

也就在正忙于做实验和处理学院事务期间，麦克斯韦还写下了一篇题为《电磁场的动力学理论》的论文。这篇论文永远是人类最杰出的科学成就之一，它的大胆、独创和先见之明是惊人的。

这项工作实际上在麦克斯韦心中酝酿了多年。大多数有创造力的科学家，即使是最多产而又最多才多艺的科学家，就每个研究课题一般也只能提出一种理论，一旦该理论走上了正路，他们就会转入对其他课题的研究，或者就此停止了他们的创造。然
120 而，麦克斯韦是独特的，他能够重复回到一个课题上，并以一种全新的方法给它注入新的生命。直到他生命结束之前，他没有在任何一个课题上显示出他创造力的枯竭迹象。一旦有了一个新的领悟，他就会去加固某个课题的基础，剪去任何不必要的上层构

1. 兰金（William Mcquorn Rankine, 1820—1872）：苏格兰工程学家、物理学家。

造。在他论电磁学的第一篇论文中，他利用液体流动的类比，以描述静电效应和磁效应。在第二篇论文中，他发明了旋转涡旋和理想惰轮的一个机械模型，解释所有已知的电磁效应，并且预言了两个新的电磁现象——位移电流和电磁波。在麦克斯韦的同代人中，即使最开明的人也会认为，他下一步要做的工作应该是完善那个机械模型，以尽力找到**真正的**机制。然而，或许他已经意识到，自然界的根本奥秘可能超出了我们的理解力。他决定把那个模型暂时放在一边，通过只利用动力学原理——支配物质和运动的力学定律——去重新建立新理论。

他在早期论文中所应用的许多数学，尤其是表示在任意时间和空间中任意一点的电场和磁场的方法，仍然可以利用。但是，为了推导与旋转涡旋模型无关的电磁场方程组，他还需要别的东西。

在科学历史的长河中，有时候会发生这样的事情：抽象的数学模型推出的方法后来被证明非常适合于某个实际的应用，就好像这些方法就是专门为它设计的。当阿尔伯特·爱因斯坦全力对付广义相对论问题的时候，他无意中找到了五十年前由格雷戈里奥·里奇和图利奥·勒维－齐维塔发明的张量计算，发现它正是他所需要的。[4] 麦克斯韦利用了十九世纪中期由约瑟夫－路易斯·拉格朗日发明的一种方法。

拉格朗日是一位优秀的数学家，偏爱分析、有序的整合和解方程。但是，他和麦克斯韦不一样，他不相信几何，在他的动 121
力学杰作《分析力学》（*Mécanique analytique*）中就连一张图都没

有。他想出了一种方法，可以将任何一个机械系统的运动方程数目减少到最小数目，并且将它们以标准的形式联立起来，就像阅兵场中的士兵一样。对于每一个“自由度”——每一个独立的运动分量——根据它的动量以及它对整个系统动能的影响，微分方程就给出了那个运动的变化率。[5]

对于麦克斯韦来说，拉格朗日方法的基调是把系统当成一个“黑盒子”（black box）来处理：如果你知道了一些输入量，并且能够确定系统的一般性质，那么，你**在不知道内部机制的情况下**也能够计算出输出量。麦克斯韦对此曾更生动、更形象地表达如下：

> 在一个普通的钟楼里，每一口钟都有一根绳子，它通过地板上的一个洞进入敲钟人的房间。但是，现在假设每一根绳子不是作用在一口钟上，而是都对那个装置的许多部件的运动有作用；再假设每个部件的运动不只是由某一根绳子单独决定，而是由几根绳子决定；再进一步假设，整个装置是无声的，但敲钟的人们是不知道的，他们能看到的只是他们上方的洞。

这正是麦克斯韦所需要的。自然的奥秘机制仍然是个秘密，就像钟楼中的那个装置，但只要它遵守动力学定律，他不需要任何一种模型也能够推导出电磁场的方程。

不过，这项任务是艰难的。麦克斯韦必须将拉格朗日的方法从力学系统拓展到电磁学系统。这是一个既新而又冒险的领域，但他为之做好了充分的准备。基于对法拉第工作的研究以及他自身的工作，对于电学和磁学相互联系的方式，以及在某些方面它们的作用如何和力学的相似，他逐渐有了强烈的直觉。

他依据的基本原理是，电磁场即使在真空中也具有和机械能
完全相同的能量。电流以及与它相关联的磁场具有动能，就像一 122
个力学系统中的运动部分。电场就像机械弹簧一样具有势能。法拉第的电致紧张态就是一种动量形式。电动势和磁动势不是力学意义上的力，只是在行为表现上有点相似。例如，电动势作用在一个绝缘材料（或真空）上就如同机械力作用在弹簧上，使材料处于压力之下并储存能量。当电动势作用在一个导体上时，导体则有了电压；这时电动势没有构成压力而是产生了电流。麦克斯韦带着这类认识，试着运用拉格朗日的方法。

然而，电磁系统在某些方面一点也不像机械系统。例如，线性的电场力往往产生环形磁效应，反之亦然。麦克斯韦希望证明，当把动力学的一般定律应用到电磁场时，场的特性可以自然地由它们得到。他将整个场的性质在数学上表示成一组内部相关的量，这些量可以在时空里变化。为了解决这个问题，他需要找到在任意一点上这些量之间的数学关系，这一点可以是在任何材料中或是在真空中的。所得的方程将要描述，这些不同的量与在这个点周围空间中的另一量随时间是如何互相影响的。

这些量大部分是矢量，各自具有方向和大小。主要的五个矢量是：电场强度和磁场强度，它们和力类似；电通量密度和磁通

量密度，它们和应变类似；电流密度，它是一种流量。还有一个重要的量——电荷密度，是一个标量，只有数值上的大小。这六个量就像钟楼里面看不到的由机械装置连接在一起的绳子和钟。如果能够找到把它们连接在一起的方程，那么就能知道有关电磁
123 系统变化的所有情况。即使不知道机械装置里面的一切情况，人们还是能够把钟敲响。

谢天谢地，一切都进行得那么顺利。麦克斯韦证明了如下结论：根据他的诠释，电磁系统行为的所有方面，包括光的传播，都能由动力学定律推导出来。尽管他不愿吹嘘他的成就，但还是不能完全抑制他内心的兴奋。他在写给表弟查尔斯·霍普·凯的一封长信的最后说：

> 我又发表了一篇光的电磁理论论文，在反对者未能说服我之前，我确信它非常了不起。

它的确是非常了不起的！这个理论的精华体现在四个方程中，这些方程把上述六个量联系起来了。这四个方程就是每一位物理学家和电机工程师都知道的麦克斯韦方程组。麦克斯韦方程组是完整的数学表述，深奥、微妙，但又令人吃惊地简单。它们是如此具有说服力，以致人们不需要学习高深的数学知识就可以感觉到它们的美和力量。

当把方程应用到真空中的一点时，表示电荷和传导电流效应的那些项就不存在了，[6] 方程于是变得更简单，而且具有令人惊

奇的、完美的对称性。这组方程[7]如下：

$$\operatorname{div} \boldsymbol{E} = 0 \qquad (1)$$

$$\operatorname{div} \boldsymbol{H} = 0 \qquad (2)$$

$$\operatorname{curl} \boldsymbol{E} = -(1 / c)\partial \boldsymbol{H} / \partial t \qquad (3)$$

$$\operatorname{curl} \boldsymbol{H} = (1 / c)\partial \boldsymbol{E} / \partial t \qquad (4)$$

这里 $\boldsymbol{E}$ 和 $\boldsymbol{H}$ 分别是任意一点的电场力和磁场力。[8]粗字体表示它们都是具有大小和方向的矢量。$\partial \boldsymbol{E} / \partial t$ 和 $\partial \boldsymbol{H} / \partial t$ 也都是矢量，是 $\boldsymbol{E}$ 和 $\boldsymbol{H}$ 随时间的变化率。常数 c 作为电场力和磁场力间的比率，是电荷的电磁制单位和静电制单位之比。 124

除了方程在数学上的优美之外，方程还可以很容易地用数学术语来解释。术语“div”（散度，divergence 的缩写）和“curl”（旋度）表示 $\boldsymbol{E}$ 和 $\boldsymbol{H}$ 在点附近周围的空间强度的变化情况。散度是**强度趋势的一种度量**，指向外大于指向内的趋向为散度大于零，指向内大于指向外的趋向为散度小于零。旋度则不同，它度量在一点周围附近力形成涡旋或环流的趋势，并给出了力的涡旋轴的方向。

• 方程（1）表示：电场力在点周围的很小的邻域内平均起来没有向外或向内的趋向，这意味着没有电荷存在。

• 方程（2）表示：磁场力也同电场力一样，这意味着没有单个磁极存在，磁极在任何情况下总是南极和北极成对出现。

• 以上方程（1）和（2）还包含了我们熟知的静态场的定

律：电荷之间的力以及磁极之间的力都与它们距离的平方成反比。

• 方程（3）表示：当磁场力变化时在它周围有一个环形电场力。负号意味着从磁场力变化率的方向来看，电场力的方向是逆时针的。

• 方程（4）表示：当电场力变化时在它周围有一个环形磁力。从电场力变化率的方向来看，磁场力的方向是顺时针的。

• 在方程（3）和（4）中，常数 c 将磁场力的空间变化（旋度）和电场力的时间变化联系起来，反之亦然。c 具有速度的量
125 纲。麦克斯韦断定它是电磁波的速度，包括光的传播速度。

方程（3）和（4）一起给出了这种波。我们只要看清楚方程，就能知道发生了什么。一个变化的电场力自身环绕着一个磁场力；随着磁场力的改变，磁场力自身又会有另一层电场力环绕，如此类推。因此，电场力和磁场力联合场中的变化，以一种连续交替的作用向外展开。

从数学上来看，方程（3）和（4）是两个联立的微分方程，都含有两个未知数。只要有一个仅含 $\boldsymbol{H}$ 的方程和另一个仅含 $\boldsymbol{E}$ 的方程，依次消除 $\boldsymbol{E}$ 和 $\boldsymbol{H}$ 就是一件简单的事。解在每一种情况中都是一种方程，表示以速度 c 传播的横波。$\boldsymbol{E}$ 和 $\boldsymbol{H}$ 的波总是在一起传播，两者都不能单独存在，彼此成直角振动，并且总是同相。

由此可知，电场或磁场中的任何一个发生变化都会产生一个联合的电磁横波，这横波在空间传播的速度，等于电荷的电磁制

单位和静电制单位之比。正如我们已看到的那样，这个比值在实验上已被测量出来了，而且当予以适当的单位时，就接近于光速的实验测量值。麦克斯韦的光的电磁理论，现在不再只是停留在一个假想的模型之上，而是建立在坚实的动力学原理之上。

麦克斯韦方程体系的建立，就像制造钻石手表那样一丝不苟。它是持续创造性努力的一次壮举，可分为三个阶段，历经九年时间。整个建立过程虽充满了富有灵感的创新，但从历史的角度来看，有一个关键的步骤是非常重要的，即提出位移电流存在于真空中的这个观点。正是这种位移电流使方程具有了对称性，并使电磁波有了可能。假如没有位移电流，方程（4）中的 $\partial E/\partial t$ 项将变为零，而整个电磁的理论大厦就不复存在了。

关于这个理论由来的一些记述，要么是没有提到涡旋模型，126
要么只是把它看作为一个权宜的设计，在电动力学理论一出现后就跟不上潮流了。如果是这样的理解就会错误地把麦克斯韦看作是一个很酷的、长于抽象思维的数学天才。是的，几乎没人会怀疑麦克斯韦是位“天才”，然而，他的思想是牢固地植根于我们日常生活的物理世界的。他优美理论的基石——位移电流——来自这样的思想，即在他的模型中涡旋网是有弹性的。

一八六四年十一月，麦克斯韦在皇家学会的会议上介绍了这篇内容包括七个部分的论文——《电磁场的动力学理论》[9]。与他同时代的大部分人都对他的理论感到很困惑，这种情况几乎就像后来爱因斯坦拿出一个时间机器来给人们讲广义相对论一样，人们不知道怎么去理解它。一些人甚至认为放弃机械模型是个退步。威廉·汤姆森就是其中的一个，尽管他非常聪明，但还是未能理解麦克斯韦的理论。

现在的人们应该理解当时的那些反应。这不仅是因为这个理论超越了它所处的时代，而且还因为麦克斯韦不是一位福音传教士，他那富有哲理性的风度为他的讲述设置了障碍。麦克斯韦认为，他的理论可能是对的，但又没有十分的把握。海因里希·赫兹是在二十年后才探测到电磁波的，而在这之前，的确没有人认为麦克斯韦的理论是非常有把握的。这群“礼炮”已经做好了待发的准备，但在打响之前还需等待一段时间。

在当时要夸大麦克斯韦成就的重要性几乎是不可能的。他的理论的价值在当时只是被含糊地认可，这个事实使它更加引人注意。他的理论囊括了宇宙的一些最基本的性质，不仅解释了所有已知的电磁现象，而且还解释了光，同时还指出存在各种辐射也并不是什么梦想。当 R.V. 琼斯教授把麦克斯韦的理论描述为人类思想中最伟大的一次飞跃时，他只是表达了后来科学家对麦克斯韦的理论的普遍看法。

127 其实，国王学院的权威人士对麦克斯韦电磁理论重要意义的认识，也并不比其他人更深刻。然而，他们却认识到麦克斯韦其他的研究和实验工作的重要性，很感激它们给学院赢得了声望。他们指派一名讲师帮助他处理学院的事务。第一个担任该职务的是乔治·斯莫利，他在一年后去了澳大利亚，并最终成为悉尼的第一流天文学家。斯莫利的继任者是 W. 格里尔斯·亚当斯，他是约翰·库奇·亚当斯的弟弟，亚当斯奖就是以约翰·库奇·亚当斯的名义而设立的。麦克斯韦尽管有助手的帮助，但还是感到每年都难以完成他想要做的工作。他和凯瑟琳这时已收集了关于色视觉的大量数据，需要对它们进行必要的分析和报告。他还想把他的一些思想应用到气体理论上。他感到应该写一本关于电学和磁学的书，使电学和磁学更加有序，同时还有助于初学者。另外，他希望有更多的时间待在家里，一是为了修缮房子和改善对庄园的管理，二是在当地事务中起到更正式的领头人作用。于是，为了和凯瑟琳能够在格伦莱尔重新过上一段稳定的生活，他决定辞去教授职务。

他把教授的职务移交给 W. 格里尔斯·亚当斯，不过，他答应第二年冬天回来给技工晚上上课。他们夫妇在伦敦已度过了五年愉快的时光。他已经做了很多事情：在学院上课；在家做关于色视觉和气体的实验；为英国科学促进会制定电标准做了实验；撰写了两篇关于电磁学的伟大论文。能够步行去参加在皇家学会和皇家研究所举行的会议是令人愉快的，他在那里享受到同行科学家的友谊。但是，他在内心深处仍是一个乡村的孩子，他和凯瑟琳都热爱着他们的家乡。一八六五年春，他们离开他们在肯辛顿的家，返回家乡格伦莱尔。

09

第九章

家乡的地主

格伦莱尔 1865—1871

在离开国王学院的几个星期之前，麦克斯韦差点死于天花，在离开那里后不久，又差一点儿丧命于另一场灾难。那是在一八六五年夏天，他骑在一匹不熟悉的马上，结果被树枝划伤了头部。他因感染而病得很重，是凯瑟琳再一次的精心呵护才使他渡过了难关。他在床上躺了一个月，直到感染被消除之后才迅速地恢复了健康。不久，他们又开始骑马四处溜达了。

多年以来，麦克斯韦一直在逐步地改善他的庄园。庄园里的一个新景点是横跨在厄尔河上的一座石桥，过去那里一直是一个水洼，里面有一些踏脚石。这座至今尚在的石桥，是由麦克斯韦的表弟威廉·戴斯·凯建造的，在建造时他刚刚取得土木工程师的资格。麦克斯韦对他这个表弟以及年轻人的一般奖励，就是带他们去贝尔法斯特参观，并向杰出的詹姆斯·汤姆森学习。詹姆斯·汤姆森是威廉·汤姆森的哥哥。麦克斯韦的表弟威廉·戴斯·凯后来成为海港建筑方面的专家。

格伦莱尔的房子的确很普通，看起来就像挤在一起的两间农舍，一间靠在另一间的后面。麦克斯韦的父亲的夙愿之一就是要扩建房子，希望在房子的一头加层并扩大，但始终没能筹集到足够多的钱来实现这个愿望，在扩建规划付诸施工之前就去世了。129
麦克斯韦在设计扩建施工图上花费了大量的时间，他知道什么样的建筑才能了却他父亲的心愿。他现在终于有机会来实现他设计的施工方案了，尽管它是一个比较节约的方案。他仔细检查了所有的细节，在需要改进的地方都做了改进，并计划安排建筑工人在一八六七年春夏开始动工修建。

离庄园最近的一个村庄叫科索克，在庄园北面三英里处。自一八三八年以来，那里一直在修建一座教堂，但是一直没有富余的款项来支付牧师的薪金，也未能给牧师准备住房。由于那里的人大多数很贫穷，于是麦克斯韦就忙于在当地贵族和别处有同情心的朋友中筹款，以资助教堂和牧师住宅的修建。他自己带头慷慨解囊捐助。到了一八六三年，预期的目标终于实现了。教堂那时请到了一位很好的牧师乔治·斯特罗克。他在那里待了好多年，并成为附近的名人。麦克斯韦曾插手促成了这件好事。当教堂的牧师职位在一八六一年空缺时，麦克斯韦就坚持要新上任者必须试用三个月。结果被聘任的那位牧师真的在三个月之后就离开了，于是这个职位就留给了斯特罗克。为了确立教堂的地位，科索克形成了一个教区，而格伦莱尔也属于这个教区。麦克斯韦成为该教区的第一位托管人，而且是教堂的一位长老。

麦克斯韦极感兴趣的事情还包括当地的教育。值得一提的是，从后来发生的一件事可以说明他对家乡的教育是多么关切。当时，地方学校管理委员会决定关闭在梅尔克兰德附近的一所乡村学校。他极力为该校辩护，并提出由他出资来维持该校的运转。当他的提议被拒绝后，他就在格伦莱尔庄园里划出一块地，并在上面规划修建一所新的学校。不过，令人遗憾的是，这个规划由于他的早逝而流产了。

他喜欢当地的社交生活，同邻居，特别是同他们的孩子们，
相处融洽。回想起他自己童年的快乐时光，他喜欢用恶作剧或玩
130 游戏的方式逗乐孩子们。他和凯瑟琳那时已肯定不会有自己的孩
子了：他们结婚八年；这时，她四十二岁，他三十五岁。我们也不知道为什么他们一直没有生孩子，但可以肯定的是，这不是出于他们的意愿。刘易斯·坎贝尔那充满深情的传记也没有提及这件事，而我们从麦克斯韦或凯瑟琳现存的信件中也找不到任何线索。

无论是什么样的原因，没有孩子一定会给他们的生活抹上阴影。他们不仅体验不到做父母的感受，而且家族的遗传也中断了。他的父母亲已将格伦莱尔庄园从一片多石的荒地变成一个舒适、肥沃的农场。他在这里度过了简朴且无忧无虑的童年，他像任何一位热爱自己家乡的人一样热爱着这里。格伦莱尔以后将会转交到一个表弟手上，而对他来说这只不过是一个乡下的庄园而已。一切皆须顺其自然，这是麦克斯韦的一句格言。不过，至少从表面上来看，他是把失望放到了一边了。

他绝不是个派头十足或者性格外向的人，却是一个给人印象深刻的人。一个与他同时代的人在一八六六年第一次见到他时，对他的印象如下：

> 这个人中等身材，筋骨强壮，步态矫健且很有力量；穿戴并不高雅，但舒适悠闲；一脸的睿智、幽默，但又蕴含着深沉的思考；面容刚毅而又招人喜欢；眼睛黑亮，头发和胡子也是全黑的，这些和他略显灰白的肤色形成了强烈的对比……他或许会被不细心的观察者认为是一位乡绅，或者更准确地说像是一位北部乡村的地主。然而，敏锐的观察者会认为，他一定是一位学者，而且具有非凡的智力。

这个人在进一步了解他之后，又写道：

> 他有很强的幽默感，健谈而且诙谐善辩，但很少因开怀 131
> 大笑而破坏谈话气氛。他快乐的外部表现和特有动作是眨眼和眼睛发光。他从不放纵他的情绪，高兴时不喧闹，烦躁时不发怒。他脾气温和，高兴时有节制，对别人会激怒或感到烦恼的事，他都有无限的耐心。他始终以他非常平和的心态对待人生的沉浮。[1]

麦克斯韦喜欢写信，并写过大量的信件。既然格伦莱尔是他工作和家庭的地址，于是，杂志、手稿和校样，外加不断增加的、成捆的个人和业务的信件，都开始寄了过来。为了减轻邮差的负担，他把邮箱钉在路边的大石墙上，那里离他的房子大约有半英里远。这是一个畅通的通信传输系统。他每天都要带着他的小狗沿河散步，顺便取出寄来的邮件，然后再把外发的信件和包裹放到邮箱里面。

他的老校友P.G.泰特是他的通信者之一。泰特曾在谋取爱丁堡大学自然哲学教授职位上胜过他。威廉·汤姆森是他的另一位通信者。汤姆森一直在格拉斯哥大学任教，现在因专利和担任大西洋电报的顾问而变得很有钱了。这三位伟大的苏格兰物理学家多年来一直相互通信，交流思想、交换意见，甚至闲谈。他们的通信后来演变成一种丰富多彩的、快捷的三人转方式。他们经常使用明信片，因为那样既省时又方便。他们还开发了一套开玩笑的代号语言，这样就可在一张明信片上尽可能写更多的内容。麦克斯韦和泰特在学生时期就做过这种事情，他们现在和那时一样从中享受乐趣。不过，汤姆森可能一直用宽容的态度对待这种方式，他有自己的一套规则。

简写名字是他们要做的第一件事。汤姆森被简称为T，泰特
132 则被简称为T′，而麦克斯韦是dp/dt。dp/dt取自泰特热力学书中的一个方程dp/dt=JCM。他们钦佩的赫尔曼·亥姆霍兹被简称为H2。不被看好的约翰·廷德尔[1]则被简称为T″。廷德尔对人类的仁爱之心在泰特看来是远不及麦克斯韦的，因此他的名字的简写只配一个二级量。出版商亚历山大·麦克米兰被简称为#，因为他太精明了。希腊字母也派上了用场：*∑φαρξ*代表球谐波，而*θΔics*代表热力学。

1. 廷德尔（John Tyndall，1820—1893）：爱尔兰裔英国物理学家，因其关于气体的透明度和大气吸收辐射热量的著作而著名。

他们互相尊重，感情牢固，能够经得起最粗鲁的玩笑。有一次，麦克斯韦在给爱丁堡皇家学会的一个报告中就取笑泰特，说他越来越喜欢在数学表达方面偷工减料了，以致使得某些步骤让人难以理解：

> 我要说的是，我认为，泰特教授关于正交等温面的论文的前两页，值得并应该在爱丁堡皇家学会学报上发表，这些内容包含着一个稀有的很有价值的例证。比起先前极其凝练的写作风格，作者有了在中年或更年期的大师文体。虽然所有人都觉得晦涩难懂，文中却显示出作者的智慧之光。

汤姆森和泰特当时正在合著《自然哲学通论》(*Treatise on Natrual Philosophy*)，该书试图全面概述物理学的发展状况。这是一项艰巨的任务。他们请麦克斯韦检查一些章节的初稿，以听取作者期望的建设性的批评意见。正如我们所看到的那样，麦克斯韦在质量的定义上挑了他们的毛病。麦克斯韦自己当时也正在开始着手写作他的著作《电磁通论》，这本书涵盖了与电磁学有关的一切知识。这是一项工程浩大的工作，花费了他七年的时间。

不过，在格伦莱尔度过的这六年，绝不是麦克斯韦的退休期，与此相反，从任何标准来看，这应该是一段相当多产的时期。除了继续撰写《电磁通论》以外，他还出版了《热的理论》(*The Theory of Heat*) 一书，以及内容非常广泛的十六篇论文，其中论述的全都是一些新东西。我们将在本章末尾再来谈到 133

它们。

一八六七年春天和初夏，当格伦莱尔的房子正在扩建之时，麦克斯韦和凯瑟琳还抽空去意大利旅游度假。那时，对于任何有钱而且有闲的人来说，进行文化与历史胜地的“巡回大旅行”是件很平常的事情。然而，麦克斯韦的生活方式与时髦人士很不相同，休假对于他们夫妇来说是难得的奢侈。他们头一次遭遇的惊险也不是他们自找的：他们乘的船在马赛因接受检疫而被隔离了。麦克斯韦的坚韧在这时就体现出来了。仿佛回到了在格伦莱尔的童年时期，他现在成了一名普通的水上搬运工，尽可能为其他乘客做一些事情以减少隔离给他们带来的不便。

麦克斯韦夫妇在佛罗伦萨碰巧遇见了刘易斯·坎贝尔和他的妻子。坎贝尔后来回忆说，他的朋友对意大利建筑和音乐的热衷，使他想起了他读过的报道——“米开朗琪罗[1]对布鲁内莱斯基[2]穹隆建筑的欣喜”。不过，麦克斯韦并非总是那么虔诚的：他在记述当中把梵蒂冈宫管弦乐队误以为是“罗马教皇乐队”。他和凯瑟琳学习意大利语，他很快就说得很流利，使他能够与意大利比萨的一位同行讨论科学问题。通过与同行的游客交谈，他抓住一切机会来提高自己的法语和德语水平，但他发现自己并不是学荷兰语的料。

---

1. 米开朗琪罗（Michelangelo，1475—1564）：意大利文艺复兴时期成就卓著的科学家、艺术家。
2. 布鲁内莱斯基（Filippo Brunelleschi，1377—1446）：意大利建筑师，作品在佛罗伦萨文艺复兴时期享有盛名，杰作是佛罗伦萨大教堂的八边形肋骨穹隆建筑。

除此之外，他们还有其他的机会暂时离开家乡。他们每年春天都会在伦敦待上几个星期。麦克斯韦还要参加在不同地方举行的英国科学促进会会议，有时还担任数学和物理学部的主席。他每年还要去剑桥履行职责，因为剑桥大学邀请他担任数学荣誉学位考试考官。这是一个令人鼓舞的决定，很可能是威廉·汤姆森促成了这么一个决定的。在十九世纪初期，由于查尔斯·巴贝奇和他的同事的努力，剑桥大学打破了数学考试的老规矩；现在考试变成了一种更宽泛的科学考试。不过，数学荣誉学位考试还是 134
受到一些人的责备，其主要问题还是和麦克斯韦学生时代时的一样。当时有人说这一考试专挑“数学上的琐事和难题，没有一点实际意义和科学价值”。于是，麦克斯韦上任后开始对考试进行改革，使考试内容变得更有趣味，与日常生活有更紧密的联系。他以前在国王学院就曾经这样干过。这次考试改革是剑桥科学传统伟大复兴的开始，而麦克斯韦在其中起到了主要作用。

一八六〇年，麦克斯韦曾写过一篇关于气体理论的论文，这篇论文虽很有价值却有瑕疵。从那时到现在，他一直在这个主题上酝酿着新观点。一八六六年，他把这些新观点写在一篇题为《论气体的动力学理论》的论文中。他在早期的论文中曾给出第一个物理学统计定律——麦克斯韦分子速率分布，并预言了气体的黏滞度与压强无关。这是一个引人注目的结果，他和凯瑟琳在肯辛顿的阁楼里曾用实验检验过这个结果。不过。他在这篇早期论文里在计算上有错误，这些错误令人尴尬但并不难改正。

麦克斯韦的研究结果大大促进并加强了由无数相互碰撞的分

子组成的气体理论。不过，这个气体理论仍然有两个严重的问题。一个问题就是空气定压比热和定容比热之比问题——理论预期值与实际观测值不一致。我们以后将会明白这个问题并不是十九世纪的科学家所能回答的问题。另一个问题更是难上加难：麦克斯韦和凯瑟琳各自进行的实验都表明，气体的黏滞度不会随绝对温度的平方根变化而变化，但理论预言它会这样变化。这个错误似乎源于麦克斯韦最初的假设：分子在碰撞时的行为就像台球一样，换句话说，分子就是理想的弹性小球。因此，麦克斯韦现在尝试采用另外一个假设：分子根本不会碰撞而只是相互排
135 斥，排斥力与它们间距的 n 次幂成反比。如果 n 是 4 或者更大的话，当两个分子靠得很近时排斥力会很大，而当它们远离时又小到可以忽略不计。因为分子不再沿直线而是沿复杂的曲线运动，所以出现了极复杂的数学计算。

麦克斯韦找到了两种简化计算的方法。一种方法就是引入弛豫时间这个概念。所谓弛豫时间就是系统在被扰动后重新返回到平衡态所用的时间。这个概念在现在的物理学和工程学里经常被使用，例如，人们很容易就可以说出它在汽车悬浮系统中的应用。和麦克斯韦的许多创新一样，弛豫时间现在已经为人所熟知，有人会惊讶为什么之前就没人想到它呢？

当分子间的排斥力随间距的 5 次幂成反比时，令人惊讶地出现了另一种简化。当麦克斯韦令方程中的 $n=5$ 时，所有与分子相对速度有关的项都抵消，只剩下更简单的关系。此时得到一个意外的收获：黏滞度现在与绝对温度成正比了，而这与他本人在

肯辛顿阁楼里得到的实验结果是一致的。不过，这个意外的胜利可惜好景不长，因为由其他人所做的更精确的实验表明，这个关系根本就不是线性的。后来一代的实验者发现，某些种类的分子确实遵循 *5* 次幂反比排斥力定律。对于那些不遵循这个规律的分子，物理学家仍然发现，麦克斯韦的公式是更为精确的计算的一个起点。

即使有了这些简化，麦克斯韦在数学上遇到的困难，仍然和他在解决土星环时所面临的困难一样难以解决。他极其巧妙地克服了这些困难，一些学者因此认为，这是在他所有的研究中最鼓舞人心的成果。也就在这时，年轻的路德维希·玻尔兹曼已开始在写他的第一篇伟大论文，他也被这些困难迷惑住了。胜利从来就不是唾手可得的。有一个时期，当麦克斯韦的方程预言在地球大气中存在永恒运动的电流时，他那时几乎要承认自己也许错
了。但后来他找到了错误，然后又在修正后的计算中再寻找并更 136
正仍然存在的错误。功夫不负有心人，麦克斯韦得到的这个公式不仅适用于黏滞度，而且还适用于扩散、热传导等。这些公式与已知的实验结果一致。这是一篇开创性的论文，麦克斯韦不仅纠正了错误，而且充实了他先前的著作，大大巩固了气体（乃至所有的物质）是由分子而组成的这一理论。不过最重要的是，他把理论建立在一个牢固的基础之上，使他、玻尔兹曼以及其他人能够在这个基础之上进一步去发展。

英国科学促进会电标准委员会的工作并没有止步于电阻标准的制定。根据制定的目标，他们下一个任务是要验证麦克斯韦对

电磁波的预言——电磁波以电荷电磁制单位和静电制单位之比的速度传播。我们已经知道，这个比值以前被科耳劳奇和韦伯测量过，一旦被转换成适当的单位以后，就与菲佐的光速测量值非常接近，因此这就支持了麦克斯韦的理论——光本身是由电磁波构成的。由此看来，科耳劳奇和韦伯的测量结果的确太重要了，因此还有必要对它进行重新检查核实。于是，确证科耳劳奇和韦伯结果的一个新实验就迫在眉睫了。这将是一个很难做的实验，其允许的误差最多在几个百分点之内。尽管如此，这个实验还得非做不可。

麦克斯韦在这个时期的主要合作者是剑桥大学圣约翰学院的查尔斯·霍克金。他们决定在两个带电金属板间的静电吸引力与两个载流线圈间的磁排斥力之间找到平衡，并为此建造了一个平衡臂装置。为了使这个实验成功，他们需要一个电压非常高的电源。克拉彭的葡萄酒商人约翰·彼得·加斯特拥有英国当时最多的电池，用来装配他的私人实验室。加斯特为成为这个实验的主人而感到高兴，并为客人们提供了由 2600 块电池组成的一个电池组，该电池组可以产生大约 3000 伏的电压。

麦克斯韦安排一八六八年春，在他去伦敦访问时进行这个实验。这可不是一件容易的事情。首先，他们必须预防大电池的
137 电从实验室的地板泄漏掉；其次，他们还必须成为快速读数专家，因为电池组消耗得太快了。在克服了这些难题之后，他们的实验给出了电荷两种单位比值的一个值，即麦克斯韦波的速度是 288000 千米 / 秒。

这个值比科耳劳奇和韦伯所得到的电磁与静电单位的比值大约低了7%，比菲佐测量的光速大约低了8%（麦克斯韦在他的论文中引用了这两个结果）。这个值比菲佐的同胞傅科[1]新近测量的光速值低3%。麦克斯韦对他的观测值一定感到有点失望。但从理论上来讲他的实验还是成功的，因为他的光由电磁波构成的理论现在建立在更牢固的基础上，即在实验误差允许的范围内，这两个独立的实验结果与预言的波速是一致的。我们现在知道，真正的光速值大约介于麦克斯韦的实验观测值和韦伯的实验观测值之间。[2]

除此之外，麦克斯韦在格伦莱尔的这段时期还发表了数量大得惊人的、关于其他主题的著作。从下面几个例子中我们可以领略到这些著作惊人的涵盖范围及其独创性。

十九世纪是蒸汽机时代，通过卡诺[2]、克劳修斯、焦耳[3]、汤姆森、兰金等人的工作，人们对热的理解取得了很大的进展。麦克斯韦曾写道，他写《热的理论》这本书，最初只不过是想对这个主题做一个基本介绍而已。这本书的确对已建立的理论做了很好

1. 傅科（Léon Foucault，1819—1868）：法国物理学家，测量出光速并确定光在水中的速度慢于在空气中的速度。
2. 卡诺（Sadi Carnot，1796—1832）：法国物理学家，1824年提出著名的卡诺循环和卡诺定理。
3. 焦耳（James Prescott Joule，1818—1889）：英国物理学家，测定热功当量并发现了热力学第一定律，为纪念他而将能量的单位命名为焦耳（Joule）。

的介绍，还对压强、体积、温度和熵[1]这些主要量之间的关系做
138 了一种全新的表述。他经过几何学论证把这些关系用微分方程表示出来，而这些方程被证明是极有价值的，现在是标准的教科书中的一部分，被称为麦克斯韦关系。

《热的理论》还带领读者去领略麦克斯韦非凡的创造力。一个假想的、分子大小的动物，能够使热从冷的物体流向热的物体，因此违反了热力学第二定律，这动物就是麦克斯韦妖[3]。这个动物很快就获得了神奇的地位，并的确名副其实是一个“妖”，它使世界上最优秀的物理学家困惑了六十年。麦克斯韦妖的名称是威廉·汤姆森取的。

麦克斯韦妖尽管很好玩，却是麦克斯韦的一个意义深远的“思想实验”，后来的爱因斯坦也做过类似的思想实验。小妖守着在气壁上开的一个小孔，这气壁将充满气体的容器分成两个小容器。孔上有扇门，只要小妖想打开就能打开。两个小容器中的分子沿各个方向运动。它们的平均速度（严格讲是它们速度平方的平均值）决定了气体温度（速度越大，温度越高），气壁两边的气体温度在开始时是一样的。

根据麦克斯韦速度分布定律，某些分子的速度比平均速度小一些，而某些则大一些。当小妖看到右边小容器中的一个高速分子接近小孔时，就快速地打开门让它进入到左边小容器。类似

1. 熵是系统无序度的量度。根据热力学第二定律，熵总是倾向不断增加。熵的一个很微小的变化被定义为：在一个可逆过程中传递的热量除以热传递时的温度。——作者注

地，小妖让低速的分子从左边跑到右边。在其余的时间里，小妖都把门关上。

每经过这样一次交换，左边小容器的分子的平均速度将增加，而右边小容器的则下降。不过，在右边小容器中仍然有一些分子的速度比左边的平均速度要快。当这些分子中的一个靠近门时，小妖会让它通过。就这样，小妖会连续不断地让低速的分子从左边跑到右边。因此，左边小容器的气体不断变得越来越热，而右边小容器的气体则变得越来越冷。

小妖使热从右边冷的气体流向左边热的气体，因此违反了热 139
力学第二定律。热力学第二定律告诉我们：热不能从冷的物体自动地流向热的物体。如果能像小妖这样行事的话，那么小妖则为制造一个永动机提供了方法：利用气体间的温差能够产生动力使机器做功；机器将不断工作，直到温差降为零；我们于是又会回到我们开始的状况，然后重复上述过程，直到气体里所有的热能被转化为功。[4]

当然，这是不可能实际发生的。有趣的问题是为什么不会发生呢？麦克斯韦给出两种解释。首先，热力学第二定律在本质上是一条统计学的定律。正如他所指出的那样，这条定律就好比说是：如果你将一杯水倒进海里，你不可能从海里把同样的一杯水捞回来；这适用于全体分子，而不适用于单个分子。这种解释的确是对的。不过，他的另一种解释虽表面上显得天真，却更加透彻。他说，如果我们有像小妖一样足够敏捷的手指，我们将能够打破第二定律。“但是我们不能，因为我们还不够聪明。”

为什么我们不能像小妖那样聪明呢？如果我们要想和它相匹敌，我们必须知道所有分子的位置和速度。利奥·齐拉特[1]在一九二九年指出，获取有关系统信息的每一个举动都将会增加系统的熵，而熵与获得的信息量成正比。随着熵的增加，系统可用于做功的总热能将会减少。要获得足够多的信息，必须使门经常工作，这样我们将耗尽或者散失一定量的能量，该能量至少要与我们用系统驱动的任何机器的输出功相当。因此，我们绝不可能聪明到能创造永动机的那种程度。

通过齐拉特和其他人的工作，麦克斯韦妖引发了信息论的产生。信息论现在是通信和计算机理论基础的一个重要部分。

在国王学院建立电阻标准的实验中，麦克斯韦曾使用一个调
140 节器以保证线圈匀速旋转。这使他想到调节器工作的方式。在蒸汽机的调节器中，从动轴上的两个重锤与控制蒸汽输入的阀门连在一起。两个重锤在离心力作用下离开越远，阀门开启就越小。如果蒸汽机开始加速，蒸汽输入就会减少，从而使它又开始减速，所以蒸汽机就处于一个受控的匀速状态。麦克斯韦发现，可以用这个原理准确和稳定地控制任何一种机器。

调节器的关键原理是负反馈。要把机器的输出控制到一个需要的数值（数值可随时间而变化），你要不断地将实际输出与需要的输出进行比较，同时将差值反馈给输入，这样就可使输出趋

1. 齐拉特（Leo Szilard，1898—1964）：匈牙利裔美国物理学家，参与美国研制第一枚原子弹，后来反对研制与使用所有核武器。

于你想要的数值。麦克斯韦得出了在各种反馈装置下的稳定条件，并研究了在驱动负载下的制动和变化效果。他把这些结果写进一篇题为《论节速器》的论文当中。该论文首次对控制系统实施数学分析，因此而成为现代控制论的基础。

不过令人吃惊的是，这项工作在二十世纪四十年代以前几乎没有引起人们的注意。在第二次世界大战期间，当军事装备急需应用控制系统时，上述情况才发生了改变。工程师们高兴地发现，麦克斯韦已经给出了他们所需要的理论基础。二战[1]后，诺伯特·维纳[2]更进一步地创立了控制论这门科学。

麦克斯韦有发现科学进展方向的诀窍：相信自然界遵守数学原理。令人愉快的一个例子就是他的论文《论山丘与溪谷》。在地球表面有海拔高的区域或者说有山，每座山都有一个山顶；在地球表面还有海拔低的区域，每个低处都有一个最低点，麦克斯韦称其为一个“注入点”（immit）。在地球表面还有山脉、山谷或溪谷、关口，麦克斯韦发现，这些地形特征中的每种的数目很可能与某些数学规律有联系，于是他着手去发现这些规律。他发现一个比较简单的规律就是，山顶的数目总是比关口的数目多一
个。不考虑物体的大小和形状，研究物体空间关系的数学分支在 141
那时被称为位置几何学（geometry of position）。这个学科那时还处于初级发展阶段。麦克斯韦就在这片处女地上开垦了，为日

1. 二战指第二次世界大战。
2. 维纳（Norbert Wiener，1894—1964）：美国数学家，建立了控制论这一领域。

后深奥而又复杂的拓扑学铺路。《论山丘与溪谷》中的结果还与气象学有关，文中的那些公式同样较好地适用于一个大气压系统中的高处、低处、低气压槽和高压脊。不仅如此，麦克斯韦关于地球表面最初的想法，现在被发展成为拓扑学的一个重要分支——整体分析。

麦克斯韦曾在国王学院写过一篇论文，论述怎样利用倒易图来计算结构中的力。他现在把这种思想拓展了，最终将这种方法延伸到连续介质。爱丁堡皇家学会把基思奖章授予他，以表示对他这项工作的赞赏。他还发展了基本的双重性原理，倒易图就是建立在这个原理之上的。接着，他进一步证明双重性原理还可应用于不同的对象，如电路和光学。

在格伦莱尔的这段时期，麦克斯韦撰写了《电磁通论》的绝大部分内容，但该著作直到一八七三年才出版，我们把这件事放到下一章去讲。在写《电磁通论》的同时，他还发表了一篇相当短的论文——《对光的电磁学理论的注解》。他在文中对他《电磁场的动力学理论》中的主要方程做了更加简洁的推导和表述。他还提出论据，证明其对手威廉·韦伯和伯恩哈德·黎曼[1]的理论是不正确的，因为他们都违反了能量守恒定律。韦伯和黎曼的理论都基于超距作用的假设而不是具有能量的场。他和往常一样又情不自禁地开起了玩笑：

1. 黎曼（Bernhard Riemann, 1826—1866）：德国数学家，非欧几里得几何学的创始人。

> 我们从这两篇论文的假设中可以得出结论：第一，作用力和反作用力不是大小相等方向相反的；第二，由这套理论得到的装置可以产生任何数量的能量。

由于电磁场基本是三维的，所以电磁场里就出现了一个数学符号问题。麦克斯韦在他的论文中，一直把涉及矢量的每个关系 142
式都写成三个一组的方程组：每组的一个方程分别对应 *x*、*y* 和 *z* 方向。这样很不方便，仿佛使人只见树木不见森林。不过，它们至少是人们能理解的符号。人们理解一个新理论本身就已经够难的了，还期望他们同时弄清楚新符号是不切实际的。

我们现在使用的是简洁的矢量分析符号，每三个一组（*x, y, z*）的方程用单个的矢量方程代替，其中每个符号表示包含 *x*、*y* 和 *z* 作为分量的一个矢量，这样的矢量有力、速度等。矢量的前身是“四元数”（quaternions），是由伟大的爱尔兰数学家威廉·罗恩·哈密顿先生（不要把他与在爱丁堡教过麦克斯韦哲学的威廉·哈密顿先生混淆）发明的。四元数比矢量更复杂，因为每个四元数都有四个分量：标量部分只是一个数；矢量部分包含 *x*、*y* 和 *z* 方向上的分量。我们现代的矢量方法省掉了标量部分。

四元数的确很不容易掌握，只有少数热衷者希望利用它们做点什么，麦克斯韦的朋友 P.G. 泰特便是其中最热衷的人之一。四元数具有非常简洁的优越性，麦克斯韦方程中的九个普通符号可用两个四元数来代替。麦克斯韦发现四元数还可使方程的物理意义更清楚些，于是决定在《电磁通论》中除了使用传统的符号以外，还使用四元数这种简洁的表示方法。他将这种混合使用比喻为用牛和驴一起耕地。

为了有助于诠释方程的物理意义，麦克斯韦在四元数的表示中创造了新的术语“旋度”(curl)、“收敛”(convergence)和“梯度”(gradient)。旋度和收敛表示矢量在空间的两种变化方式，这两个术语一直沿用到今天，只不过收敛被它的反义词“散度”(divergence) 或简称 div 所代替了。梯度被简写为 grad，今天也在用，它表示空间中一个标量变化的方向和变化率。麦克
143 斯韦为我们开创了这样一个过程，形成一个优美而又相对简单的现代矢量分析系统，我们现在广泛地使用它，都认为它是理所当然的。大约在二十年之后，两位杰出的物理学家——美国的约西亚·威拉德·吉布斯[1]和英国的奥利弗·亥维赛[2]——完善了矢量表示法。

麦克斯韦又打开了他的色箱，邀请更多的客人来进行配色。他在两篇短论文中概括了他收集的结果，其中一篇研究视网膜上不同处的色视觉，还报告了他对“黄斑”的调查研究。所谓黄斑就是靠近视网膜中心的一小块黄色区域。他发现大多数人但不是所有的人在那个区域色觉很弱。极少数人虽有一个黄斑，但黄色淡得几乎看不到。他发现了一种方法，不需要检查视网膜就能查明一个人是否有一个可察觉的黄斑。这种方法现在被称为麦克斯

---

1. 吉布斯（Josiah Willard Gibbs，1839—1903）：美国理论物理学家，提出了系综理论，发展了矢量解析。
2. 亥维赛（Oliver Heaviside，1850—1925）：英国物理学家、电气工程学家。

韦光斑测试（Maxwell spot test）。凯瑟琳就是有不可觉察的黄斑的人之一，不过即使到现在来看，她仍然是属于极少数人之一。麦克斯韦对一位朋友解释道：

> 我可以向所有具有黄斑的人展示黄斑，除了我已故的岳父和我妻子以外所有人都有，不论他们是黑人、犹太人、帕西人、俄国人、意大利人、德国人、法国人还是波兰人，等等。例如，波尔（Pole）教授就有一个和我一样黄的黄斑，尽管他是个色盲；马西森（Mathison）也是个色盲，他皮肤白，黄斑不那么明显。[5]

在格伦莱尔频繁造访麦克斯韦的客人当中，年轻的表弟威廉·戴斯·凯和查尔斯·霍普·凯便是其中的两位。威廉曾在厄尔河上建造了一座新石桥，查尔斯从事教育工作，当时在布里斯托尔附近的克利夫顿学院任数学教师。查尔斯特别像麦克斯韦的一个小弟弟，麦克斯韦夫妇都非常喜欢他。凯瑟琳根据查尔斯的名字给她的小马取名为Charlie。麦克斯韦和查尔斯一起分享了他关于电磁学的那篇“震撼”论文所带来的喜悦。查尔斯一直都很顺利，他在学校很受欢迎，被任命为舍监。一八六九年，当他 144
不幸去世的消息传来时，麦克斯韦一家陷入巨大的悲痛之中。

与此同时，又传来了另一个令人悲伤的消息。麦克斯韦从前的导师、现在的朋友詹姆斯·福布斯大约在同时去世了。当福布斯一八六〇年辞去爱丁堡大学自然哲学教授席位，去圣安德鲁斯大学担任校长时，麦克斯韦曾申请过爱丁堡的这个职位，但被拒绝了，他的朋友泰特得到了这个职位。现在，圣安德鲁斯大学的几位教授提议麦克斯韦作为大学校长的候选人。候选人当中还包括了刘易斯·坎贝尔，他当时是那所大学的希腊语教授。麦克斯韦起初并不愿意参选。他之所以想离开国王学院，是因为想在格伦莱尔生活，家乡生活的吸引力太强了。而且，他不能确信他是否适合这项工作。他感到："我的专长是做研究而不是做管理，我不喜欢支配他人或让他人支配。"然而，他也确实热切期望英国有良好的教育，也许他在那个岗位上能干出一番事业来。他的支持者也非常热情地支持他。

他被说服首先去访问圣安德鲁斯大学。不过无论从哪条路走，在那时都是一次路途漫长的旅行。他到那里后开始为自己做宣传。这是一个在政治上敏感的任命，在很大程度上取决于候选人对仲裁人的政治影响。麦克斯韦是一个政治新手。威廉·汤姆森的众人皆知的声望足以超越政治，不过，除了他之外，还有什么人能给他写推荐信吗？他在写给伦敦一个熟人的信中说：

> 我几乎没有注意到科学人士的政治影响力，我不知道我所熟悉的哪一位科学人士能引起内阁的注意。如果你能够告诉我，对我来说那将是很有帮助的。[6]

由此可见，麦克斯韦是如此率直、天真，他没有得到这个职位也许并不奇怪。最后，圣安德鲁斯大学的拉丁语教授 J. C. 谢普得到了这个职位。不管谢普还有什么其他的优点，但有两点显然对他有利：他是格莱斯顿[1]自由党的支持者，格莱斯顿在他得到这个任命稍前就上台了；他还是阿盖尔公爵（Duke of Argyll） 145
的一位朋友，而阿盖尔公爵是这所大学的名誉校长！

有关这件事的一个令人惊讶的脚注是，圣安德鲁斯还拒绝了杰出的实验物理学家詹姆斯·普莱斯考特·焦耳担任其自然哲学教授之职。焦耳曾确立了热功当量。根据一位选举人的看法，似乎是焦耳身体的一点残疾使他失去了作为候选人的资格。[7]

除了阿伯丁的首次任命之外，麦克斯韦在苏格兰大学的求职经历，无论怎么说都是令人失望的：他在阿伯丁后来被认为是多余的；接着，他依次被爱丁堡大学和圣安德鲁斯大学拒之门外。好在格伦莱尔的生活是美好的。无论如何，他的“专长”是“做研究而不是做管理”。

然而，在遭到爱丁堡的拒绝之后，麦克斯韦一直受到伦敦国王学院的欢迎。现在新的机会又降临了：一八七一年二月，剑桥大学邀请他担任一个重要的新的实验物理教授职务。剑桥大学的名誉校长、德文郡公爵出了一大笔钱，修建了一个用于教学与研究的新实验室。聘任的首位教授将肩负双重任务——修建实验室并启动实验室工作。在科学实验领域，剑桥大学落后于一些英国

1. 格莱斯顿（William Ewart Gladstone,1809—1898）：英国政治家，于 1868—1894 年间四度任英国首相。

大学和欧洲大陆的许多大学。对于剑桥大学来说，修建并启用新实验室是一个迎头赶上先进的极好机会。当然，他们要做的最重要的事情之一，就是招募到一位杰出的教授。

从理想的角度来讲，剑桥需要一位顶尖的科学家，同时他在管理教学与研究的实验室方面应该具有丰富的经验。威廉·汤姆森显然是最佳人选。他被作为人选而提出，但他不想离开格拉斯哥大学，因为他在那里经营了多年，并把那里从一个酒窖开始逐渐建成了一个一流的研究中心。赫尔曼·亥姆霍兹也被邀请过，不过在柏林有一项声望很高的工作等着他，所以他也谢绝了。麦克斯韦是第三位人选。剑桥的权威人士可能认为他很有才气，不过，因为他的奇怪的电磁理论让他们觉得他有点古怪。再说，他
146 虽给学生做过验证性实验，并且还私自做过实验研究，但他毕竟还没有管理一个研究性实验室的直接经验。

尽管如此，在年轻人当中，他却是一个颇受欢迎的人选。J.W. 斯特拉特[1]——后来的瑞利男爵和麦克斯韦在这个职位上的继任者——为了邀请他来说了很多好话。

由于圣安德鲁斯大学的职位悬而未决，麦克斯韦起初并不情愿到剑桥来。但最后他还是被说服了，他的一个条件就是一年之后他可以退休。不过，这个条件并不意味着减少了他应履行的职责。他明白这个职位对剑桥和国人意味着什么，他感到非常激

1. 斯特拉特（瑞利男爵）(John William Strutt，Baron Rayleigh，1842—1919)：英国物理学家，精确测量大气密度和组分，导致惰性气体的发现，获 1904 年诺贝尔物理学奖，1879 年继麦克斯韦之后担任剑桥大学卡文迪许实验室主任。

动。他同时也敏锐地意识到，自己在领导这么大的事业上缺乏经验，一旦发现自己不能够胜任，他是会急流勇退的。一八七一年三月，他被剑桥任命，他和凯瑟琳一起迁往剑桥。

10

第十章

卡文迪许实验室

147

剑桥 1871—1879

麦克斯韦一到剑桥就开始忙碌起来了。第一项任务就是给新实验室大楼拟订一份详细的建设方案。这个阶段的任何错误将会造成极大的浪费，甚至会造成以后无法弥补的损失。为此，他参观了国内最好的大学实验室，包括威廉·汤姆森格拉斯哥的实验室，尽可能地去学习他们的经验。新大楼开始成形了。为了有充足的光线需要高大的窗户、干净的走廊和楼梯井，以备在实验需要时作为后备实验室的空间；还需要一个车间、一个电池房间，以及一个五十英尺高的水塔，以提供足够的水压带动强力真空泵。为了满足这些要求以及许多其他要求，该建筑设计工作交给了建筑师 W.M. 福西特。

麦克斯韦和福西特的工作成果是对他们的才能和判断力的一个极好的见证：一座坚固的、多功能的大楼如期耸立在规划中的地方，显得十分自信，成为现代物理学许多分支的诞生地，为剑桥大学服务了一百年之久。

大楼建筑最低的预算超过事先拨款总金额的 30% 以上，不过德文郡公爵慷慨答应支付这笔费用，还答应为启动实验室购置一些必要的设备。麦克斯韦把自己的仪器设备捐献给了实验室，并且在任期内自己还掏腰包购买了价值几百英镑的新设备。实验 148
室建筑始建于一八七二年，进展虽比较顺利，但对于等待开始实验的人来说似乎慢得令人恼火。工期延误考验着麦克斯韦的耐性，他对刘易斯·坎贝尔说：

> 目前，我整天都在实验室里，这里一片混乱，煤气工人的工作还没有做完，他们是诸神中最懒惰和动作最迟缓的人。

尽管很沮丧，但麦克斯韦这时已完全埋头于这项伟大的事业中，他似乎已经忘记了协议中的那个可以脱身的条款。大楼还未竣工，而讲课就要开始了。他不得不临时为自己讲课找地方。

> 我没有地方放我的椅子，但我就像一只布谷鸟一样到处找地方讲课，第一学期在化学教室里，四旬斋期间在植物学的教室里，复活节在比较解剖学的教室里。

实验工作开始于一八七四年春天。实验大楼起初一直叫德文郡实验室，但在麦克斯韦的建议下，才正式称为卡文迪许实验室，这不仅仅是为了纪念公爵，同时还为了纪念公爵的伟大的叔叔亨利·卡文迪许[1]。亨利·卡文迪许是有史以来最杰出的科学家之一，也是愤世嫉俗者之一。当然，德文郡公爵也非等闲之辈。他在剑桥做学生时和麦克斯韦一样，是数学荣誉学位考试第二名和史密斯奖第一名得奖人。在积极从政多年之后成为剑桥大学的名誉校长。他之所以对新实验室给予资助，是因为他重视和热心科学教育，并痛感英国的教育已远远落后于其他国家。十九世纪七十年代，在公爵的担心得到充分印证之后，他主持了一次皇家委员会会议，建议实施根本性的改革，但他的建议没有人理会。

149 当然又少不了一场就职演讲，这对于麦克斯韦来说已经是第三次了。这一次却闹出了一段滑稽的小插曲。完全是由于误会，一群资深教授去听麦克斯韦第一次给大学生讲的普通课，他们还以为这就是他的正式就职演讲呢！人们不会忘记当时发生的可笑场面：他一本正经地向这群资深教授和学生们解释摄氏温标和华氏温标之间的区别。

在就职演讲中，他阐述了几个主题，这些主题现在已被牢牢地植入他的哲学之中。其中一个主题是强调精确的实验技术对研究是至关重要的，不仅是为了提高实验本身的精确度，而且还要寻找通向科学新领域之路的方法：

> 当代实验的特征主要由测量构成，它是如此之重要，以

1. 亨利·卡文迪许（Henry Cavendish，1731—1810）：英国化学家和物理学家，发现了氢的性质并确定水是氢和氧的化合物。

致有人认为，在今后几年之内，所有重要的物理常数都将被大致地估算出来，科学界人士剩下的唯一工作就是把这些测量值的小数点位置向后移动几位。

……科学史告诉我们，即使在科学处于发展时期，科学不仅努力提高早已熟知量在数值上的精确性，而且也为我们准备了征服新领域的资料。但是，如果只停留在早期开拓者粗略的方法上，那么科学领域将永远处于未知之中。我这里列举从各个科学分支收集来的一些例子，它们表明，认真仔细地测量会得到发现新研究领域以及发展新科学观点的报偿。

在四分之一个世纪之后，麦克斯韦继任者的继任者 J.J. 汤姆森在卡文迪许实验室发现了电子。

另一个主题是针对人们不同的学习方式，他建议要用所有有效的方法来教他们。他先前在英国科学促进会的一次讲话中清晰地表达了这个观点： 150

人是很少满足的，他在做一台计算机器时肯定不会让它发挥最大功能……正如我说过的那样，有些人能继续满意地思考以符号形式表示的量，这些符号的形式只有数学家才能设想。还有一些人对几何形式感到更高兴，这些几何形式是他们画在纸上的，或者是构建在他们面前的空间中。另一些人可能还不会满意，除非他们能够把所有的物理学能量投入

> 到他们想象的场景中。他们知道了行星在太空中运行的速度，因此曾经兴高采烈过。他们计算过天体间的吸引力，因此感觉到自己肌肉用力时的力量。对于他们来讲，动量、能量和质量不只是科学探索结果的抽象表示，还是有威力的词语，能在灵魂深处激发出童年的记忆。[1]
>
> 正因为有这样不同类型的人，科学真理应当用不同的形式描述。不管是采取物理图示这种粗糙而生动的方式，还是采取符号表示这种平淡苍白的形式，都应该认为是同等的。

他在剑桥的就职演说中进一步阐述了这个观点：

> ……在游戏和体育锻炼中，在陆地和水上旅行中，在大气和海洋的暴风雨中，只要有运动的物质存在，我们都可以发现科学最高级别的描述。

他依然对在孩提时代就感受到的整个物理世界着迷。在他看
151 来，正确地学习科学需要充分利用一个人所有的物理直觉和智力，智力包括分析力和想象力。尽管科学是广泛的，也不只是在实验室里所做的那些事情，但实验室在教学和研究中仍然是至关重要的。他希望卡文迪许实验室能够在这两者上达到最高的水平。

在就职演说的结尾，他强调了科学的文化意义：

> 我们承认，对人类的恰当研究对象是人，而科学的研究是从对人的研究中引申出来的，或者得益于每一个高尚的情操。只要人与人之间建立一种理智的交往关系，把自己的一生奉献给真理的发现，这些探索的结果才会深深影响到人的一般语言和思维方式。研究历史的学生和研究人类的学生，往往忘记考虑历史的渊源和这些观点的传播，正是这些观点在世界的一个时代和另一个时代之间产生出巨大的差别。

所有新风险都会招来它们的恶意批评者。麦克斯韦在经营卡文迪许实验室时期饱尝了批评者的中伤。一群人数在逐渐减少但仍然强大的批评者来自学校，他们认为，实验虽然对研究很有必要，但对教学没有任何帮助。在这群批评者当中，一位典型人物是著名的数学教师艾萨克·托德亨特。托德亨特主张，学生所需要的科学真理的唯一来源是老师的讲授，这位老师“或许是个牧师，具有全面的知识、公认的能力和无可责难的品德”。一天下午，麦克斯韦在国王阅兵场碰巧遇见了托德亨特，便邀请他到卡文迪许实验室去观看锥形折射的演示。托德亨特答复说：“不必啦。我一生都在讲授它，我不希望因看到它而扰乱了我的观点！”[2]

另一群批评者是一些好嘲笑挖苦别人的人。甚至受人尊敬的、新发行的《自然》杂志也对卡文迪许实验室的前景表示怀疑。他们认为，如果幸运的话，这个实验室可能要用十年的时间才能达到德国地方大学的水平。

152 尽管有这些使人丧气的预言的干扰，麦克斯韦却毫无困难地就招募到一群有才能的研究人员。这些人放弃了别处提供的好职位，一心一意地来和他一起工作。要是麦克斯韦愿意的话，他本可以很容易让这群人着手研究由他自己的研究而直接得到的课题。但是，这不是他的工作方式。他没有利用这种方式来建立麦克斯韦学派，而是帮助物理学在一个广阔的前沿上发展。他还帮助学生提高他们自身的能力。他相信，如果每个人都能自由地沿着自己的研究方向发展，结果将是最理想的。不过，他之所以这样做或许还有另外一个原因。对于卡文迪许实验室来说，尽早获得成功对确立它的声望是首要的，而由麦克斯韦电磁理论所提出的各种研究都太难了，实现这个目标太冒险。

麦克斯韦给入门者的课题很有趣，且又不使人畏缩。从课题研究的起步到整个研究过程，他都保持着长辈般的关注。他的一些学生已经是富有经验的研究人员了，只要他们需要，他就会为他们建议一个课题。但是，如果某人想坚持做某个课题，他会鼓励他继续做下去。正如我们已经了解的那样，他作为教师的才能是有限的，然而，在实验室里作为一名指导老师，他的确很有灵感。这位有史以来最伟大的科学家的建议，是以不乏慷慨和幽默的方式而提出来的。所以，他的学生都很爱戴他。

实验室研究的项目主要包括对基本物理量进行高精度的测量。这项工作虽不引人注意，却很重要。电学和磁学在一些基础领域仍然需要实验来巩固。例如，欧姆定律——电路的基本定律——从来没有被实验严格地验证过，现在引起了怀疑。值得怀疑的问题是，在确定的条件下，给定导线的电阻（电压与电流之比）对于任一电流值是否会是一样的。来自阿伯丁的学生乔治·克里斯托尔承担了这项研究任务，他很快就面临一个问题：已知电阻是随温度而变化的，而且流过导线的电流越大，导线就会越热。他很大胆，找到一个补偿温度效应的办法，使他可以在 153
很大的电流范围内——最小的电流几乎无法测量，最大的电流足以使导线红热——进行测量。但做这项工作必须极其小心。他用了五个月的时间，最终证实了欧姆定律。在电流的整个变化范围内，他的导线样品的电阻变化不超过 10-12。

卡文迪许实验室没有在一夜之间就消除人们对它的批评。一些人不合情理地期望实验室立刻就出成果，于是不可避免地产生了抱怨。不过，随着实验室开始不断产生有价值的成果，怀疑者的声音就逐渐烟消火熄了。卡文迪许实验室正在逐步成为一个国家研究机构。

比起早期的研究成果来讲，卡文迪许实验室给人印象更深刻的是培养研究人员才能的方式。许多研究人员后来到各地都做出了杰出的成绩，这些麦克斯韦的学生有：理查德·格莱斯布鲁克成了国家物理实验室的铸造部主任；威廉·纳皮尔·萧在英国创立了气象学专业；詹姆斯·布彻成为一名成功的律师，英国下议院议员，被授予丹斯福特勋爵；唐纳德·麦卡阿利斯特成为普通医学委员会的主席，格拉斯哥大学的校长。麦克斯韦的学生还有一大批在其他大学任教授，其中有发明了热阴极电子管的安布罗斯·弗莱明，以及 J.H. 坡印廷——提出了以他名字命名的矢量[1]。

麦克斯韦的工作一直非常紧张。一八七四年，德文郡公爵转交给他一大堆未发表的电学实验资料，这些是由公爵伟大的叔叔亨利·卡文迪许在1771—1781年间做的实验记录手稿，公爵还建议他考虑将这些手稿编辑出版。他在实验室和其他事务上已经忙得不可开交，同时还需要时间去从事自己的研究。但是，在浏览过这些手稿以后，他被卡文迪许手稿的高深、独创和说服力所
154 折服了。手稿记录了一些最出色的实验，还包括一些重大的发现，而这些发现一直以来却被归功于别人。对他来说，科学事实如果不知道是怎么被发现的，那么它们就不是完整的。发现的过程和结果一样令人感兴趣。科学史至少和政治史一样重要，而且需要完善。于是，他决定亲自承担编辑文集这项艰巨的任务。在给威廉·汤姆森的一封信中，他把这件事描述为肩扛着手稿“走在跳板上”。

麦克斯韦的大多数传记作家都为他感到惋惜，因为他在最后的几年里把大量的时间用在做这项工作上了，而不是从事他自己的学术研究。从长远观点看来，这的确是一个令人遗憾的决定。然而，麦克斯韦本人当时并不知道他只能活五年。他关于电磁学和气体理论的思想还在发展，并且确实暂时把它们存放到大脑里储存着，以后再“清楚地倾泻而出”。无论如何，我们也许可以

1. 坡印廷矢量在无线电通信行业中大量使用，它表示电磁波每单位面积流过的能量。——作者注

通过他自己的格言来评价他的决定："老想着你曾经是个小伙子是没有用的。"他做了他想做的事情，因为他是一个真正无私而又高尚的人。

与麦克斯韦形成鲜明对照的是，亨利·卡文迪许的确是一个脾气最坏的吝啬鬼。他过着隐遁者的生活，只因为偶尔参加科学会议才出门。他和家里的仆人通过写短信交流。如果哪位女仆敢擅自出现在他面前，那么她就会立即被解雇。一位熟悉他的人说："他在一生中所说的话可能比任何活到八十岁的人所说的话都少，除了 La Trappe 的修道士之外。"[3] 但是，他的科学工作是令人钦佩的，开始他和父亲一起做，后来又独自继续做了许多年。他有时也发表他的研究结果，但多数时候是不发表的。他从来不记得自己发表了什么，自己没有发表什么。由于参考自己早先未发表的研究结果，读者们都被他弄得糊里糊涂。他的天才体现在他凭借粗制的仪器进行了令人惊讶的精确实验，而这些仪器设计精妙、测量准确。他在一个著名的实验中发现水是一种化合物，而不是一种元素。他在另一个著名实验中测量了地球的密 155
度，离真实值不超过 2%。然而，他几乎没有发表任何有关电的研究工作，这样大量的研究手稿在麦克斯韦看到它们之前大约存放了一百年。

卡文迪许的电学实验是一场革命。卡文迪许在电学实验中最杰出的成果之一，是他比库仑更有效地证明了电荷间作用力的平方反比定律，但这个定律是以在他之后的库仑的名字命名的。他还比欧姆早五十年就发现了欧姆定律，而当时电池组和电流计还只是哥特式小说中想象的东西。他给一个电存储装置充电，然后把它和一个有两个端口的电路相连，再用两只手分别捏住电路的两个端口，于是储存的电就通过他的身体而放电，最后记录下当他感到被电击时他的手臂离地有多高。他的忠实的仆人理查德（Richard）接着替换他，而他则记录下理查德的反应。这个过程用不同的电路反复进行，每一次都通过电击的程度来测量电流。

不过，这个实验也并不像听到的那么可怕。麦克斯韦在卡文迪许实验室重做了这个实验。他发现，划船人长茧的手比其他学生的手具有更大的电阻。一天，一位尊贵的美国人来看望麦克斯韦，他惊讶地发现这个卷起袖子的伟人正准备给自己接上电源线。当麦克斯韦邀请他也来试一试时，来访者惊恐地离开了，他还说："如果一个英国科学家来到美国，我们不会这样对待他。"[4]

亨利·卡文迪许研究工作的记录分几个部分交给了出版商。麦克斯韦费了好大劲写了一篇有趣而又准确的介绍。他一丝不苟地核查每个细节，例如，一七七一年在皇家学会的建筑里是否有一个花园。这部著作最终在一八七九年出版，麦克斯韦在几个星期之后就离开了人世。[5]

麦克斯韦承担的另一个重要任务就是同 T.H. 赫胥黎一道担
156 任《大英百科全书》第九版的编辑工作。就像他从事卡文迪许文集的整理一样，他做这项工作也是出于爱心。他坚信对科学进行高水准的通俗介绍是很有价值的。他还亲自给百科全书写了多篇文章，也给《自然》等杂志写了一些科普文章。他还写过多篇论文，为许多书写过书评。评论好的著作是一件愉快的事情，不过，在必要时他也会严厉批评不太好的书籍。

其中一个例子就是《实用物理、分子物理学与声学》（*Practical Physics, Molecular Physics and Sound*）这本书，作者是肯辛顿科学师范学院物理学教授弗雷德里克·格思里。麦克斯韦认为，格思里介绍给读者的尽是些空洞的科学行话，因此给读者带来了危害。他把一篇尖锐的批判文章寄给了《自然》杂志。[6]不过，他对格思里又有些抱歉，因为格思里虽然误入歧途，但毕竟尽了全力，而且受到像麦克斯韦这样重量级人物的公开抨击是一件丢脸的事情。三个星期之后，《自然》杂志发表了格思里写来的一封非常愉快的信："某位好心的朋友寄给我一份复制件，其中与作者先前的意思显然不同。其中满含着的令人欣赏的幽默以及神秘的宽恕的爱心，暗示作者就是麦克斯韦教授本人。"接下来是一首诗：

或许出于对学术的责任
担忧！这使你
写下你最后的雄辩，
如此专注，尽心！

或者是对精神大餐
消化不良，
徒劳地试图解决某个

麦克斯韦的热学问题。

或许是思维发散
在空间翱翔，
与另一思想
发生碰撞。

157 然而，错误严重，
我们已经把它们列出。
到什么地方才能找到，
这样一种丑陋的手法。

如果它是引导你的“妖精”，
你就不要感谢它，
但是要抓住它，
鞭策它前进。

用信封回信，简直有点不值得，
不要对错误还说谢谢。
如果老弟要修订的话，
请特别注意以上意见。

你已得到了一个新实验室，

还有那武装到牙齿的装备。
真有一种莫名的嫉妒啊，
一切都是枉然。

一只养得很好的狗，你自己一定感觉到，
它却很少吠叫。
继续做你的事情吧，
继续前进。

对这场奇怪而又可爱的小喜剧的唯一合理解释是，麦克斯韦通过这首诗既表达了对格思里的同行般的友情，同时又通过自我搞笑来缓和紧张气氛。格思里可能立刻就能猜到这首诗是谁写的，麦克斯韦含蓄地邀请格思里作为计谋的合谋者，把它寄到《自然》杂志，而他则假装不知情。每个人都会识破这个计谋，但都把它看作是一个笑话的一部分而已。

说到该怎么给学生写书，麦克斯韦的观点清晰地体现在一本珍贵的小书《物质和运动》(*Matter and Motion*)当中。该书出版于一八七七年，阐述了动力学的基础。书是用简洁、非专业术语 158
写的，学过一点中学数学的人都可以理解。然而，该书绝不是为弱智的读者而写的，它要求读者去思考问题。该书的目标是有助于正确理解，而不是针对如何通过考试，或者提供在宴会上炫耀的谈资。该书体现了麦克斯韦的风格，就像麦克斯韦在他的伟大理论中所体现的那样。

麦克斯韦把大量的时间都花在与出版商打交道上：反复修改清样几乎成了每天的工作。出版商就像推销员一样，很少有人是有耐心的。麦克斯韦很是抱怨他们的小气。他们的准则似乎是“事半功倍”。

在剑桥，他习惯与人交谈，珍视同事的友情。只要时间允许，他就会去参加一个小规模的随笔俱乐部，该俱乐部很像他做学生时的“使徒”俱乐部。随笔俱乐部由中年教授和指导老师构成。他喜欢自由讨论，并提交了几篇哲理性的文章。在其中的一篇文章中，他批驳了当时普遍持有的一种观点：科学定律意味着一个机械决定论的宇宙，在这个宇宙里未来是可以预言的。他在文章中还提出了一种关于混沌理论基础的陈述，数学家在一百年之后才开始逐渐发展混沌理论：

> 当事物当前状态的无穷小变化只能让其未来某个状态改变无穷小时，那么，不论是静止还是运动，系统的状况都被认为是稳定的；但是，如果当前状态的一个无穷小变化可以在一个非无限小时间内给系统的状态带来非无限小变化，那么，系统的状况就被认为是不稳定的。
>
> 显然，如果我们对目前状态的了解只是近似的或者说不准确的，那么，不稳定条件的存在就会使我们不可能预言未来事件。[7]

这就是对今天的天气预报员所面临的问题的一个确切描述。159

麦克斯韦的同事绝不怀疑麦克斯韦是他们中间的一位佼佼者。刘易斯·坎贝尔给我们描述了麦克斯韦给他们留下的印象：

> 麦克斯韦社交的一大魅力是，他愿意与熟人讨论任何话题，尽管他在被介绍给陌生人时总是表现出某种程度的害羞。对于谈论儿童玩空竹时的欢笑及其类似的话题，他总是像孩子一样兴高采烈，而且从不疲倦。任何一位与他交谈了五分钟的人，都会得到一些全新的想法。他的一些想法是如此令人吃惊，结果会使听众感到非常困惑，但是在困惑之余会得到一个深思熟虑的审视。

麦克斯韦从来不会放过任何开玩笑的机会。他所开的玩笑有时候也遭到了回应。坎贝尔曾告诉我们：

> 有一次，在去除热水壶里呈奇怪形状沉积的碳酸钙沉淀物后，麦克斯韦把沉淀物送到一位地质学教授那里，请求他确认沉淀物的成分。为了给他从事的学科遭到兄弟学科教授玩笑般的贬低而辩护，这位教授立刻照做了。

当他的同事中有一位教授受到一幅肖像画的奖励（画肖像的任务过去一直是由受大众欢迎的艺术家洛斯·迪金森来承担）时，麦克斯韦就准备好一首诗去参加画像揭幕式。画像中的人物

是伟大的数学家亚瑟·凯利，他曾创建了矩阵理论和任意维数的几何学。和往常一样，麦克斯韦在诗中抒发了对凯利真心而又热
160 情的称赞，同时又开起了玩笑：

啊，在狭窄的空间中人们是多么可怜，
你能给予他什么荣耀，
他的心思又有谁能明白？
他所发明的符号是对他最好的赞扬，
使他达到了柳暗花明的境地，
得到了从未有过的战利品。
……
符号的主人迈着大步前进吧，
直到迈入时空的尽头！
迪金森，你却使他稍息，
使我们在二维空间中摸虾。
低俗的空间装不下他的思维，
n 维空间却使它鲜花怒放。[8]

在剑桥，麦克斯韦的个人影响远远超出了他所在的部门。许多数学家在工作中利用了他的思想和建议。实验室由于强调理论和实际相结合，最初对新实验室怀有敌意的那些人，最终因麦克斯韦的亲和力和慷慨大度而完全消除了敌意。剑桥的科学步入了一个新时代。

麦克斯韦的影响也不局限于剑桥、英国，乃至欧洲。他总是尽力去鼓励年轻的科学家，无论距离多远的天才他都能发现。在他帮助过的人当中，有杰出的美国人约西亚·威拉德·吉布斯和亨利·罗兰[1]，他们本国的人很晚才承认他们的才能。他帮助罗兰的方式尤其独特。

罗兰在二十岁出头时就首先发现了与欧姆定律极为类似的磁学定律，但他的研究成果被《美国科学杂志》多次拒绝。一气之下，他就把论文寄给了在大西洋彼岸的麦克斯韦。麦克斯韦立刻看出了这篇论文的价值，并将它发表在了《哲学杂志》上，同
时还回了一封祝贺加建议的信。当罗兰向巴尔的摩新建成的约 161
翰斯·霍普斯金大学申请教授职位时，罗兰让校长看了他和麦克斯韦的通信，这位校长认为它“比一大堆推荐信更有价值”，于是给了他那个职位。当听说罗兰那个夏天要来欧洲进行工作访问时，麦克斯韦就邀请他访问格伦莱尔。他们在那里研究用一个实验来证明，移动的电荷能够像导线中的电流那样产生磁效应。第二年，当时待在柏林大学的罗兰来到威严的亥姆霍兹跟前，请求在他一流的实验室里腾出地方来做这个实验。亥姆霍兹不同意，因为他们正忙于进行一项高质量的研究。不过，麦克斯韦的关心又一次成为最有力的介绍信，大教授决定给这个美国年轻人一间地下室。这个具有挑战性的实验使用了一个快速旋转的硬橡胶

1. 罗兰（Henry Rowland，1848—1901）：美国物理学家，他做的实验在证实运动介质的麦克斯韦方程方面起了重要作用。

盘、一束光和一面精确悬挂的镜子。实验很成功，麦克斯韦为他年轻的朋友而高兴，并以一首诗来庆祝这次辉煌的成就：

橡胶圆盘从来没有被转动过，
即使转动也是白搭。
特洛伊的罗兰，勇敢的骑士，
你居然使电荷运动而形成电流，
它们使小磁针指向了北方。

罗兰爵士再次登场亮相了，
从特洛伊来到了巴尔的摩，
又在柏林先稍息片刻，大魔法师在那里啊。
他再次探究，
使自己成了
教授的接班人。

你曾经使那个圆盘再次快速转动过吗？
如果跟着罗兰，你会的。
在繁忙的巴尔的摩，
他又在大脑里孕育着许多新生儿。

罗兰的名字和查理曼大帝[1]的传说间的联系，以及罗兰来自 162
特洛伊（在纽约州）的事实，大概足以使麦克斯韦觉得好笑。天晓得罗兰是怎么理解的，但麦克斯韦的幽默给罗兰带来了应得的名声，使罗兰成了美国著名的物理学家。不过，罗兰从未摆脱过“巴尔的摩勇敢骑士”的称号。

虽然麦克斯韦自己不是一位多产的技术器件发明家，但他非常仰慕发明家，例如，查尔斯·惠斯通、威廉·汤姆森、戴维·休斯、托马斯·爱迪生[2]和亚历山大·格雷厄姆·贝尔[3]。一八七八年，当他被邀请做一次科普演讲时，他选择了论述当时的技术奇迹——贝尔发明的电话。他以特有的异想天开的方式，把电话描绘为不同学科相互交织的一个标志。其中的一门学科就是演讲的学问，这是格雷厄姆·贝尔的父亲亚历山大·亚梅尔维尔·贝尔的专业。麦克斯韦以浓厚的加洛韦口音在致辞中谈到了老一辈的贝尔：

> ……他把一生都奉献给了教人如何讲话。他使这门艺术如此完美，虽然他是一个苏格兰人，但他自己只用六个月就学会了说英语。非常遗憾，当我在爱丁堡有机会的时候，我

---

1. 查理曼大帝（Charlemagne，768—814 年在位）：法兰克国王，是罗马灭亡后西欧第一个帝国的创始人，在艾克斯拉沙佩勒的宫廷成为欧洲文化复兴的中心。
2. 爱迪生（Thomas Alva Edison, 1847—1931）：美国发明家。
3. 格雷厄姆·贝尔（Alexander Graham Bell, 1847—1922）：生于苏格兰的美国科学家，电话发明者。

没有去上他开的课。

繁重的新职责自然减少了麦克斯韦创造性成果的数量，但质量并没有降低。他的智力和独创性仍然没有减弱。

继牛顿的《原理》之后，麦克斯韦的《电磁通论》很可能是物理学史上最有名的著作。[9] 该著作在一八七三年出版后，一直被连续不断地用到今天。在一千页清楚书写的正文和计算中，包括了已知的电和磁的一切知识，一直是这一学科大部分研究的源泉。乍看起来，它像是一本教科书，大多数的现代教科书确实基
163 本上是由它而来，但清晰度不能与之相比。如果你仔细阅读下去，你就会发现它是一本很有趣的书。有时候，麦克斯韦带你沿着一条小径来到某一点，如果你愿意继续下去的话，他又会带你返回到起点，然后再沿着一条新的路径到达第一条路径所不能达到的地方。这本书当然不是一本地图册，而是一本探险家的报告。他不仅是为别人，也是为自己写了这本书：巩固他的知识，也为进一步探险打好基础。他在去世前还对《电磁通论》做了大量的修改。

在《电磁通论》中，麦克斯韦根据他的电磁理论做了一个重大的新预言——电磁波产生辐射压力。他根据太阳的光强计算出，地球表面上的光压大约是 4 英磅 / 平方英里，相当于 7 克 / 公顷。这是一个极小的数值，在日常生活中无法觉察到，因此检测它就向实验者提出了一个挑战。一九〇〇年，俄国物理学家

彼得·列别捷夫[1]最先获得了成功，从而证实了麦克斯韦的预言。辐射压虽然很小，却是宇宙形成的因素之一。如果没有它，就不会有像太阳这样的恒星。正是恒星内部的辐射压阻止它们在自身引力作用下坍塌。麦克斯韦的发现，也有助于解释迷惑了天文学家多少世纪的一个现象——为什么彗尾朝着背离太阳的方向延伸。[10]

麦克斯韦在《电磁通论》中还扩展了他的电磁理论，只要有可能都会给出实际的应用。例如，他解释了修正铁船上罗盘读数应遵循的法则，在英国海军部的手册上还提到了这个法则。他把四元数符号引入电磁场方程，使方程看起来很像我们用现代矢量符号得到的方程。不过考虑到简洁的新四元数形式对大部分读者还很陌生，他也给出旧的笛卡尔（x, y, z）形式的电磁场方程。他这样做了，其结果是用完了英文字母和所有罗马和希腊字母。对于新变量，他采用了哥特式花体罗马字母，于是《电磁通论》中的四元数方程呈现出一种怪异的瓦格纳风格。

在一八六八年和一八七二年，麦克斯韦的热情追随者路德维 164
希·玻尔兹曼发表了两篇高质量的气体理论论文。他采用麦克斯韦气体分子速度分布的思想，得到了一个更加普遍的气体能量分布定律，现在称为麦克斯韦－玻尔兹曼分布。他还推广了麦克斯韦的能量均分定理，指出，不但在线性和旋转运动模式间，而且

1. 列别捷夫（Pyotr Nikolayevitch Lebedev，1866—1912）：俄国物理学家，在实验上证明了光对固体和气体的压力，这是光的电磁理论的直接证明。

在所有独立运动分量中，能量都应该是平均分配的。

麦克斯韦曾经启发了玻尔兹曼，现在反过来他又受到玻尔兹曼的启发。新的结果好极了，不过麦克斯韦发现玻尔兹曼的论文写得太长了，于是，他在《自然》杂志上发表了题为《论玻尔兹曼的质点系能量均分定理》的论文，用一页的篇幅重新推导了玻尔兹曼的主要结果。这篇著作远远超出其他著作，为玻尔兹曼和其他人发展统计力学奠定了基础。统计力学是一门既深奥而又实用的学科，物理学家可以利用它根据分子的整体行为来解释物质的性质。麦克斯韦用一种有效的新方法推导出速度和能量分布，这个分布得到了一个副产品——能量均分定理。论文中的一个关键思想后来被称为系综平均法，在这种方法中，被研究的实际系统被一个统计上等效的、更容易分析的系综所代替。通过高等数学分析，他从理论就直接得到一个实际的应用：气体混合物可以用离心机分离。多年以后，这成为一种标准的商业技术。

还有一个严重的问题没有解决，这就是空气定压比热和定容比热之比，麦克斯韦和玻尔兹曼理论的预言值与实验的测量值不同。[11] 事实上，这种情况变得越来越糟糕。由基尔霍夫和本生[1]发展起来的光谱学新技术表明，气体分子可以振动也可以旋转。如果考虑这个效应，由理论预言的比热之比与观测数值相差更大。

1. 本生（Robert Wilhelm Bunsen，1811—1899）：德国化学家，是光谱分析领域的先驱，与人合作发现了铯和铷两种元素，1855 年发明了本生灯。

麦克斯韦无法解释这个差异，对玻尔兹曼的各种巧妙尝试也不信服。他在《自然》杂志上总结了这一情况，并断定，“对分子碰撞的物理理论做完整描述的某些最基本的东西，很可能至今都超出了我们的理解范围”，当时唯一能做的事就是采取“完全有意忽略的态度，这是每个科学重大进展的前奏”。 165

他和往常一样又是对的。这个问题的正确解释来自五十年后的量子理论。根据能量均分定理，麦克斯韦和玻尔兹曼的理论认为，在数十亿的分子碰撞过程中，动能在线性运动、旋转运动和振动等所有不同形式的运动中交换，所以一切都是连续的。假如能量是无限可分的，那么气体也可能会是这样的。然而，我们现在知道，能量只能以分立的小包，或者说以量子来交换。对于每种运动形式，量子的大小不同，而振动量子是最大的。在非常热的空气中，多数分子的碰撞很激烈，足以提供使氮气和氧气分子发生振动所需的能量量子。但是，在较低的温度下，绝大多数分子的碰撞很微弱，因此不能提供振动能量量子，于是振动形式被“冻结”在交换之外，故对比热不起作用。同样，旋转形式在较低的温度下也被排挤了。综上所述，这个定压比热和定容比热之比依赖于一系列复杂的相互作用因素，而不会决定于麦克斯韦和玻尔兹曼曾用过的那个简单公式。

一八七四年，威廉·克鲁克斯[1]因为他的“辐射计”而轰动

1. 克鲁克斯（William Crookes，1832—1919）：英国化学家和物理学家，发现了铊元素，发明了微辐射探测仪。

一时。辐射计是一种就像玩具一样的装置，工作起来像变魔法似的。一个叶轮装在玻璃管中，叶轮的每块叶片的一面涂银白色，而另一面涂黑色，管子中的绝大部分空气已被抽出去了。当这个装置暴露在阳光下或者热辐射中时，叶轮就会转动起来。大众和科学家都被它迷住了。但是，没有一个人能够解释它为什么会转动。

当弄清楚麦克斯韦的辐射压并不是驱动叶轮的主要原因时，
166 神秘感越发增加了：作用在叶片上的力太大了，而且转动方向也不对！各地的科学家纷纷制作了各自的辐射计，并对设计做种种的改变以期寻找线索。与此同时，出现了各种各样猜测性的理论，但第一个真正的突破是由麦克斯韦的朋友泰特和他的同事詹姆斯·杜瓦[1]（他发现了铊元素，[2]后来又发明了杜瓦瓶）做出的。克鲁克斯以前将玻璃管里的空气尽可能地抽空，而泰特和杜瓦却发现，辐射计的效应依赖于剩下的少量空气。然而，仍然没有人知道剩余微量的稀薄空气是怎么驱动叶轮的。

麦克斯韦开始进入这个领域。他应用他的气体分子运动论来解释，不过最初得到的只是一个看似极好的证据，即管中的气体很快会达到一个稳定的温度分布，因此再没有任何合力作用在叶轮上了。接着，他认识到，气体一定是作用在叶片的边缘上，而这个部分一直被忽视了。气体从热的一面（涂黑的）向冷的一面

---

1. 詹姆斯·杜瓦（James Dewar，1842—1923）：苏格兰化学家和物理学家，研究气体的液析和物质在超低温下的特性，和他人一起发明了无烟火药。
2. 原文有误，铊元素的发现者是克鲁克斯而非杜瓦。——译者注

（涂银白色的）会沿着叶片对流，而且是沿着叶片边缘流动，气体分子在边缘处会对叶轮表面产生作用，把它们的一些动量传递给叶轮。在气压非常低的情况下，这些“狭长的”气流会起主要作用。

麦克斯韦把这些发现以一种更普通的讨论方式写了一篇论文，投给皇家学会，论文题目是《论由温度不均引起的稀薄气体中的应力》。他提出用狭长的气流效应来解释叶轮运动，但没有给出计算公式。事情发展到这一步似乎就可以了结了，然而，威廉·汤姆森在审阅了这篇论文后，提醒麦克斯韦去试着量化这个效应。麦克斯韦于是又提出了一个非常简单而又有用的著名公式。根据麦克斯韦的假设，气体分子一小部分 f 被表面吸收，然后又被蒸发，而剩余部分（1—f）被反射。f 的大小取决于气体的种类和叶片表面的形状。麦克斯韦把这个结果以及其他结果发表在这篇论文的一个附录中。这是他发表的最后的著作，因为将要夺取他生命的疾病这时正向他袭来。

后来的情况表明，麦克斯韦的论文并没有解开辐射计之谜。167
然而，它有更深远意义的贡献：开创了对稀薄气体动力学这门学科的研究。我们关于大气上层的知识，以及气体表面效应研究领域的开拓，都基于稀薄气体动力学。

对克鲁克斯辐射计秘密的探究所做出的发现和进展，与它内在的价值不成比例。最大的收益结果还是克鲁克斯本人对真空泵构造的改进。真空泵能够产生和维持很低的气体密度，这使人们有可能在十九世纪后期和二十世纪初期做出许多发现，其中包括电子的发现。

在著作《以太的守护神》（*The Demon in the Aether*）一书中，马丁·戈德曼歪曲地讲述了辐射计的故事。对这个谜的决定性解答，是由西德尼·查普曼和托马斯·乔治·克罗林在二十世纪二十年代给出的。他们指出，有个力作用在叶片上，即使微弱气流效应不存在，该力也足以能使叶轮转动。麦克斯韦在他最初的方程中做了一个不正确的简化，使得他关于辐射计的推断不正确，但是更一般的结果还是对的。具有讽刺意味的是，假如麦克斯韦没有犯这个错，他可能就完全忽略了微弱气流效应，那么他初创的“f”公式就必须等着另一个发明者了。

正当麦克斯韦在写这篇论文的时候，皇家学会的秘书乔治·盖布里埃尔·斯托克斯要他审阅奥斯本·雷诺[1]写的一篇论文，该论文讨论了相同的一些问题。这是一件难堪的事情，好在他们各自的论文的主要内容不同。麦克斯韦认为，他应该公正地审阅雷诺的文章，但也不能隐瞒自己的观点。雷诺的论文有一些错误，但麦克斯韦认为其结论大部分是正确的。他建议“在作者有机会对它做一定的修改之后”，论文可以发表。麦克斯韦在完成审稿工作后完成了自己的论文，并在文中还对雷诺表示了称赞。与此同时，雷诺的论文被另一个审稿人威廉·汤姆森给耽误了，汤姆森对它的批评非常严厉。在看到麦克斯韦的论文先自己

1. 雷诺（Osborne Reynolds, 1842—1912）：英国工程学者，在水力学、气体力学及其应用方面曾做出卓越贡献，后人以其姓氏命名雷诺数。

的论文发表时，雷诺怒气冲冲。在他看来，伟大的麦克斯韦做了有违职业道德的事情，他还愤怒地向斯托克斯提出抱怨。他的这封信受到斯托克斯严厉的批评。斯托克斯是麦克斯韦的好朋友，此时他已处在病危状态，他指责了雷诺的粗鲁行为。这只会再次激起雷诺的怨恨。假如麦克斯韦可以活得更久一点的话，他是可能会想办法去处理好这件不愉快的事情的。但事实上，雷诺可能是唯一曾对麦克斯韦怀有怨恨的人。雷诺后来又在流体理论方面做出了卓越的成绩，人们为纪念他命名了雷诺数。当流体流动由平缓变为湍急时，雷诺数起着决定作用。 168

麦克斯韦住在剑桥嘎嘎响的平房里，这里离实验室还有一小段路。虽然这里的环境与肯辛顿的相似，但他的家庭生活与十年前在肯辛顿的生活大不相同了。由于麦克斯韦在附近有了全新的实验室，所以他的家庭实验室就没有了。他工作的负担更加沉重，他们夫妇每天下午不能再骑马了。还有一个变化就是凯瑟琳开始患病。她的身体总是很虚弱，常常需要护理。麦克斯韦经常一边写作，一边照看她。他曾经一次有三个星期没有上床睡觉，而是睡在凯瑟琳旁边的椅子上，但白天他仍然以往常的精力去工作。或许因为凯瑟琳的病因一直没搞清楚，她似乎并不太欢迎麦克斯韦的同事，因此一些同事也不喜欢她。为了减少她和同事之间的不快，麦克斯韦有时候就在实验室处理事务，这可能比在家里端着一杯茶更适意。

我们对凯瑟琳直接的了解很少，不过，她在麦克斯韦的仰慕者中得到了一个“难以相处的”女人的名声。不利于她的一些说法，源自泰特夫人以及麦克斯韦的一些女性亲戚。他的堂姐杰迈玛·布莱克本回忆说，凯瑟琳“既不漂亮，也不健康，还不热情”，并且还有“嫉妒和猜疑的天性”。

但是，二十世纪的作者也许提出了太多这样的批评。泰特夫
169 人不是最可信的见证人。她曾说凯瑟琳试图阻止麦克斯韦从事科学研究工作，这显然是胡说。堂姐杰迈玛把凯瑟琳捏造得有点儿无情：当她的外甥、忠实的朋友科林·麦肯色一八八一年去世时，她不让她的家人去参加葬礼，因为有谣传说科林曾卷入到某些丑闻当中。科林也是麦克斯韦家族的一位好朋友，在我们的故事中还会扮演角色。对于麦克斯韦家族与科林的持续友谊，以及与经常访问格伦莱尔的表弟威廉·凯、查尔斯·凯的持续友谊，凯瑟琳肯定不是一个障碍。他们相互尊敬的一个有力证据是，凯瑟琳用查尔斯的名字给她的小马命名。[12]

不管凯瑟琳是否应得到这样的名声，不过，他们夫妇的婚姻的确曾有过紧张期。不过同样很清楚的是，他们彼此相互忠诚，而且在精神上高度统一，他们总是彼此分享他们内心最深处的想法，麦克斯韦一直把凯瑟琳的幸福放在自己的首位。

他们每年大约有四个月是在格伦莱尔度过的。这使麦克斯韦有机会了解当地的发展状况，履行作为地主和当地领头人物的责任。骑马仍然是他们最喜欢的锻炼。刘易斯·坎贝尔记录了麦克斯韦的一位邻居的回忆：

> 弗格森（Ferguson）先生记得，一八七四年他骑在一匹

> 新买来的黑马迪吉（Dizzy）上，这匹马被先前的主人认为是个令人失望的家伙。为了逗乐在Kilquhanity的孩子们，他“骑马转圈”，向空中抛马鞭然后又接住马鞭，让马越过障碍，等等。

格伦莱尔当地的问题总是最先引起他的关注。正是在这个时期，他与只关心经济实惠的地方教育董事会展开了长期的斗争，因为他们要关闭在麦克兰德（Merkland）的学校，不过他最终失败了。他在他家花园门口的墙上装了一个邮箱，邮递员经常要忙着先取出待寄走的邮件，然后又装满新寄来的邮件。他的论文和文章大多是在格伦莱尔写的。他还与假期在卡文迪许工作的人员保持着联系，给实验提出建议。

随着十九世纪七十年代末的到来，麦克斯韦有理由为卡文 170
迪许的进展而高兴。他并没有刻意要在卡文迪许实验室谋求职位，但卡文迪许实验室已成为他生命中的一个重要部分。他为年轻研究人员的工作感到无比骄傲。这个实验室使怀疑论者感到惊讶，也使剑桥增加了对科学研究的巨大兴趣。他自己的理论思想还在不断地发展，一旦完成整理并出版卡文迪许文集的这项艰巨任务，他就会有更多的时间努力去钻研它们。他享受着工作与兴趣多样性的平衡：城镇和乡村，科学和人，实验和数学。对物理世界里各种文物的好奇心仍然是那么强烈。当他还是个孩子的时候，这份好奇心曾驱使他连珠炮似的询问宽容的父母：“为什么会是这样子的？”磨炼提高了他的才能，增强了他的判断力，他饱满的精神或者热情丝毫也没有减少。然而，曾缩短他母亲生命的疾病又向他袭来了。十九世纪八十年代本应该是个他丰收的年代，然而，他却没能活到这个丰收的年代。

11

第十一章

最后的日子

171 一八七七年春，麦克斯韦患上了胃病，他发现小苏打可以减轻痛苦。一年半后，他又继续回到实验室上班了，讲课，写论文、文章和评论，工作热情与活力依然未减。同时，他考虑更多的是凯瑟琳的健康，而不是他自己的。那时，朋友和同事已注意到，他的步伐不像以前那样轻快有力了，他的双眼也失去了以前的光彩。小苏打对医治胃痛已经越来越没有效果，他开始出现吞咽困难。他以工作劳累为借口，推掉了 T.H. 赫胥黎主编的《英国科学名人》的约稿，这是很不寻常的。一八七九年四月，他在给家庭医生写信报告凯瑟琳情况的时候，提到了自己的病症。家庭医生建议他用牛奶代替肉类。他继续去讲课，同时还去实验室做指导，不过每天在那里只能够待一小会儿了。

他和凯瑟琳在六月照常回到格伦莱尔。到了九月，剧烈的病痛开始折磨着他，然而，他仍然坚持接受了事先商定好的威廉·加尼特及其妻子的访问。加尼特是卡文迪许的实验演示员。[1] 加尼特对麦克斯韦外表的变化感到恐慌，同时由衷钦佩他仍然为家人做晚祷以及对客人给予照顾。麦克斯韦向他们述说了自己童年的难忘经历：椭圆曲线，堂姐杰迈玛的水彩画，救过他祖父生命的风笛。
他陪加尼特夫妇在庄园四周散步，他们走到河边，他指出哪里是 172
垫脚石曾经所在的位置，哪里是他过去常用旧洗衣盆洗澡和划船的地方。这是几周以来他进行的最长的散步了。那天下午，当加尼特夫妇驾乘马车去游玩时，他不能再陪他们了，因为马车的颠簸会引起他不堪忍受的疼痛。

他回忆起母亲曾患过的病痛，想必已完全肯定自己患了同样的病。为了得到权威性的诊断，麦克斯韦夫妇请来爱丁堡的桑德斯教授。桑德斯于十月二日到达格伦莱尔，发现麦克斯韦已处于腹部癌症的晚期。桑德斯告诉麦克斯韦，他大约还能活一个月。桑德斯强烈要求麦克斯韦去剑桥，那里的佩吉特医生会减轻他的疼痛，使他在生命最后的几周里尽可能减少病痛，这既是为了他自己，也是为了凯瑟琳。幸运的是，凯瑟琳自身的病情有所缓解，她能够负责行李和安排旅程。

麦克斯韦十月八日到达剑桥，他虚弱得几乎不能从火车转移到马车上了。在佩吉特医生的护理下，他的疼痛缓解了不少，有几个星期显得稍微好些。他恢复的消息传开了，他的一些朋友甚至觉得他会有复原的一线希望。但是，他的体力在渐渐下降，每个人都很清楚他快要去世了。

佩吉特医生后来描述了当时的情形：

> 他身体一直不好，这一次病得很重，面临着死亡。他冷静的头脑一直没有被病痛扰乱过。在返回剑桥后，他的疼痛

有些日子很剧烈，即使是处在缓解的时候，这种疼痛仍是对任何人的忍耐力和坚韧的一场严峻考验。然而，他从来没有抱怨过病痛。在疼痛当中，他想到和关心的是别人而不是他自己。

死亡的降临也没有打乱他惯常的镇静……在他去世前的几天，他问我还能坚持多久。他在问这个问题的时候显得极
173 其平静，希望能活到他的朋友和亲戚科林·麦肯色从爱丁堡赶来。他唯一担心的是他的妻子，她的身体这几年以来一直很虚弱，近来变得更差……

他的思维仍然很清晰。当他身体渐渐衰弱渐至死亡时，他一直都保持着清醒。没有人像他那样神志清醒和表情镇定地面对着死亡！

麦克斯韦在格伦莱尔的地方医生洛兰把麦克斯韦的病历寄给了佩吉特医生。这当然是例行公事，但不同寻常的是，洛兰医生对他的这位病人是如此钦佩，以致他在病历中由衷地颂扬了麦克斯韦：

我必须说，他是我曾遇见过的最优秀的人士之一。比起他的科学成就更有价值的是他本人。就人类的判断力而论，他是基督教绅士中的一个完美的典范。

根据佩吉特医生的看法，这个评论确切地描述了麦克斯韦在

生命最后期间所有了解他的人的感受。多年来遇见过他的人各自都有各自的评论，但它们都有惊人的相似之处。

麦克斯韦对自己人生的反思是谦逊的。他曾告诉他的朋友、剑桥大学的同事霍特教授：

> 我觉得，我个人所做过的事，与比我伟大的人所做的事比起来太渺小了……
>
> 我一直在想，我所做的事情是多么不值得一提。我一生还从未做过什么了不起的事情。
>
> 我唯一的愿望就是像戴维（David）那样，按照上帝的意愿为我们这一代服务，然后就地长眠。

一八七九年十一月五日，麦克斯韦去世了。凯瑟琳和他的好朋友、外甥科林·麦肯色守护在他身边。第二个星期天，许多人 174
到剑桥圣玛丽教堂参加了悼念仪式。教堂内弥漫着悲伤与痛苦，H.M. 巴特勒表达了人们的悼念之情。巴特勒是麦克斯韦从学生时代起就交上的一位老朋友，现在是哈罗公学的校长。他讲得很简练，精心选择了一个恰当的比喻：

> 罕见的是，即使在这个伟大思想和知识的发源地，这样一颗明星的陨落，悼念他的不仅有这么多重要的杰出人物，而且还有许多人没有能够出席。[2]

P.G. 泰特在《自然》杂志中对这些评论做了回应：

我无法用语言充分表达，他的早逝对他的朋友、对剑桥大学、对整个科学世界造成的巨大损失，尤其重要的是，对理性、真正的科学以及宗教本身造成的损失。当前充斥着大量无用的空谈、伪科学、物质主义。像他这样的人，从不虚度年华，从某种意义上说，他们是永垂不朽的。麦克斯韦的精神在他那不朽的著作中，仍然与我们在一起，他的精神还会被聆听过他教诲的人、以他为榜样的人传递到下一代。

在三一学院小礼堂举行了告别仪式之后，麦克斯韦的遗体被运回格伦莱尔，埋葬在帕顿教堂的墓地，紧挨着他的父亲和母亲。凯瑟琳在 7 年之后也被埋在那儿，他们四人共用一块墓碑。在教堂前面的路边立着一个简朴的铭碑。铭文概括了他的一生和成就。铭文结尾是：

一位好人，充满了幽默与睿智，他生活在这里，并被埋葬在这个苏格兰教堂墓地的废墟中。

175 这铭碑和科索克教堂的彩色玻璃窗，是每位到这里的游客所能发现的唯一的纪念物。不过，这里还有一个纪念物。传给了韦德伯恩家的格伦莱尔，这所房子在一九二九年被火烧毁了。如果你步行半英里，再从达尔比蒂驱车到科索克公路，穿过由威廉·戴斯·凯修建的厄尔河桥，你就会看到一座建筑物的废墟，它的烟囱和无屋顶的墙静静地指向天空。

12

第十二章

麦克斯韦的遗产

176 麦克斯韦的影响，贯穿着我们日常生活的方方面面。他的电磁波给我们带来了无线电、电视和雷达，雷达使安全飞行成为可能。彩色电视基于他证明的三色原理；飞行员利用控制系统驾驶飞机，而控制系统是由他的研究而为人所知的；我们的许多桥梁和其他建筑物在设计上利用他的倒易图和光弹技术。

然而，更重要的是，他对整个物理学发展的影响。他在物理学家观察世界的方法上发动了一场革命。正是他首先认为，我们看到的和感觉到的物体和力可能只是我们对潜在实体的一种有限的感知，我们无法感觉到潜在实体，但可以用数学来描述它。

他是应用场方程表示物理过程的第一人，而场方程现在是物理学家描述宇宙和原子所采用的标准形式。他也是用统计方法描述多粒子过程的第一人，这也是现在另一个标准的方法。他首次正确地预言光就是一种电磁现象，光速只是电荷的电磁单位和静电单位之比。他的电磁场方程是启发爱因斯坦创立狭义相对论的主要源泉。他的电磁场方程和气体分子运动论共同在普朗克的能量量子发现中起了作用。他的思想实验——麦克斯韦妖，被创造

性地应用到信息理论和计算机科学之中。 177

他设计并创建的卡文迪许实验室是现代科学发现的摇篮，包括电子和 DNA 结构的发现就发生在那里。稍微夸大一点来说，如果你追溯现代物理学各个研究方向的源头，你就会发现起点都是从麦克斯韦开始的。C.A. 科尔森教授用另外一种方式表述说："他所涉及的课题几乎没有不被他改变得面目全非的。"

然而，正当他处于创造发明的顶峰时期，他的事业因他早逝而中断了，所以，他的影响的惊人深度和广度是最值得注意的。不过，还值得注意的就是，他几乎不为大众所知。每个人都听说过牛顿和爱因斯坦，但在专业领域之外，麦克斯韦几乎不为人知。为什么会是这样的呢？这的确是个谜，有许多可能的原因。

最常提出来的一个原因是他的谦虚。他从来不宣扬他的工作，也没有任何人像 T.H. 赫胥黎宣传达尔文一样为他宣传。尽管这是真实的情况，但这顶多只是部分的解释。在麦克斯韦一生当中，他的主要理论还必须经过实验来证实。他从科学史了解到，即使是最伟大的人有时也会犯错。与其说是他的谦虚，还不如说是他哲学理性的谨慎使他小心谨慎。

或许最重要的原因，是他的许多思想超越他所处的时代。对此最好的说明是他的电磁理论。十九世纪七十年代，除在剑桥的一小群人之外，在英国很少有人支持他的电磁理论。这是一种崭新的理论，大部分人都无法完全理解它。即使在能够明白该理论所含数学知识的人中，也有一些人甚至根本就不相信这个理论，因为它没有给出任何力学解释。他们赞同麦克斯韦早期的旋转涡旋模型，尽管它很奇特，但他们认为只是他的动力学理论有一点疯狂。在这些人当中就有麦克斯韦的朋友威廉·汤姆森，他是英178 国最有影响力的物理学家。真正重视这个理论的人是赫尔曼·亥姆霍兹。他是柏林大学的物理学教授，在德国的影响力就像威廉·汤姆森在英国的一样。一八七九年，亥姆霍兹说服柏林科学院设立一个奖项，以鼓励对麦克斯韦理论进行决定性的实验验证。他的最杰出的学生海因里希·赫兹接受了这个挑战。

要产生并探测到位移电流或者电磁波，这项任务是非常困难的。光波不能为这个目的服务，因为它虽然很容易就被探测到，但根据麦克斯韦的理论，它们是频率很高的电磁波，不能用已知的电或磁的方法直接产生。与之相反，如果麦克斯韦的理论是对的话，一个振荡电路——例如一个有火花反复迅速放电的电路——就会产生电磁波，但现在的问题就在于如何探测到它们。麦克斯韦和他的学生在卡文迪许避开了这项工作，因为它有风险，而新实验室的首要任务是要打好带来声望的第一炮。

赫兹断断续续地坚持实验八年，从学生熬到卡尔斯鲁厄的物理学教授。他采用各种方法，探测在绝缘体中产生最弱的位移电流的迹象。一八八七年，他把一块石蜡放在迅速充放电的电容器的极板之间，并满怀希望地在探测器线圈的一个小间隙两端找寻火花。令人吃惊的是，火花不仅出现在他的探测器中，而且出现在整个装置中。似乎迅速振荡的电路的能量正在空中传播，并且被墙壁反射。不用再怀疑位移电流了，这就是电磁波存在的有力的间接证据。他还能够做得更好一些，以致找到直接的证据吗?

他确实做到了。在实验室中，他天才地利用了行波众所周知的一个特性：当行波被直接朝波源反射回来时，向前的波和向后的波会导致驻波。由于驻波只在同一位置振荡，所以研究它们更容易。行波的另一个特性是，对于确定的波速，波长与频率成反 179
比：频率越高，波长就越短。十分幸运的是，他的火花放电源的频率足够高，使波长足够短，达到了可以在实验室测量的长度。利用一个金属薄片反射器和电火花隙计数器，他发现了漂亮的驻波，波长约 30cm。

在麦克斯韦去世八年之后，他的电磁理论终于得到了有力的证实。然而，这个理论的意义还几乎不为科学界所知，更不要说大众了。令人奇怪的是，在英国科学家中，很少有人对他们同胞的成就表示称赞。甚至在剑桥，反应也是沉默的，或许是因为赫兹使他们的努力相形见绌吧。

人们不要指责卡文迪许实验室为何没有出现一位像赫兹那样的实验家，因为在那里没人认真地、持续地去验证麦克斯韦的理论，这是一个事实。假如他们抓住机遇并取得了成功的话，那么，剑桥将会成为大众心目中的发现电磁波的圣地，而麦克韦将会成为电磁波之父。这样的假设并不是批评剑桥。电磁波本不会被称为赫兹波，而是麦克斯韦波。

几年以后，一些名不见经传的科学家在发射和探测电磁波方面也取得了成功。其中一位就是新西兰克赖斯特彻奇的年轻男教师。一八九五年，他获得一份去英国卡文迪许实验室从事研究的奖学金，并随身带着他的探测器。不久，他就能在半米的范围内发射和探测到电磁波了。他的名字就是欧内斯特·卢瑟福[1]。不过，卢瑟福很快就因忙于其他工作，对电磁波失去了兴趣。我们可以明白其中的原因是：卡文迪许实验室全部都在从事气体导电这个令人兴奋的实验，而 J.J. 汤姆森正处在即将发现电子的时刻。卢瑟福很快在这个领域做出了他自己的发现。假如他志趣不一样的话，那么剑桥很可能会成为无线电波的诞生地，这必然会进一步提高麦克斯韦的声誉。

180 一个年轻的意大利人和卢瑟福大约同时来到英国，他就是古列尔莫·马可尼[2]。他专程来英国为传送和探测电磁波的实验寻求支持，因为在意大利他无法引起他同胞的兴趣。在他的一位英国表兄和一位邮局总工程师威廉·普里斯的帮助下，他获得了专利并扩大了电磁波的探测范围。由于还不能利用专利获得什么经济利益，于是他创办了公司，并在公众服务事业中取得了辉煌的成功。他在两条船上安装了发报装置，向一个地面站发送有关一八九九年美国杯游艇赛的报道；他还从那个地面站向美国的和英国的报纸发电报。无线电报终于诞生了。接着，电台广播、电视、通过卫星的全球通信接踵而至。

在大众的心目中，马可尼发明了无线电装置，赫兹发现了电

---

1. 卢瑟福（Ernest Rutherford，1871—1937）：英国物理学家，核物理学的创始人，发现 α、β 射线，提出原子的行星模型，首次实现人工核反应，获 1908 年诺贝尔化学奖，1919—1937 年任剑桥大学卡文迪许实验室主任（第四任主任）。
2. 马可尼（Guglielmo Marconi，1874—1937）：意大利工程师和发明家，无线电报发明者，在 1901 年把长波无线电信号传送过大西洋，1909 年获得诺贝尔物理学奖。

磁波，而开创这一切的始祖麦克斯韦却很少被提到。

当马可尼将麦克斯韦的理论应用到日常生活中时，瑞士专利局的一位低级职员正在思考着空时的基本性质。阿尔伯特·爱因斯坦一直对麦克斯韦电磁场方程和牛顿运动定律间一个明显矛盾耿耿于怀。该矛盾源于阿尔伯特·亚伯拉罕·迈克尔逊[1]和爱德华·莫雷[2]做的一个著名实验，该实验表明光似乎总是以同样的速度在传播，无论观察者运动的快慢或沿什么方向。这似乎与常识相矛盾的，但是，对于以不同速度运动的观察者来说，如果距离和时间是不同的，那么这个矛盾就可以得到解释了。由一位观察者测量的时间和距离，向另一位观察者测量的时间和距离转化的公式，被荷兰物理学家亨德里克·安东·洛伦兹[3]提出。而非同寻常的是，这个公式似乎是麦克斯韦的本征方程，麦克斯韦方程完全可以适应这种变换，而牛顿定律则不行。

爱因斯坦在彻底分析这个问题后，在他的狭义相对论中解决了这个矛盾。他以光速不变性作为一个出发点，并得出结论。他 181
从一个新的方向上推导出了洛伦兹公式，并且赋予它一个全新的解释。不存在对空间或时间的绝对测量：相对匀速运动的所有观

---

1. 迈克尔逊（Albert Abraham Michelson，1852—1931）：美国物理学家，同莫雷一起证明以太这一假设的电磁波媒介不存在，因其光谱学研究获 1907 年诺贝尔物理学奖。
2. 莫雷（Edward William Morley，1838—1923）：美国物理学家、化学家，同迈克尔逊合作做了著名的迈克尔逊 - 莫雷实验。
3. 洛伦兹（Hendrik Antoon Lorentz，1853—1928）：荷兰物理学家，经典电子论的创始人，获 1902 年诺贝尔物理学奖。

察者测量的时空是不同的，但他们所有的测量结果都是有效的。狭义相对论的一个必然结论是，麦克斯韦方程是物理学世界的基本定律。牛顿定律只是一个近似定律，只是在观察者的相对速度比光速小很多时才适用。狭义相对论的另一个结论就是著名的方程 $E=mc^2$；质量只是储存能量的一种高度集中的形式。

所有这些隐含的是爱因斯坦公理——光速是一个绝对常数。大自然在时空之间转换，这是宇宙的基本性质。而这完全是由麦克斯韦的理论决定的：光速的数值就是电荷的电磁单位与静电单位之比。[1]

尽管爱因斯坦的理论违反了一般直觉，却比麦克斯韦的理论更快地为人们所接受。因为它极好地解释了以接近光速运动的微观粒子的行为，还解释了一个放射性原子在衰变成两个更小的粒子时的质量亏损，这后来又为产生核能和制造原子弹奠定了理论基础。后来，爱因斯坦以他的广义相对论进一步完善了狭义相对论。广义相对论将引力解释为时空的一种几何性质。一般人是几乎不能理解广义相对论的，但大众被“弯曲”时空的神秘性所吸引。于是，爱因斯坦成了一位国际名人，到处都在称赞他为牛顿的接班人。

广义相对论从头到尾都是场论，而麦克斯韦则是**场论**的先驱。爱因斯坦是最先承认麦克斯韦有最重要贡献的人，他认为我们的英雄胜过所有物理学家。尽管如此，大众还是不买账。

麦克斯韦的电磁理论，现在被认为是所有科学发现中最重要的发现之一，是物理学的核心，决定了我们的日常生活。不过，对它的重要性的认识还需要一个逐步的、积累的和扩大的过程。然而，麦克斯韦仍然是一个在大众视线之外的科学巨人。

麦克斯韦的理论在量子理论形成中又起到了什么作用？二十世纪初发现能量皆以离散小包的形式出现，这个发现对科学界的冲击是空前的。这个发现的先声是麦克斯韦和玻尔兹曼在十九世纪六十年代和七十年代关于气体的研究。那时，他们的理论预言了分子的动能在所有独立运动形式中均匀分布。这意味着定压比热和定容比热之比有个简单的公式。但是，我们已经知道，实际观测到的值偏偏不满足这个公式。麦克斯韦的直觉是对的，他那时就断定："对分子碰撞的物理理论完整描述的某些最基本的东西，很可能至今都超出了我们的理解范围。"当科学家们开始将气体分子运动论、热力学以及麦克斯韦的电磁理论结合起来研究所谓的"黑体"辐射时，他的见解得到了证实。到了十九世纪末，事态发展到了紧要关头。那时结合起来的理论似乎表明，所有的分子动能应该在很久以前就被辐射掉了，因此只留下一个冰冷的、死寂的宇宙。[2] 为什么会是这样的呢？大自然似乎有某些暗藏的机制，以减少在更高频率处的辐射，使物质辐射发射和辐射吸收之间达到某种平衡。这个结局在一九〇〇年出现了：马克斯·普朗克在他所说的"孤注一掷的行动"中，通过只允许物质吸收分立数量的辐射能或者说"能量子"，得到了一个可以达到预期平衡的公式。普朗克起初也不敢相信他自己创造的怪物，所有的人也和他一样不相信。一九〇五年，爱因斯坦的大胆使这一壮举得以完善：爱因斯坦断言，辐射本身就是以离散小包——现在称为光子——而发生的。

量子理论解释了为什么气体的比热不满足麦克斯韦和玻尔兹
183 曼所采用的那个简单的公式，为什么物质不会将所有的能量辐射殆尽，以及许多别的问题。毫无疑问，包括辐射在内的所有的能量都是以量子形式出现的。但是，根据麦克斯韦的电磁理论，辐射是由连续波构成的，而不是离散的小包。这是不是就意味着麦克斯韦的方程错了？绝对不是的。在能量大到足以让能量微粒达到平均数时，麦克斯韦的理论完全适用。即使在较小的能量时，它也巩固了像量子电动力学这种理论的基础。尽管它在自己的领域具有完全的影响力，但麦克斯韦从未宣称或认为，它的场或波代表了最终的物理实体。用他自己的话来说就是：

> 光从一媒质到另一个媒质时方向的改变，与在狭小而又有力作用空间通过的粒子的路径改变一样。这种类似，长期以来被认为是对光折射现象的正确解释，而且我们还发现它对解决另一些问题也是有用的。在解决这些问题时，我们以一种人为方法来应用它没有什么问题。在光与弹性媒质的振动之间的另一个类似被推广得更远，但这种类似的重要性和有效性不能过高地估计。我们必须注意到，光的定律和振动定律的关系只是建立在形式上相似的基础上。

大物理学家詹姆斯·金斯[1]在一九三一年写道，麦克斯韦说的这段话“简直就像是关于现代波动力学的演讲中的一段摘录，而且也一定是一段精彩的演讲”。麦克斯韦的观点在今天同样具有重大意义。实际上，他在告诉我们，我们称为光子和电子的东西，尽管有时像粒子有时又像波，但我们不应该错误地认为它们就是那样的。他的观点正是后来的 J.B.S. 霍尔丹[2]所表达的观点，霍尔丹说：“我猜想，宇宙不仅比我们认为的还要古怪，而且古怪到我们不能想象。”

在麦克斯韦相对不出名的原因中，最令人费解的也许是他在 184
自己的祖国得到的正式承认少得可怜。牛津大学和爱丁堡给予了他荣誉学位，除此以外，他在一生中只获得了两个其他的英国奖项：伦敦皇家学会颁发的伦福德奖章和爱丁堡皇家学会颁发的基思奖章。他被授奖的工作分别是色视觉以及工程结构的倒易图的研究。与之相反，其他国家没有沉默，他获得荣誉的地方分别是纽约、波士顿、费城、阿姆斯特丹、维也纳、格丁根和帕维亚。

一年又复一年，其他国家仍然比他的祖国更加慷慨地称赞他。一九六〇年，伦敦皇家学会举行了三百周年纪念庆典，英国女王出席庆典仪式。女王在庆典的讲话中称赞了以前的许多著名学会会员，著名会员的名单应该是学会为她开出的。非常莫名其妙的是，麦克斯韦居然不在其中。他在其他国家一直受到越来越

1. 金斯（James Hopwood Jeans, 1877—1946）：英国数学家、物理学家、天文学家。
2. 霍尔丹（John Burdon Sanderson Haldane，1892—1964）：苏格兰遗传学家。

广泛的纪念，甚至包括一些没有很强科学传统的国家。例如，包括墨西哥、尼加拉瓜和圣马力诺在内的许多国家专门发行了纪念他的邮票。

麦克斯韦的崇拜者遍及全世界。来自许多国家的人们仍然会来帕顿瞻仰他的墓地。他的著作现今仍是被广泛而深入研究的文献，研究者不仅有学生，还有著名的科学史学家，例如丹尼尔·西格尔和彼得·哈曼。

一九七七年，一个小团体在爱丁堡成立了麦克斯韦基金会，并于一九九三年得到了印第安街 14 号的房子，这里是麦克斯韦的诞生地。这所房子现今作为一个数学研究中心，世界各地的科学家、工程师和数学家在这里开会、讨论或者讲课。数学研究中心还专辟一间房展示麦克斯韦的纪念物。

麦克斯韦给我们留下的不只是他的科学成就。我们还看到了一个人人都想和他做朋友的人的形象：慷慨、体贴、勇敢、
185 亲切、有趣，完全没有虚荣心或者伪装。最了解他的朋友把他的品质描述为“无比的真诚”。他始终如一，对别人也是如此。[3]

麦克斯韦深层的整体品格，在他的科学工作中和在他的人生中一样简单。这个不断地问“为什么会是那样的?”的小男孩，成了改变物理学家思考世界的方式的人，开辟了通向广阔的新知识领域的道路。他的地位被下一代的一位科学家所肯定。这位科学家就是奥利弗·亥维赛。亥维赛是一个尖刻、愤世嫉俗的人，他的批评总是毁灭性的。然而，当他谈到麦克斯韦时，所有的厌世情绪立刻没有了，流露出来的是纯粹的欢乐：

我们当中的一部分人在我们之后还会活着，他们或大或小地影响着整个人类和宇宙。这就是不朽的灵魂。灵魂有大有小……莎士比亚和牛顿的灵魂惊人的大。这类人在他们去世后依然有美好的影响。麦克斯韦就是这类人当中的一个。他的灵魂依然会长久地活在更多人的心中，乃至在几百年后还像闪亮的恒星那样发出耀眼的光芒，这些恒星发出的光需要好多年才能到达地球。

[全文完]

注释 186

我在正文的叙述中尽可能讲一些简单的故事，对有兴趣的读者，这样做意味着会省略掉许多有用的东西。一些读者需要从“注释”中获取信息的来源，或者想更多地了解历史或专业方面的知识。这些读者会有兴趣浏览以下内容，而我则希望所有的读者都是如此。如果有的读者还想继续深入下去的话，那么可以在“参考文献”中发现一些优秀的文献。

在“参考文献”中列出的书籍和文章，我在“注释”中一般只提到作者的名字，只是在需要时我才给出稍为详细的描述。这里只给出与正文有关的麦克斯韦出版物的日期，需要了解其出版物完整目录的读者可以从“年表”中获取。

导言

费曼语摘自“参考文献”中所列出的、由费曼、莱顿（Leighton）和桑兹（Sands）合著的书籍。

第一章 乡下的孩子

[1] 麦克斯韦诞生于一八三一年六月十三日，在爱丁堡印度街 14 号——他父亲的房子里。

[2] 在麦克斯韦出生时，他父亲的庄园仍被称为米德尔比，
187 而格伦莱尔是他父母亲给他们的新房子所取的名称，只不过后来用这个名称来指整个庄园。为了简洁起见，我一开始就用格伦莱尔这个名称。

[3] 标题为《在海底》(*Under the sea*）的这段诗是《大西洋电报公司之歌》(*The Song of the Atlantic Telegraph Company*) 四段中的第二段。全诗在 Campbell and Garnett 的书（见“参考文献”）中可以找到。这首诗仿照一首流行歌曲写成，当时麦克斯韦正在开往格拉斯哥的火车上。这首诗的韵律也许是受到车轮通过铁轨接缝处而发出的咔嗒咔嗒之声的启发。

[4] 关于克拉克和凯家族的大部分信息，来自 Forfar 的文章 *Generations of Genius*。这两个家族都省掉了男性的教名。克拉克家族大多数男性取约翰、詹姆斯或乔治这样的名字，而凯家族则取约翰或者罗伯特。

[5] 爱丁堡公学是一所年轻的学校，创建于一八二四年，但在其首任校长威尔士人约翰·威廉斯执掌期间就赢得了良好的声誉。麦克斯韦在那里上学时，威廉斯还在那里担任校长。

第二章 钉子和线

[1] 姑妈伊莎贝拉住在赫莉奥特路 31 号，与印度街毗连。对于这个家庭来说，这所住房常称为“老 31 号”。

[2] 杰迈玛 · 布莱克本著作中的许多专页的彩色插图，包括在格伦莱尔画的几幅水彩画，都可以在 Jemima[由芬利（Rob Finley）编辑] 中见到。

[3] P.G. 泰特比麦克斯韦晚一年进入爱丁堡公学，尽管他们
年龄相同。按常理来说，麦克斯韦本应该和泰特分在同一个班
级，但由于这个班级的老师詹姆斯 · 卡明的名气太大了，以致该
班人满为患。正如在正文中所讲的那样，麦克斯韦不得不在高 188
一年级的一个班注册，刘易斯 · 坎贝尔是他在这个班上的同学之
一。一八四七年，麦克斯韦和泰特两人双双离开爱丁堡公学，进
入爱丁堡大学。

[4] 詹姆斯 · 格洛格是麦克斯韦班级和泰特班级的数学老师，他的皮鞭显然比其他老师的更厉害，但他在学校里对数学竞赛很热衷，而且是一位给人印象深刻的教师。Forfar and Pritchard 在他们的文章 *The Remarkable Story of Maxwell and Tait* 中说，当泰特第一个，再接着是麦克斯韦在剑桥取得数学好成绩时，格洛格高兴得忘乎所以，并且说“那荣誉完全属于他自己”！

[5] 麦克斯韦的卵形线论文的题目是准确的，但是太长了。题目是《论有多个焦点且半径不同的外接图形》。

[6] 姨妈简住在斯图亚特王室街 6 号，离赫莉奥特路只有步

行几分钟的路程。

[7] 麦克斯韦这首告别公学的诗的题目是《爱丁堡学生之歌》(*Song of the Edinburgh Academician*)。

第三章 哲学

[1] 正如 Goldman 在 *The Demon in the Aether: The Life of James Clerk Maxwell* 中所说的那样，哈密顿教授和福布斯教授是死对头。除了几何学以外，威廉·哈密顿对所有的数学学科分支都不相信。一九三八年，这两位教授为了挑选一位新数学讲师发生了冲突。福布斯获得胜利，因为他推荐的凯兰选上了。凯兰曾是剑桥在代数和微积分理论方面的一位专家。

[2] 麦克斯韦的评论“我从不阻拦任何人去做什么实验……”是他在卡文迪许实验室的一个学生亚瑟·舒斯特[1]讲的。

[3] 福布斯是一位登山爱好者，把大量的时间用在攀登阿尔卑斯山上，也许正是在那里他对冰川产生了兴趣。

189 [4]“假如一个孩子具有研究自然的潜在才能……”出自麦克斯韦一八七九年给《自然》杂志写的一篇书评。所评论的书是费雷德里克·格思里写的《实用物理、分子物理与声音》。也

1. 舒斯特（Arthur Schuster，1851—1934）：英国物理学家，1875—1881 年在卡文迪许实验室工作。

正是在该篇评论中附了一首诗，起头是“或许出于对学术的责任……”，这首诗在第十章中可以见到。

[5] 约翰·威尔逊教授的笔名是克里斯多佛·诺斯(Christopher North)。麦克斯韦瞧不起威尔逊的道德哲学课。

[6] 麦克斯韦实验所用的偏振光是平面偏振光。还有另外一种偏振光是圆形偏振光，在其中波动就像螺旋。

一般性注释

麦克斯韦在这个时期发表的两篇论文是《论滚动曲线理论》(1948 年)、《论弹性固体的平衡》(1950 年)。

第四章　学会玩魔术

[1] 麦克斯韦关于“神秘科学”的观点，表述在他写给朋友 R.B. 利奇菲尔德的一封信中。

[2] 我对麦克斯韦嘲笑约翰·亚历山大·弗里尔的这首诗做了删节，只给出了 7 节中的第一节和最后两节。全诗可以在 Campbell and Garnett 的书（见“参考文献”）中找到。

[3] 十九世纪初，在促使剑桥大学数学紧跟时代的改革中，查尔斯·巴贝奇的主要合作者有乔治·皮科克、爱德华·布鲁姆

黑德和约翰·赫歇耳[1]，后者是著名天文学家威廉·赫歇耳[2]的儿子。改革的突破是在一八一七年，那时二十五岁的皮科克被任命为数学荣誉学位考试主考官。他应用欧洲大陆通用的微积分符号
190 出考题，该符号比传统的牛顿符号适用得多，因此很快就成为标准的形式。

[4] 威廉·霍普金斯是那时剑桥最成功的辅导教师。在大约二十年的时间里，他训练出两百多名数学学位甲等及格者，其中十七名是甲等及格者的第一名。而且，他训练学生并不扼杀他们的创造性。他训练出的第一名学生包括乔治·盖布里埃尔·斯托克斯、威廉·汤姆森、P.G. 泰特、E.J. 劳斯和亚瑟·凯利，后者提出了矩阵理论和 n 维几何学。休·布莱克本也是霍普金斯的学生，他与麦克斯韦的堂姐杰迈玛结婚。

[5] 麦克斯韦在生病时访问过一位朋友的家庭，这位朋友是 G.W.H. 泰勒。后来，泰勒成为卡莱尔圣三一教区的牧师。“允许家庭中的每个成员都……”引自他给 R.B. 利奇菲尔德的一封信。

---

1. 约翰·赫歇耳（John Frederick Herschel，1792—1871）：英国天文学家，发现了 525 个星云并进行了有关光、摄影和天体物理学的卓有成效的研究。
2. 威廉·赫歇耳（William Herschel，1738—1822）：英国天文学家，担任乔治三世的天象观测员并总结归类了 800 多颗双星和 2500 个星云。

第五章 蓝色 + 黄色 = 粉红色

[1] 一八八二年，亥姆霍兹被封为贵族，并在他的名字前加上了“von”字。由于这件事发生在我们的故事之后，因此，他在我们整个的叙述中是以普通的赫尔曼（Hermann）相称。

[2] 在对福布斯和麦克斯韦的色混合实验的描述中，我为了简单而省略了如下一点：从专业上来讲，白色和灰色是同样的颜色，它们只是在亮度上不同而已。白色可以被看作是一种非常亮的灰色。逐渐减少亮度将分别得到亮灰色、暗灰色，最后得到黑色。为了显示在色盘外圈部分颜色的一种混合而给出白色，人们需要把它们与内圈部分的黑与白的一种混合色对比，以至于整个色盘显现出相同的灰色。

[3] 托马斯·杨大约比麦克斯韦早五十年就提出了用一个三角形来表示色视觉。但这个观点遭到许多专家的忽视或者否定， 191
只是从麦克斯韦起才开始重新采取这一观点。福布斯也曾经试图利用一个三角形表示法，但因为坚持认为红、蓝和黄是原色而没有取得什么进展。正是麦克斯韦证明了色三角形的有效性，并给出了正确的数学表达式。

[4] 这里展示的麦克斯韦色三角形的形式，我认为，对于非专业读者来说也是最清晰的。表示颜色的另外一种方式是三矢量的加权和（weighted sum），这三矢量是由三角形外任意一点出发，连接三角形三顶点构成的，权重与构成该颜色的每种原色的数量成比例。合成矢量矢端的位置给出了合成的颜色。按照这种

方法，三角形不必是等边三角形。

[5] 一八五五年，麦克斯韦提交给爱丁堡皇家学会关于色视觉的论文是《关于眼睛察觉到的颜色的实验》。

[6] 亥姆霍兹和麦克斯韦各自独立地发现了如下事实：光混合是加法的，而颜料混合是减法的。亥姆霍兹最先发表了这个结果，但在那时并不接受三原色理论。实际上，他在论文中明确地表示拒绝三原色理论。Everitt 在 *Maxwell's Scientific Papers, Applied Optics,* Vol. 6, No. 4 (1967) 中提出了一个观点：“麦克斯韦和福布斯应该得到更多的荣誉，而亥姆霍兹和格罗斯曼应得的荣誉要少一些，而通常认为是他们复苏了托马斯·杨的色视觉的三原色理论。”

[7] 严格地讲，并不存在磁极这种东西，人们仅仅用它来表示在单个点上的极化状态。一些物理学教材不提磁极。然而，我们已经非常习惯了地球的南极和北极，在这里采取纯粹主义者的方式就被认为不恰当了，特别是今天的电气工程师一直在利用磁极作为思考和计算的一种便利工具。以这种方式应用（假想的）
192 磁极的观点，最先是由英国天文学家约翰·米歇尔在 1750 年提出的，其优点是使静磁定律的方程与静电学定律的方程相同。

[8] 牛顿的信“引力应当是天生的、固有的，而且对于物质来说是最基本的……”是写给理查德·本特利[1]的。对牛顿这个

1. 本特利（Richard Bentley，1662—1742）：英国牧师和古典学者，以其著作《致约翰·穆勒》和《图斯库路姆论辩集》而著称。

观点的普遍曲解似乎来自两个源头。第一个源头是牛顿自己的著名言论："假说在实验哲学中没有地位"——"我不杜撰假设"。这一说法打开了误解的闸门。第二个源头来自他的弟子、福音传教士罗杰·科茨，他在牛顿《原理》的前言中写道："超距作用是物质的基本属性之一。"

[9]"法拉第……向我们展示了他成功的和不成功的实验……"引自麦克斯韦的《电磁通论》。

[10] 麦克斯韦电通量管有一点不同于磁通量管。电通量管两端总是终止在一个带电体上。一块磁铁产生的磁通量管似乎是终止在它的南极和北极的外表面，但是，磁通量管实际上延伸进了磁体的内部，并且接合起来形成闭合的回路。这个差别的产生是因为正、负电荷可以单独存在，而磁极只能以南－北极成对存在，就像硬币的正面和反面一样。一块磁铁可以被看作是由许多小磁体首尾连接而构成的，实际上这个微型磁体就是原子自身，它们的磁产生于它们中的电子的轨道运动和自旋。把永久磁铁的磁归因为电荷的小环流，这个解释是安培在1823年做出的一个天才推测，麦克斯韦和其他人只是把它作为一个工作假设（working hypothesis）而接受。这个假设被20世纪原子结构的发现所证实。

[11] 根据麦克斯韦的类推，电力和磁力平方反比定律的几何来历，可以通过理想流体从一点源出发均匀地向各方向流动而 193
得到。由于这种流体是不可压缩的，那么在单位时间里从以该点为中心的任意球体发出的流量是相同的，不论球体的大小如何。

于是，流体向外流动的速率反比于它到源距离的平方。因此，通过类推可知，电力和磁力遵循同样的定律。

[12] 乔治·格林的死因在记录上写的是流感，但他很可能是死于肺病，这是他在磨坊里长期吸入粉尘而造成的。对比英国其他的大数学家或科学家，人们对格林的情况知之甚少。不过，一些热心人士最近已经将他在诺丁汉的磨坊修复了，并开辟为一个博物馆。Cannell 为他写的一部传记 *George Green, Mathematician and Physicist, 1793-1841* 已于一九九三年出版。

[13] 现今的格林名著《论数学分析对电磁理论的应用》（*Essay on the Application of Mathematical Analysis to the Theories of Electricity and Magnetism*），一八二八年由格林在诺丁汉自费出版，出版后几乎没有造成什么影响。威廉·汤姆森把它再版在柏林的一份杂志（*Journal für die Reine und Angewandte Mathematik*）上，该杂志通称为克雷尔杂志（*Crelle's Journal*），以编辑克雷尔的名字命名。克雷尔将它分为三部分，以英文形式分别于一八五〇年、一八五二年和一八五四年发表了。

[14] 在当今教材的矢量分析中，斯托克斯定理和格林定理相伴出现。斯托克斯定理是斯托克斯把它作为在麦克斯韦时期史密斯奖的一个考题而提出的，不过，他可能不是该定理的创建人。后来，当麦克斯韦想在他的《电磁通论》中把它列入时，不论是斯托克斯，还是其他人都不记得是谁最先创建它。历史学家后来在一封日期是一八五〇年的、由威廉·汤姆森写给斯托克斯的信中发现了它，因此，它严格地讲应该称为汤姆森定理或者开

尔文定理。

[15] 麦克斯韦在数学上定义的，并被认同为法拉第电致紧张态的这个量，现在通用的名称为矢（vector potential），这是麦克斯韦后来取的。矢势在任意一点的变化率（在数学上的术语叫 194
“旋度”），给出了在该点的磁通量密度，它随时间的任何变化都将产生一个电动势。后面的这个特性成了麦克斯韦思考如何处理变化的场的一个起点。

[16] 麦克斯韦发表的论文《论法拉第的力线》分两部分。第一部分讨论单独的静电场和静磁场。第二部分更加数学化，讨论了稳恒电流和磁场的联系，同时还包括了法拉第电致紧张态的表示。

[17] 法拉第致麦克斯韦的信，一八五七年三月二十五日。信的全文可以在 Goldman 写的麦克斯韦传记 *The Demon in the Aether: The Life of James Clerk Maxwell* 中找到。

[18] 在雷俱乐部的一次会议上，麦克斯韦的朋友做了英国在印度的地位的演讲。在那次会议以后，麦克斯韦给他父亲写了一封信，包含了他对政治的少有的评论：

> ……在大多数关键时期，我们似乎都处在管理印度的位置上。当所有的旧制度和宗教必须废除时，对于与我们很不相同的人，怎样引入新的文明和自治，我们却绝不是很清楚的。有一件事情必须明白，如果我们忽视他们，或者使他们无依无靠，或者只给他们钱，那么，我们须看看西班牙

和美国的糟糕管理以及随之而来的恶果，它们是我们的前车之鉴。

麦克斯韦十分肯定，他的朋友正是有助于给印度带去文明政府的那一类人。第二年，波默罗伊在英国政府部门就职，正如在第六章介绍的那样，他在印度兵变期间英勇牺牲了。

195 [19] 从莉齐的女儿告诉给弗兰西斯·埃弗里特的一件事中，我们可以看到，莉齐和麦克斯韦之间的感情是多么自然和强烈。当麦克斯韦去世时，莉齐显然十分伤心，她的丈夫因此很愤怒，从她手中夺走并烧掉六十封麦克斯韦在很久以前写给她的信，在这些信里充满了他有关哲学观点的讨论。埃弗里特使我注意到西德尼·史密斯（Sydney Smith）的一个歪曲、尖刻的评论："在苏格兰，他们甚至在精神上做爱。"

[20] 这封包含着引用段落"我现在全力以赴从事超人南丁格尔所从事的职业……"的信，是麦克斯韦写给塞西尔·门罗的，在 Campbell and Garnett 的书（见"参考文献"）中给出了信的全文。

[21] 麦克斯韦申请阿伯丁那个职位的竞争对手之一，曾经请求麦克斯韦给他写推荐信，并且得到了麦克斯韦写的推荐信。这个对手就是威廉·斯旺，他后来成为圣安德鲁斯大学的自然哲学教授。

一般性注释

色视觉原理的发现历史，从牛顿到麦克斯韦及其同代人，是非常有趣但又混乱的。在本章中对麦克斯韦这方面工作的评价，是由 Everitt(在“参考文献”中列出的两本书) 和 Harman 给出的。

麦克斯韦设计了许多有用的仪器设备，我都没有在本书中描述，因为害怕列出它们的目录会比一章的故事还要长。其中一台仪器是面积仪（platometer），在他给门罗的信中提到了它。另一台仪器是用于教学的光学仪器，第三台仪器是体视镜（stereoscope），它可以产生一个实像，而且使用起来比一般的虚像型的更容易。

第六章 土星与统计力学

[1]“我与朋友有和谐的个人关系……”引自麦克斯韦写给 R.B. 利奇菲尔德的一封长信，在 Campbell and Garnett 的书（见“参考文献”）中给出了信的全文。

[2] 麦克斯韦关于土星论文的标题是《论土星环运动的稳 196
定性》。

[3] 我只引用了麦克斯韦写给 K.M.D 那八节诗中的后四节，以及写给凯瑟琳题为《可否请你跟我来？》(*Will you come along with me?*) 四节诗的第一节和最后一节，在 Campbell and Garnett 的书（见“参考文献”）中给出了这两首诗的全文。

[4] 为了确定混合色中各原色的比例，必须将各原色按比例混合与纯光谱色比较。麦克斯韦和凯瑟琳将该比例的研究报告发表在《论混合色理论以及光谱色的关系》中，麦克斯韦一八六〇年把该论文提交给皇家学会。麦克斯韦夫妇正在使用第二代色箱。后来在伦敦使用的和在格伦莱尔使用的色箱分别是第三代和第四代的。

[5]"假如你以 17 英里 / 分钟的速度运动……"引自麦克斯韦写给 P.G. 泰特的一封信，这封信保存在剑桥大学档案中。

[6] 为了简单起见，在麦克斯韦关于分子速度分布的推导中，我给出了第二种表述，这种表述把速度分量 x，y 和 z，以及速率 s 视为不连续值。实际上，它们可以连续变化。这种表述的一个正式版本将不需 x，y，z 和 s 取特定值时的分子数，而只是取 x~x+dx，y~y+dy，z~z+dz 和 s~s+ds 无穷小范围内的分子数。

[7] 对阿道夫·奎特勒工作的介绍，是由约翰·赫歇耳写的，发表在一八五〇年的《爱丁堡评论》中。麦克斯韦在回忆中说九年前他曾读到这篇文章。我们非常感激 Francis Everitt，是他确定了赫歇耳与奎特勒的关系，并将其写进了 *James Clerk Maxwell, Physicist and Natural Philosopher* 一书中。Everitt 告诉我，这个功劳还应归功于查尔斯·吉利斯皮尔、斯蒂芬·布拉什和泰德·波特。最小二乘法最早的推导是由卡尔·弗里德里希·高斯和阿德里安–玛丽·勒让德各自独立完成的。

[8] 麦克斯韦一八六〇年关于气体理论的论文题目是《对气

体动力论的说明》。

一般性注释 197

许多关于麦克斯韦在阿伯丁时期的信息来自 R. V. Jones 以及 John S. Reid 的文章（见“参考文献”）。我要特别感谢 John S. Reid 关于麦克斯韦在马里斯查尔学院工作的信息，还要感谢 R. V. Jones 关于音乐厅红利的故事。

第七章 旋转的涡旋

[1] 麦克斯韦一家住在宫殿花园 8 号，现在是 16 号，一座新建的四层楼的房子，是从教堂管理人那里租的。该房紧靠与海德公园毗连的肯辛顿花园。

[2] 普莱费尔密码本是由查尔斯·惠斯通发明，却以里昂·普莱费尔的名字命名。普莱费尔[1]曾是一位化学教授，后来从政，并被授予男爵封号。十九世纪中叶，普莱费尔促使英国政府采用惠斯通译码系统。该系统容易使用，而且比以前的系统更加安全，因为发送信息中的文字是成对编码的。当密码译电员对该密码十分熟练时，该密码不得不被更复杂的密码所替换。

[3]“在我们的脑海里隐藏着力量和思想……”引自麦克斯

1. 普莱费尔（Lyon Playfair，1818—1898）：英国化学家、政治家。

韦一八五六年写的《梦乡的回忆》(*Recollections of Dreamland*)，全诗可在 Campbell and Garnett 的书（见“参考文献”）中找到。

[4]“我坚信，大脑里一定有一个部位控制人的意识……”引自麦克斯韦一八五七年致 R.B. 利奇菲尔德的一封信。

[5] 见第五章注释 [7]，是关于磁极的注释。

[6] 麦克斯韦对涡旋弹性强度的计算涉及两种弹力：抗扭力和抗压缩力。它是这两个力之间的比值。

198 **一般性注释**

为简洁起见，正文中没有完全描述麦克斯韦旋转涡旋模型的所有工作特性。他力图使这个模型尽可能适用，从而按需要对每个步骤引入相应的特征。在《论物理力线》的第一部分中，他把模型中的转动元素描述为流体介质中的“分子旋涡”。到了第三部分，它们已经变成了类似固体的“涡旋”，具有弹性并呈球形。即使按麦克斯韦的标准衡量，在数学分析方面，他仍然具有非凡的想象力。为了研究介质中的压力，他利用了部分子（portions）[1]，它们大到可以把涡旋的作用看作一个整体来处理，但又小到可以作为微分方程中的无穷小的元。

尽管内容很新奇，但《论物理力线》大体是很清楚的，这还要归功于麦克斯韦的文笔。然而，里面还是有些细节很难理解。

---

1. 这个“部分子”与量子力学中的“部分子”(parton）不是同一概念，请读者不要混淆。——作者注

例如，他在第三部分的一个方程中的符号上出错了，接着在另一方程中又改正过来，这个改正是通过改变他一个力的符号的意义而得到的，该力产生于涡旋上的粒子。这个问题在学者中仍在争论，Daniel M. Siegel 的著作 *Innovation in Maxwell's Electromagnetic Theory* 有启发性的贡献。

第八章　美妙的方程

[1] 麦克斯韦关于气体黏滞度家庭实验结果的报告《论空气和其他气体的黏滞度或者内摩擦》发表于一八六六年。

[2] 法拉第不大像是第一个发现电磁感应现象（穿过一个导 199
体回路磁通量的变化可以产生电流）的人。纽约州奥尔巴尼的教师约瑟夫·亨利利用业余时间，早在几个月前就有了同样的发现，直到听说法拉第的结果后才发表了自己的发现。正如正文介绍的那样，亨利制造出世界上第一个大功率电磁体，还发明了电磁式继电器。他本可以利用这些装置的专利去发大财的，但他和法拉第一样有强烈的宗教信仰，拒绝财富。他在史密森学会任主任三十二年期间，拒绝加薪。

[3] 研制标准电阻的实验结果，包含在一八六三年给英国科学促进会电气标准分会的一个报告中。麦克斯韦和詹金的论文推荐的一个完整的单位体系（麦克斯韦还在本文中引入了空间符号）也出现在这个报告中，报告经修改再版在一八六五年的《哲

学杂志》上。

[4] 如果不利用张量运算，爱因斯坦就不可能给广义相对论列出方程式。而爱因斯坦对张量运算的利用，应归功于他的朋友马塞尔 · 格罗斯曼。格罗斯曼是位数学家，他发现勒维 – 齐维塔和里奇的著作中有张量计算，就介绍给爱因斯坦。勒维 – 齐维塔和里奇发展了黎曼和克里斯托菲的工作，而黎曼和克里斯托菲的工作又是建立在卡尔 · 弗里德里希 · 高斯的理论之上的。

[5] 正如正文所述的那样，麦克斯韦利用拉格朗日方法为动力学系统确立了方程，见他的论文《电磁场的动力学理论》。拉格朗日方法的另外一个表述已经由爱尔兰数学家威廉 · 罗恩 · 哈密顿提出。麦克斯韦后来采用这两种形式，但渐渐喜欢用哈密顿形式，因为它更清楚地表明了动力学系统两个基本的量——能量和动量——之间的关系。一般来说，麦克斯韦的直觉总是对的。
200 正是哈密顿形式成了现代物理学许多分支的标准。

[6] 当方程被写成一般形式，而不是针对真空这个特殊情况时，它们将包括电荷密度和电流密度这些额外的项，以及在电磁场里的物质电和磁性的项。即使是这样，它们仍然是很简单的。

[7] 为了简洁将电磁场方程用现代的矢量符号表示。这种代替是合理的，因为麦克斯韦自己后来也开始了现代化过程，即使方程采用现代形式，根据单位制的不同，方程也稍有不同。我采用了高斯制单位，因为它们很好地阐明了常数 c（光速）——电场和磁场之间的一种转换比。在高斯制中，$\boldsymbol{E}$ 用静电单位表示，$\boldsymbol{H}$ 用电磁单位表示，因此，c 或者 $1/c$ 充当了两者间的一个转化率。

比较普遍的是，当全部采用电磁单位时，方程 (3) 中的 $1/c$ 消失了，而方程 (4) 中的 $1/c^2$ 取代了 $1/c$。高斯单位制是第一个被国际采纳的电单位制，是一八八一年在电学联合会巴黎会议上被采纳的。正如在正文所介绍的那样，这个单位制的主要贡献者是麦克斯韦而不是高斯。

为了避免增加非专业读者的负担，我尽量少用符号。但还必须有另外两个矢量 $\boldsymbol{B}$ 和 $\boldsymbol{D}$。方程则为：

$$\mathrm{div}\boldsymbol{D} = 0 \qquad (1)$$

$$\mathrm{div}\boldsymbol{B} = 0 \qquad (2)$$

$$\mathrm{curl}\ \boldsymbol{E} = -(1/c)\partial \boldsymbol{B}/\partial t \qquad (3)$$

$$\mathrm{curl}\ \boldsymbol{H} = (1/c)\partial \boldsymbol{D}/\partial t \qquad (4)$$

$\boldsymbol{D}$ 是由电场强度 $\boldsymbol{E}$ 产生的电通量密度，$\boldsymbol{B}$ 是由磁场强度 $\boldsymbol{H}$ 201
产生的磁通量密度。但在高斯单位制中，对于真空，$\boldsymbol{D} = \boldsymbol{E}$ 和 $\boldsymbol{B} = \boldsymbol{H}$，这使方程只用 $\boldsymbol{E}$ 和 $\boldsymbol{H}$。

[8] 严格地讲，$\boldsymbol{E}$ 和 $\boldsymbol{H}$ 不是力，而是任意一点电场和磁场的强度。但是，它们也可以被认为是随时可以起作用的力，当一个单位电荷或者一个单位磁极被置于一点上时，这个等待作用的力就表现出来了。

[9] 在论文《电磁场的动力学理论》中，麦克斯韦用很广泛的形式表示了他的结果，而不像我们在这里说的这么简单。帮助人们理解这些新观点，比把事情包起来更重要。他列出了八个

电场和磁场的方程，并说明它们很容易被浓缩成更少的方程，但“消除一个表达有用观点的量是一个损失，而不是在这阶段我们探究时的一个收获”。这样被表述的观点之一是法拉第的电致紧张态，它在麦克斯韦的体系中成为场的动量。正是他把这些结果浓缩成现在人们熟悉的形式。

这篇论文在代数符号上出现一个矛盾，学者们对此讨论很多。这个矛盾类似于麦克斯韦在《论物理的力线》论文中的一个矛盾。他在一个鸡和蛋的问题——是电荷产生电场，还是电场产生电荷？——上较上了劲，在论文不同的部分里，他采取的观点不同。Thomas K.Simpson 在专著 *Maxwell on the Electromagnetic Field* 中给出了一个更为详尽的说明。就像法拉第做过的那样，麦克斯韦通常给场以优先地位，但他的一些追随者宁愿认为电荷是基本的实体，当一八九七年电子被发现时，他们的观点得到了加强。最终，这两个观点被调和在一个公式中，该公式是今天课
202 堂上普遍使用的一个混合版本，它把场和电荷调和成具有同样基本的地位。Siegel 在著作 *Innovation in Maxwell's Electromagnetic Theory* 中描述了这个过程。

在论文《电磁场的动力学理论》中，有一条关于引力的有趣的短注释。对于麦克斯韦来说，他很自然地想搞明白，他的观点——能量存在于真空当中——是否能解释导致物体相互吸引的引力场。他很快就发现这是不可能的，于是便写了这条注释，以避免其他问题也走进这个死胡同。喜欢采用几何方法解决问题的麦克斯韦，肯定会对爱因斯坦的解释感到高兴，因为爱因斯坦说

引力只不过是时空几何的一种表现。

一般性注释

麦克斯韦离开国王学院多年以后，一种流言说他是被请出校园的，因为他不能维持好他的课堂。这种流言来自一个“可靠”来源，即一九二八年出版的学院百年历史。然而，登博（Cyril Domb）教授和他的同事后来揭穿了这个谎言。令人奇怪的是，学院“历史”的作者报告了某人的一个六十年前的回忆，他本人并不知道麦克斯韦，但记得是从别人那里听到这个故事的。后来才知道，那个所谓的别人，既不知道麦克斯韦，也从没有在国王学院待过。登博和他的同事，包括学院的档案管理员，发现这个被披露的“事实”是错误的。可能的情况是，作者没有查阅学院的档案以证实自己消息的来源。在“参考文献”所列的 Domb 的文章中，Domb 给出了一个详细的说明。

第九章 家乡的地主

[1]“这个人中等身材……”和“他有很强的幽默感……”
均引自 Campbell and Garnett 的书（见“参考文献”）中的引文， 203
原文作者的姓名未知。

[2] 麦克斯韦把他用实验测得的电荷的电磁单位和静电单位之比的结果，在论文《静电力与电磁力直接比较的方法以及关于

光的电磁理论的一个注释》中做了报道，该文发表于一八六八年。正如论文标题所暗示的那样，论文包含了麦克斯韦对他的电磁理论的一个注释，在注释中批判了他的对手韦伯和黎曼的理论。后来在《电磁通论》中，他将他自己和其他人对电单位比率的实验测量结果，与通过最佳的直接测量而得到的在空气或真空中的光速进行了比较，并列表如下：

光速（km/s）		电单位的比率（km/s）	
菲佐	314000	韦伯	310000
偏差等，以及太阳的视差	308000	麦克斯韦	288000
傅科	298000	汤姆森	282000

[3]《热的理论》一八七一年出版，麦克斯韦在该书中公开提出了麦克斯韦妖。实际上，麦克斯韦在与泰特和汤姆森的私下谈话和通信中，早已谈到了这个观点。麦克斯韦对麦克斯韦妖有记录的最早描述是在一八六七年致泰特的一封信中。

[4] 麦克斯韦妖有利于说明第二类永动机。第一类永动机不消耗能量，而第二类永动机需要从周边物质吸取能量，直到周边物质的温度下降到绝对零度（−273℃）为止。

[5] 这封信是麦克斯韦写给塞西尔·门罗的，他在信中说大多数人的眼睛都具有黄斑。在 Campbell and Garnett 的书（见“参考文献”）中给出了信的全文。

[6]“我几乎没有注意到科学人士的政治影响力……”这封信 204
是写给皇家研究所副所长 W.R. 格罗夫的。就政治而言，麦克斯韦属于保守派。正如正文所述的那样，保守派失去了一八六八年的大选，在圣安德鲁斯大学校长职位敲定之时，格莱斯顿的自由党已经在执政了。

[7] 圣安德鲁斯拒绝焦耳的故事是 R.V. 琼斯讲的。

第十章 卡文迪许实验室

[1]“人是很少满足的，他在做一台计算机器时肯定不会让它发挥最大功能……”来自麦克斯韦一八七〇年担任英国科学促进会 A 部主席时的就职演说。

[2] 艾萨克·托德亨特被邀请去观看锥形折射的故事，是麦克斯韦的学生亚瑟·舒斯特在《物理学的进展》中讲的。

[3] 把亨利·卡文迪许讲话频率与拉特拉比斯修道院（Trappist monks）修道士讲话频率进行比较的是亨利·布鲁厄姆[1]，即后来的布鲁厄姆男爵，他和其他人一道在建立伦敦大学学院中发挥了作用。

[4] 这位美国的来访者对于把自己的身体用作电流计的邀请

1. 布鲁厄姆（Henry Peter Brougham，1778—1868）：苏格兰裔法官。

感到不快，他名叫塞缪尔·皮尔庞特·兰利[1]，他曾经发明了测量辐射能的测辐射热计。C. G. Knott 在著作 *The Life and Scientific Work of Peter Guthrie Tait* 中讲了这件事。

[5] 麦克斯韦编辑的卡文迪许的著作出版于一八七九年，名为《尊敬的亨利·卡文迪许的电学著作》。

205 [6] 麦克斯韦对于格思里的著作《实用物理、分子物理学与声学》批评性的评论一八七九年在《自然》杂志上发表。这个评论包含的段落“假如一个孩子具有研究自然的潜在才能……”在第三章已经引用过。就我所知，以“或许出于对学术的责任……”开头的这首诗，没有收录在麦克斯韦的任何诗集当中。麦克斯韦自然没有承认自己是作者，假如他承认了的话，那就会破坏这个玩笑。我非常感谢 Goldman，是他把这首诗收录在他写的麦克斯韦传记 *The Demon in the Aether: The Life of James Clerk Maxwell* 当中。

[7]“当事物当前状态的无穷小变化……”引自麦克斯韦一八七三年为剑桥随笔俱乐部写的一篇随笔，标题是《物理学的进展将使必然性的观点优于事件的偶然性和自由意志吗？》。毋庸置疑，为了针对更广大的读者，他本可以把标题定得简短一些，例如叫《科学与自由意志》。

[8] 我在这里给出了四节诗《致凯利肖像基金委员会》的第

1. 兰利（Samuel Pierpoint Langley，1834—1906）：美国物理学家，1881 年研制成测辐射热计，确定了太阳常数。

一节和最后一节，全诗在 Campbell and Garnett 的书（见“参考文献”）中。

[9] 麦克斯韦的《电磁通论》启发了许多有创造性的物理学家和工程师，它的钟情者之一是奥利弗·亥维赛——独具慧眼的英国人。一八八七年，亥维赛通过在数学上证明怎样制造不失真的电话电缆从而改进了电信事业，还做出了其他一些公认的重要改革。Paul Nahin 撰写的亥维赛传记 *Oliver Heaviside, Sage in Solitude* 是关于亥维赛及其同事的信息的宝库，同时还包含了麦克斯韦对他们工作的影响的信息。

[10] 在历史上曾经一度认为，麦克斯韦的辐射压力造成彗
尾朝着背离太阳的方向延伸。然而，美国物理学家尤金·诺尔 206
曼·帕克在一九五八年证明了太阳抛出的粒子而形成的“太阳
风”的存在，这被认为是对彗星尾巴行为产生主要影响的原因。
不过，辐射压仍然起着部分作用。

[11] 对于定压气体比热和定容气体比热之比，麦克斯韦、玻尔兹曼和其他人使用的公式是：

$$\gamma = (n + 2) / n$$

这里 γ 是两个比热之比，n 是分子运动自由度数，分子的能量可以通过碰撞从一个分子转移到另一个分子上。这个公式基于能量均分定理，据此动能平均分配到 n 种运动方式上。分数分子里的 2 表示气体在定压加热时因膨胀而需要的额外能量（数

值 2 来自德国物理学家 J.R. 迈尔的著作）。在关于气体理论的第一篇论文中，麦克斯韦已经假设分子的行为就像表面粗糙的撞球。当它们碰撞时，它们能够把线性能量在 3 个独立方向（x, y, z）上转换。由于分子表面是粗糙的，所以分子还能够在这 3 个方向上转换它们的转动能。因此，麦克斯韦最先得到的 γ 值为：$\gamma=(6+2)/6=4/3=1.333$。然而，实验给出的 γ 值却为 1.408。当考虑到分子运动的振动方式后，n 的值要增加，而本来就很低的 γ 的理论值还要下降，理论值与实验值的差值将进一步增大。不仅如此，更糟糕的情况出现了，来自光谱的结果表明气体应该还有许多不同的振动方式。

[12] 对麦克斯韦感兴趣的人，肯定会对凯瑟琳及其与麦克
207 斯韦生活在一起的极少量信息感到失望。麦克斯韦在其分开的时候每天都写信给她，但遗憾的是，坎贝尔在传记中未能把大多数信件反映在其中。刘易斯·坎贝尔只给出了少数几封信，却保留了大量激动人心的信，这些信件后来都遗失了。为了弥补我们的遗憾，他告诉了我们想知道的事情：

> ……大量的信件中充满了童趣，就如他童年时总是尽量让父亲高兴一样。他写信告诉她一切，假如她读了信的话，一定会神情专注、目不转睛的：小范围的社会现象，奇形怪状的人或者优雅的人（包括女友的服装），包括考试的一些轻松话题；还有学院的习俗，例如宴会结束时最后举杯祝颂；以及与他同时主考的人相处，他得到的荣誉，他知道，

她会为这些荣誉感到很高兴，但他对这些并不在乎。

我们本来是可以看到更多有意思的东西的啊。不过，责怪也没有用。我们还是应当感谢坎贝尔，是他使我们对麦克斯韦有了尽管不是很完整，却很真实的了解。关于凯瑟琳的信息，似乎再没有比本文所述的更多的信息了。麦克斯韦的女性亲戚大致都不喜欢凯瑟琳，他的同事及同事妻子也是如此，但是，正如我们已经知道的那样，他们的一些评论不足为信。

一般性注释

麦克斯韦去世后，剑桥大学再次邀请威廉·汤姆森担任卡文迪许教授职位，但又遭到了拒绝，因为他决定继续留在格拉斯哥。这个职位结果传给了瑞利勋爵，一位三十七岁的、来自艾塞克斯的绅士，曾在他的宅邸旁创建了一个实验室。瑞利曾一度被人们低估，但现在被人们铭记，主要是因为他解释了蓝天上出现的光色散现象，以及和威廉·拉姆齐[1]一道发现了氩。早在九年
前，那时名为 J.W. 斯特拉特的瑞利，是在年轻的剑桥学者中请 208
求麦克斯韦返回剑桥的人士之一。瑞利巩固了卡文迪许实验室良好的开端，一八八四年退休，回到了他设在乡村的实验室中。瑞利在管理卡文迪许实验室时很有经济头脑，为实验室打下了牢固

1. 威廉·拉姆齐（Sir William Ramsay, 1852—1916）：英国化学家，氦的发现者，曾获 1904 年诺贝尔化学奖。

的经济基础，设立了仪器基金，而且自己慷慨地捐了钱。他还引进了对实验技术的系统训练，改革了麦克斯韦的放任自流的做法。在麦克斯韦和瑞利之后，在一九三九年以前，卡文迪许教授职位的继任者分别是电子的发现者 J.J. 汤姆森和原子基本结构的发现者欧内斯特 · 卢瑟福。

第十一章 最后的日子

[1] 威廉 · 加尼特是麦克斯韦在卡文迪许实验室的实验演示员，一八七九年九月曾到格伦莱尔访问过麦克斯韦。加尼特与刘易斯 · 坎贝尔合写了著作 *The Life of James Clerk Maxwell*。坎贝尔撰写了主要的传记性正文，加尼特是原始材料的研究者和整理者，同时撰写了长达一百一十页的、关于麦克斯韦对科学的贡献的论述。我们现在看来，坎贝尔论述得不充分是不足为怪的，因为在那时还没有人能够准确理解麦克斯韦著作的巨大价值。麦克斯韦论文的精华与加尼特的评论形成了有趣的对照：麦克斯韦舞姿婆娑，而加尼特却步履沉重。不过，加尼特对这位伟大人物的钦佩、热爱贯穿了全文，他的叙述既有魅力，也有历史价值。

[2] 巴特勒博士在麦克斯韦悼念仪式上致辞的全文在 Campbell and Garnett 的书（见“参考文献”）中可见。巴特勒后来成为三一学院的院长，他和麦克斯韦在这里曾是同学。

[1] 为了解麦克斯韦在爱因斯坦狭义相对论起源中的作用，一些读者也许欢迎我们更多地介绍有关的背景知识。

一八八七年，迈克尔逊和莫雷在俄亥俄州克利夫兰进行了著名的实验。他们想探测“以太漂移”。这是指地球穿越以太物质的运动，以太被认为弥漫在整个空间，是光波传播的媒介。麦克斯韦本人曾计算出这种测量需要超乎寻常的精确度，并且怀疑这个实验是否能够在任何一个实验室里完成。在致华盛顿航海天文局戴维·派克·托德的一封信中，他曾提出他的理由，同时还提出另外一种方法——利用对木星卫星的观测。在麦克斯韦逝世几个月后，托德发表了这封信。虽然木星方案没有产生任何结果，但当迈克尔逊看到麦克斯韦的这封信后，他把这个伟人对地面实验方法的怀疑看作是一个挑战，并用了八年的时间去研制干涉仪。干涉仪是利用光波波长作为测量单位的一种仪器，其测量精确度达到了一般难以想象的程度。在同事莫雷的帮助下，迈克尔逊着手测量一束光分成的两个成直角部分的速度差。这个差将确定是否存在以太漂移。

这个仪器对于这个实验足够精确，然而，使实验者极度惊愕的是，两个方向上的光的速度完全相同。反复实验仍然给出相同的实验结果。这太令人失望了，这个实验最初被科学界认为是探测以太漂移的失败。迈克尔逊自己很少提到他的这个实验结果，而且一直没有认识到它的巨大意义。然而，其他人开始认识到这

210 是一个新的而又重要的事实，并提出一些观点来解释这一事实。爱尔兰人乔治·弗兰西斯·菲茨杰拉德[1]认为，在以太中运动的所有物体在运动方向上收缩，以致以太漂移无法探测到。他还提出了一个收缩公式，该公式暗示任何接近光速运动的物体看起来被压扁了。他的同事认为他疯了，但荷兰物理学家亨德里克·安东·洛伦兹也独立地提出了同样的公式，还补充了另一个公式，根据该公式以太使时钟变慢了。令人惊奇的是，麦克斯韦电磁场方程对这些时空的修改似乎是内禀的：它们在洛伦兹变换下依然不变。然而，过去一直是运动物体计算基础的牛顿定律则不然。

于是，一场危机出现了。主要的理论物理学家开始寻找另外的解释。包括洛伦兹和伟大的法国数学家亨利·庞加莱[2]在内的一些科学家接近了问题的答案，但是，只有爱因斯坦才揭开了以太漂移实验的谜底。尽管我们的感觉告诉我们，不存在对时空的绝对测量，所有的测量都是相对的；但是光速是唯一一个绝对的量。在匀速运动中，无论多快或者沿着什么方向，光速对于所有观察者都是一样的。光速完全取决于麦克斯韦理论：他的方程提供了空间和时间之间的联系，非常接近狭义相对论的核心。

那么，以太又是什么呢？起初，爱因斯坦和其他人一样也认为，为了传播光需要某种以太，且它在绝对时空中起作用。后来

---

1. 菲茨杰拉德（George Francis Fitzgerald，1851—1901）：爱尔兰物理学家，1892 年为解释迈克尔逊 - 莫雷“以太漂移”实验结果，与洛伦兹各自独立提出运动物体在运动方向上收缩的假设（菲茨杰拉德 - 洛伦兹收缩）。
2. 庞加莱（Henri Poincaré，1854—1912）：法国数学家、物理学家，首创微分方程的定性理论、组合拓扑学和自守函数理论，对相对论研究也有贡献。

他否定了这些看法，认为空间和时间自身在起作用，不再需要以太了。

在物理学史中，迈克尔逊和莫雷的实验现在被认为是最重要的一个实验，它很好地证实了麦克斯韦的哲学：“我从不阻拦任 211
何人去做什么实验，即使他没有发现他想要的东西，他也许会发现其他的东西。”

[2] 这个预言来自（经典的）理论：物质将辐射掉它的所有动能，并导致所谓的“紫外灾难”，因为问题在于高频端的辐射光谱，在那里辐射能量的“经典”公式是发散的。接受过数学训练的读者，将会在 Malcolm S. Longair 的杰作 *Theoretical Concepts in Physics* 中找到对量子理论发端的迷人的叙述。

[3] 在 Campbell and Garnett 的书（见“参考文献”）结尾一章，刘易斯·坎贝尔给他这位终生的朋友画了一张素描。他在那里写道：“麦克斯韦人格最主要的特点是无比的真诚。”

参考文献 212

注：在正文中所提到的有关麦克斯韦的一些出版物列在下面。有关麦克斯韦的其他出版物，可以在下面的 Niven 和 Harman 编辑的著作中找到。这两部著作对于对麦克斯韦感兴趣的学生来说是最好的信息来源。

Bell, E. T. *Men of Mathematics*, 2 vols., Penguin Books, Harmondsworth (reprinted 1965).

Blackburn, J. (Ed. Rob Fairley). *Jemima: The Paintings and Memoirs of a Victorian Lady*. Canongate, Edinburgh (1988).

Campbell, L. and Garnett, W. *The Life of James Clerk Maxwell*. Macmillan, London (1882; 2nd edition 1884).

Cannell, D. M. *George Green, Mathematician and Physicist, 1793-1841*. Athlone Press, London (1993).

Community Council of Kirkpatrick Durham. *James Clerk Maxwell: Pathfinder of Modern Science, A Centenary Tribute* (1979).

Domb, C. (Ed.). *Clerk Maxwell and Modern Science*. Athlone

Press, London (1963).

Domb, C. Clerk Maxwell in London 1860-1865. *Notes and Records of the Royal Society of London*, 1980, 35(1).

Dyson, F. J. Why is Maxwell's theory so hard to understand? Article in the *James Clerk Maxwell Foundation's Commemorative Booklet.* Edinburgh (1999).

Einstein, A. Maxwell's Influence on the Development of the Conception of Reality. Essay in *James Clerk Maxwell, A Commemoration Volume.* Cambridge University Press, Cambridge (1931).

Everitt, C. W. F. *James Clerk Maxwell: Physicist and Natural Philosopher.* Charles Scribner's Sons, New York (1975).

Everitt, C.W. F. Maxwell's Scientific Papers. *Applied Optics*, 1967, 6(4).

Feynmann, R. P., Leighton, R. B. and Sands, M. *Lectures on Physics.* Addison-Wesley, New York (1965).

Fleming, A. Some memories. Essay in *James Clerk Maxwell, A Commemoration Volume.* Cambridge University Press, Cambridge (1931).

Forfar, D.O. Generations of genius. Article in the *James Clerk Maxwell Foundation's Commemorative Booklet.* Edinburgh (1999).

Forfar, D.O. and Pritchard, C. The remarkable story of Maxwell and Tait. Article in the *James Clerk Maxwell Foundation's*

Commemorative Booklet. Edinburgh (1999).

Garnett, W. Maxwell's Laboratory. Essay in *James Clerk Maxwell, A Commemoration Volume*. Cambridge University Press, Cambridge (1931).

Glazebrook, R.T. *James Clerk Maxwell and Modern Physics*. 213
Cassell, London (1901).

Glazebrook, R. T. *Early days at the Cavendish laboratory*. Essay in *James Clerk Maxwell, A Commemoration Volume*. Cambridge University Press, Cambridge (1931).

Goldman, M., *The Demon in the Aether: The Life of James Clerk Maxwell*. Paul Harris Publishing, Edinburgh (1983).

Harman, P. M. *The Natural Philosophy of James Clerk Maxwell*. Cambridge University Press, Cambridge (1998).

Harman, P. M. (Ed.), *The Scientific Papers and Letters of James Clerk Maxwell*, 3 vols., Cambridge University Press, Cambridge (1990, 1995, 2002).

Hoffmann, B. *The Strange Story of the Quantum*. Penguin Books, Harmondsworth (1963).

James Clerk Maxwell Foundation. *James Clerk Maxwell Foundation's Commemorative Booklet*. Edinburgh (1999).

Jeans, J. James Clerk Maxwell's Method. Essay in *James Clerk Maxwell, A Commemoration Volume*. Cambridge University Press (1931).

Jones, R. V. The Complete Physicist: James Clerk Maxwell 1831-1879. *Yearbook of the Royal Society of Edinburgh*. Edinburgh (1980).

Knott, C. G. *Life and Scientific Work of Peter Guthrie Tait*. Cambridge University Press, Cambridge (1911).

Lamb, H. *Clerk Maxwell as Lecturer*. Essay in *James Clerk Maxwell, A Commemoration Volume*. Cambridge University Press, Cambridge (1931).

Larmor, J. The Scientific Environment of James Clerk Maxwell. Essay in *James Clerk Maxwell, A Commemoration Volume*. Cambridge University Press, Cambridge (1931).

Leff, H. S. and Rex, A. F. (Ed.). *Maxwell's Demon: Entropy, Information, Computing*. Adam Hilger, Bristol (1990).

Lodge, O. Clerk Maxwell and the Wireless Telegraph. Essay in *James Clerk Maxwell, A Commemoration Volume*. Cambridge University Press, Cambridge (1931).

Longair, M. S. *Theoretical Concepts in Physics*. Cambridge University Press, Cambridge (1984).

Maxwell, J. C. *A Treatise on Electricity and Magnetism*, 2 vol., 3rd edn. Clarendon Press, Oxford (re-published 1998).

Maxwell, J. C. *Theory of Heat*. Longmans, Green and Co., London (1871).

Maxwell, J. C. *Matter and Motion*. Notes and appendices by Joseph Larmor. Republished by Dover Publications, New York (1991).

Maxwell, J. C. *A Dynamical Theory of the Electromagnetic Field*, edited and introduced by T. F. Torrance. Scottish Academic Press, Edinburgh (1982).

Nahin, P. J. *Oliver Heaviside, Sage in Solitude.* IEEE Press, New York (1988).

Niven, W. D. (Ed.). *The Scientific Papers of James Clerk Maxwell*, 2 vols. Cambridge University Press, Cambridge (1890).

Penrose, R. *The Emperor's New Mind.* Oxford University Press, New York (1989; and Vintage, London, 1990).

Planck, M. Maxwell's influence on theoretical physics in Germany. 214
Essay in *James Clerk Maxwell, A Commemoration Volume.* Cambridge University Press, Cambridge (1931).

Pritchard, C. Aspects of the life and work of Peter Guthrie Tait. Article in the *James Clerk Maxwell Foundation's Commemorative Booklet.* Edinburgh (1999).

Sagan, C. *The Demon-haunted World: Science as a Candle in the Dark.* Headline, London (1995).

Schuster, A. *The Progress of Physics.* Cambridge University Press, Cambridge (1911).

Siegel, D. M. *Innovation in Maxwell's Electromagnetic Theory.* Cambridge University Press, Cambridge (1991).

Simpson, T. K. *Maxwell on the Electromagnetic Field.* Rutgers University Press, New Brunswick, NJ (1997).

Reid, J. S. James Clerk Maxwell's Scottish Chair. Article in the *James Clerk Maxwell Foundation's Commemorative Booklet.* Cambridge (1999).

Thomson, J. J. James Clerk Maxwell. Essay in *James Clerk Maxwell, A Commemoration Volume.* Cambridge University Press, Cambridge (1931).

Tolstoy, I. *James Clerk Maxwell: A Biography.* Canongate, Edinburgh (1981).

Tolstoy, I. *The Knowledge and the Power: Reflections on the History of Science.* Canongate, Edinburgh (1990).

Weart, S. R. and Phillips, M. (Eds). *History of Physics.* American Institute of Physics, New York (1985).

Whittaker, E. T. *A History of the Theories of Aether and Electricity.* Thomas Nelson and Sons, London (1951; republished by Dover Publications, New York, 1989).

索引 215

* 索引中的页码为原书页码，即本书边码

A

Aberdeen[阿伯丁]，68–69，71–73，78，85，88，196

Aberdeen Mechanics' Institution[阿伯丁机械研究所]，71

Aberdeen University[阿伯丁大学]，45，87，90–92，145

see also:

King's College，Aberdeen[国王学院，阿伯丁]

Marischal College，Aberdeen[马里斯查尔学院，阿伯丁]

action at a distance[超距作用]，57–58，60，62，96

Adams，John Couch[约翰 · 库奇 · 亚当斯]，73–75，127

Adams，W. Grylls[W. 格里尔斯 · 亚当斯]，127

Adams' Prize[亚当斯奖]，73，75，127

aether，or ether[以太]，109，209–10

Airy，George Biddell[乔治 · 比德尔 · 艾里]，57，59，73，76

Albany，New York State[奥尔巴尼，纽约州的首府]，198

Albert，Prince Consort[艾伯特，亲王]，85

Alps[阿尔卑斯山]，188

America's Cup，yacht race[美洲杯，游艇比赛]，180

American Journal of Science[《科学美国人杂志》]，160

Ampère, André-Marie[安德烈－玛丽·安培], 56, 96, 115, 192
Amsterdam[阿姆斯特丹], 184
Analogies, essay by Maxwell[《类比》, 麦克斯韦的随笔], 39
Anglican Church—see Church of England[英国国教教堂——见英国教堂]
Apostles (Select Essay Club) [使徒者（由随笔俱乐部挑选出的）], 38, 158
argon[氩], 207
Argyll, Duke of[阿盖尔郡公爵], 145
Armstrong, Louis[路易斯·阿姆斯特朗], 27
Arthur's Seat[亚瑟首府], 12, 27
Atlantic Telegraph Company[大西洋电报公司], 6
(Is) Autobiography Possible?, essay by Maxwell[《自传写作可能吗？》, 麦克斯韦的随笔], 39

B

Babbage, Charles[查尔斯·巴贝奇], 43, 133, 189
Bacon, Francis[弗朗西斯·培根], 24, 35
bagpipes, Maxwell's grandfather's[麦克斯韦祖父的风笛], 8, 171
Baltimore, Maine[巴尔的摩, 缅因州], 161, 169
barometers[气压计], 17
Belfast/Belfast University[贝尔法斯特/贝尔法斯特大学], 88
belfry, analogy for Lagrange's method in dynamics[钟楼, 对拉格朗日动力学方法的类比], 122
Bell, Alexander Graham[亚历山大·格雷厄姆·贝尔], 162
Bell, Alexander Melville[亚历山大·梅尔维尔·贝尔], 162
bellows[风箱], 19

Butcher，James (Lord Danesfort) [詹姆斯 · 布彻，丹斯福特勋爵]，153
Butler，Henry Montagu[亨利 · 蒙塔古 · 巴特勒]，46，174，208

C

Caius (Gonville and Caius College) Cambridge[剑桥大学凯厄斯学院]，33
Cam，river[卡姆，河流]，48，71
Cambridge Philosophical Society[剑桥哲学学会] ，55，65
Cambridge / Cambridge University[剑桥 / 剑桥大学]，3，23，33，34-36，42，45，61，63，67-72，76-78，90，133-34，145-46，147-48，158，160，168，170，172-74，177，179，189-90，196-97，207
see also 还可见
Caius (Gonville and Caius College) [凯斯（贡维尔及凯厄斯）学院]
Cavendish Laboratory [卡文迪许实验室]
King' College[国王学院]
Peterhouse[彼得豪斯学院]
St John's College[圣约翰学院]
Trinity College[三一学院]
camera lucida[投影描绘器]，30
Campbell，Lewis[刘易斯 · 坎贝尔]，14，18-19，29-30，32-33，44，47，69，74，78，87，112，130，133，144，148，187-89，195-97，202-03，206-08
Campbell，Robert[罗伯特 · 坎贝尔]，33
Cannell，D. Mary[D. 玛丽 · 坎纳]，193
Canterbury[坎特伯雷]，49
Cape of Good Hope[好望角]，86

Carlisle[卡莱尔]，66，190
Carmichael (Maxwell's form-master) [卡迈克尔（麦克斯韦在中学时的班主任）]，13
Carnot，Sadi[萨迪·卡诺]，137
Cauchy，Augustin Louis[奥古斯丁·路易斯·柯西]，29，43
Cavendish，Henry[亨利·卡文迪许]，148，153–55，170，204
Cavendish，William—See Devonshire Duke of [威廉·卡文迪许，见德文郡公爵]
Cavendish Laboratory[卡文迪许实验室]，3，26，76，147–49，151–53，155，160，169–71，177，179，188，207–08
Cay，Charles Hope[查尔斯·霍普·凯]，123，143，169
Cay，Jane[简·凯]，10–11，18，44，71，188
Cay，John[约翰·凯]，18，30
Cay，William Dyce[威廉·戴斯·凯]，128，143，169，175
Cayley，Arthur[亚瑟·凯利]，159，190，205
centrifuge[离心分离机]，3，164
chaos theory[混沌理论]，158
Chapman，Sidney[西德尼·查普曼]，167
Charlemagne[查理曼大帝]，162
Cheltenham College[切尔滕纳姆学院]，65
Christchurch，New Zealand[克赖斯特彻奇，新西兰]，179
Christian Socialist movement[基督教社会主义者运动]，45
Christianity[基督教]，37
Christoffel，E.B. [E.B. 克里斯托菲]，199
chromaticity diagram[色品图]，54，80
Chrystal，George[乔治·克里斯托尔]，152
Church of England[英国国教]，45，47，90

Church of Scotland—see Presbyterian Church[长老教会——见基督教长老会]
Clapham[克拉彭]，136
Clausius，Rudolf[鲁道夫·克劳修斯]，80，81，84，113，137
Clerk，Sir George(Maxwell's uncle)[乔治·克拉克爵士，麦克斯韦的伯父]，8，19
Clerk，John (Maxwell's ancestor)[约翰·克拉克（麦克斯韦的祖先）]，8
Clerk，Sir John (Maxwell's ancestor)[约翰·克拉克爵士（麦克斯韦的祖先）]，8
Clerk Maxwell，Elizabeth (died in infancy)[伊丽莎白·克拉克·麦克斯韦（死于幼年）]，4
Clerk Maxwell，Frances(née Cay)[弗朗西斯·克拉克·麦克斯韦（娘家姓凯）]，4，7–9，18
Clerk Maxwell，James—see Maxwell[詹姆斯·克拉克·麦克斯韦——见麦克斯韦]
Clerk Maxwell，James(Maxwell's grandfather)[詹姆斯·克拉克·麦克斯韦（麦克斯韦的祖父）]，8，171
Clerk Maxwell，John[约翰·克拉克·麦克斯韦]，4，6–10，13，19，21，23，32–33，36，44，66–68，128
Clerk Maxwell，Katherine Mary(née Dewar)[凯瑟琳·玛丽·克拉克·麦
217 克斯韦（娘家姓迪尤尔）]，78–80，84，88–90，104，111–12，127–30，133–34，143，146，168–69，171–74，196，206–07
Cleveland，Ohio[克利夫兰，俄亥俄州]，209
Clifton College[克利夫顿学院]，143
colour blindness[色盲]，54–55，111，143
colour box experiments[色箱实验]，55，56，77，80，93，111，127，

143，184，196
colour photograph[彩色照片]，2，93–94
colour top experiments[色陀螺实验]，51–55，77，93
colour television[彩色电视]，55，176
colour triangle[原色三角形]，52–54，191
colour vision，three component theory of[色视觉，三原色理论]，50–55，176，191
comets' tails[彗尾]，205
Commission Internationale d' Éclairage[共产国际歌]，80
Common Sense school of philosophy[哲学的常识学派]，24–25
computer Science / computing[计算机科学 / 计算机]，2，177
conical refraction[锥形折射]，151
control systems / control theory[控制系统 / 控制理论]，3，118–19，139–40
convergence，vector term[收敛，矢量术语]，142
Copperfield，David，Dickens Character[戴维 · 科波菲尔，狄更斯笔下的人物]，18
Corsock[科索克]，88，129，174–75
Cotes，Roger[罗杰 · 科茨]，192
Cowling，Thomas George[托马斯 · 乔治 · 克罗林]，167
Coulomb，Charles Augustin[查尔斯 · 奥古斯丁 · 库仑]，56，155
Coulson，Charles Alfred[查尔斯 · 阿尔弗雷德 · 科尔森]，177
Crelle，August Leopold[奥古斯特 · 利奥波德 · 克雷尔]，193
Crelle's Journal[《克雷尔杂志》]，193
Crimean War[克里米亚战争]，74
Crookes，William[威廉 · 克鲁克斯]，165–67
cube[立方体]，13

D

electron crystallography[电子结晶学]，119
electrotonic state[电致紧张态]，60，63–65，122，193–94，201
ellipse[椭圆]，15
Ely cathedral[伊利大教堂]，35
Encyclopaedia Britannica[《大英百科全书》]，155–56
English concertina[英式六角手风琴]，92
ensemble averaging[总体均值]，164
entropy[熵]，137，139
Episcopalian Church[主教教堂]，6，18
epoxy resin[环氧树脂]，31
equipartition of energy[能量均分]，84，164–65，206
ether，or aether[以太]，109，209–10
Euclid[欧几里得]，36，42，60
Euler，Léonard[列奥那多 · 欧拉]，43
Everitt，C. W. Francis[C.W. 弗朗西斯 · 埃弗里特]，66，191，195–96

F

Faraday，Michael[迈克尔 · 法拉第]，20–21，56–65，93，95，97，109，115，121，192–94，198–99，201
Farrar，Frederic William[弗雷德里克 · 威廉 · 法勒]，49
Fawcett，William Milner[威廉 · 米尔纳 · 福西特]，147
Feynmann，Richard[理查德 · 费曼]，1，186
Finley，Rob[罗伯 · 芬利]，187
fish–eye lens[鱼眼镜头]，42
Fitzgerald，George Francis[乔治 · 弗朗西斯 · 菲茨杰拉德]，209–10
Fizeau，Armand Hippolyte Louis[阿曼 · 希波吕忒 · 路易斯 · 菲佐]，108，136–37，209–10

glaciers[冰河]，27
Gladstone，William Ewart[威廉・尤尔特・格莱斯顿]，144，204
Glasgow/Glasgow University[格拉斯哥 / 格拉斯哥大学]，20，61，67，119，131，145，147，153，187
Glazebrook，Richard T[理查德・T. 格莱斯布鲁克]，153
Glenlair [格伦莱尔]
general[一般情况], 32, 45, 88, 90, 104, 113, 127, 161, 169, 186–87, 196
estate(chronological order)[庄园]
residue of Middlebie[米德尔比的遗产]，7，
land improvements[土地改良]，19，130
line of inheritance[遗产线索]，7，130，175
house (chronological order)[房屋]
building of[建筑物]，7
childhood at[孩童时期]，4，8–13，19
home experiments at[家庭实验]，28–31，35，55
father's illness and death at[父亲生病并去世]，66–68
219 bachelor lift at[单身生活]，72–73
honeymoon at[度蜜月]，78–80
continuous stay at[持续待在那里]，128–45
enlargement of[扩建]，128–29
last illness at[最后一次生病]，171–72
destroyed by fire[火灾造成的损失]，175
Gloag，James[詹姆斯・格洛格]，188
global analysis[整体分析]，141
Goldman，Martin[马丁・戈德曼]，167，188，194，205
Gonville and Caius College，Cambridge—see Caius[贡维尔与凯厄斯学

院，剑桥大学——见凯厄斯学院]
Göttingen[格丁根]，184
governors[地方官]，118–19，139–40
gradient(grad)，vector term[梯度，矢量术语]，142
Grassmann，Hermann[赫尔曼·格拉斯曼]，54，191
gravity/gravitation[地心引力/重力]，201
Great Stuart Street，Edinburgh[斯图亚特王室大街，爱丁堡]，188
Green，George[乔治·格林]，63，193
Gregory，professor of chemistry[格雷戈里，化学教授]，28
Grossmann，Marcel[马塞尔·格罗斯曼]，199
Grove，W.R.[W.R.格罗夫]，203
Guthrie，Frederick[弗里德里克·格思里]，156–57，189，204
gutta percha[水滴]，35

H

Haldane，John Burdon Sanderson[约翰·伯登·桑德森·霍尔丹]，183
Hamilton，William[威廉·哈密顿]，21，24–25，28，142，188
Hamilton，William Rowan[威廉·罗恩·哈密顿]，24，142，199
hamiltonian，mathematical function[哈密顿函数，数学函数]，46
Hampshire[汉普郡]，78
Harman，Peter M.[彼得·M.哈曼]184，195
Harrison，John[约翰·哈里森]，21
Harrow School[哈罗学校]，46，174
Hay，David Ramsay[戴维·拉姆塞·海]，16，52
Heaviside，Oliver[奥利弗·亥维赛]，143，185，205
Helmholtz，Hermann Ludwig Ferdinand，von[赫尔曼·路德维格·斐迪南·亥姆霍兹]，49，55，132，145，161，178，190–91

I

J

K

L

Milton，John[约翰·弥尔顿]，6
Monge，Gaspard[加斯帕尔·蒙日]，29，43
Monro，Cecil James[塞西尔·詹姆斯·门罗]，109，195，203
Morley，Edward[爱德华·莫雷]，180，209–10
Morrieson，Mrs (Lewis Campbell's mother)[莫里森太太（刘易斯·坎贝尔的母亲）]，34
Murrdoch，Maggy[麦吉·默多克]，5
Music Hall，Aberdeen[音乐厅，阿伯丁]，85，196

N

Nahin，Paul[保罗·内尹]，205
National Physical Laboratory[英国国家物理实验室]，153
Nature，scientific journal[《自然》，科学杂志]，28，151，156–57，164，174，189，204
Nautical Almanac Office，Washington[航海天文局，华盛顿]，209
naval tactics[海军战术]，8
Nelson，Horatio[霍雷肖·纳尔逊]，8
Neptune，discovery of[海王星的发现]，73–74
New York[纽约]，184
Newmarket[纽马克特]，36
Newton，Isaac[艾萨克·牛顿]，3，12，29，35，42，50，57，81，83，162，177，180–81，185，190，192，195，210
Nicaragua[尼加拉瓜]，184
Nicol，William[威廉·尼科耳]，19，30
Nicol prism[尼科耳棱镜]，19，30，35
Nightingale，Florence[弗洛伦斯·南丁格尔]，66，195
normal distribution[正态分布]，82

Normal School of Science，Kensington[科学师范学校，肯辛顿]，156
North，Christopher—see Wilson，John[克里斯多佛·诺斯——见约翰·威尔逊]
Nottingham[诺丁汉]，193
Nottinghamshire[诺丁汉郡]，63

O

Oersted，Hans Christian[汉斯·克里斯琴·奥斯特]，115
Ohm，Georg Simon[格奥尔格·西蒙·欧姆]，117
ohm，unit of resistance[欧姆，电阻的单位]，117
Ohm's law[欧姆定律]，117，152–53，160
ophthalmoscope[检眼镜]，49
optcal instruments，theory of[光学仪器的理论]，77
oval curves[卵形线]，15–17，171，188
Oxford/Oxford University[牛津 / 牛津大学]，33，90，184

P

Paget，*Dr*[佩吉特，医生]，172–73
Palace Gardens，Kensington[宫殿花园，肯辛顿]，197
Parker，Eugene Norman[尤金·诺尔曼·帕克]，205
Parton[帕顿]，5，174，184
Pavia[帕维亚]，184
Peacock，George[乔治·皮科克]，189
Penicuik[佩尼库克]，6–7，19
perpetual motion[永恒的运动]，135，139，203
Peterborough cathedral[彼得伯勒大教堂]，35
Peterhouse (St Peter's College)，Cambridge[彼得豪斯（圣彼得学院），剑

桥大学的学院之一]，33-36，46
Philadelphia[费城]，184
Philosophical Magazine[《哲学杂志》]，103，160，199
philosophy，Maxwell's study and appreciation of[哲学，麦克斯韦的研究与应用]，24-26
photelasticity[光弹性]，31-32，176
photon[光子]，182-83
Pisa[比萨]，133
Planck，Max[普朗克]，2，176，182
platometer[面积仪]，66，195
Playfair，Lyon (Baron Playfair of St Andrews)[里昂·普莱费尔（圣安德鲁斯的普莱费尔男爵）]，197
Playfair cipher[普莱费尔密码]，90，197
Poincaré，Henri[亨利·庞加莱]，210
Poisson，Siméon-Denis[西米恩-丹尼斯·泊松]，17，29，43，56，96
polarised light[偏振光]，3，30-32，189
224 Pomeroy，Robert Henry[罗伯特·亨利·波默罗伊]，46，72，194
Porter，Ted[泰德·波特]，196
Post Office[邮局]，180
Poynting，John Henry[约翰·亨利·坡印廷]，153
Poynting vector[坡印廷矢量]，153
Preece，William[威廉·普里斯]，180
Presbyterian Church(Church of Scotland)[基督教长老会（苏格兰的教会）]，6，18
Principia，by Isaac Newton[《原理》，牛顿的著作]，162，192
Prichard，Chris[克里斯·普里查德]，188
Pythagoras' theorem[毕达哥拉斯定理]，82

Q

quanta / quantum theory / quantum mechanics[量子 / 量子论 / 量子力学]，2，83，165，176，182

quantum electrodynamics[量子电动力学]，183

quaternions[四元数]，142，163

Quetelet，Adolphe[阿道夫 · 奎特勒]，83，196

R

radar[雷达]，2，176

radiation pressure[辐射压]，163，165，205

radio[无线电]，2，176，179–80

radiometer[辐射计]，165–67

Ramage，John[约翰 · 拉梅奇]，76–77

Ramsay，**Dean**[拉姆齐，教长]，18

Ramsay，William[威廉 · 拉姆齐]，207

Rankine，William Mcquorn[威廉 · 兰金]，119，137

Ray Club[雷俱乐部]，66，194

Rayleigh，Lord—see Strutt，John William[瑞利勋爵——见约翰 · 威廉 · 斯特拉特]

reciprocal diagrams[倒易图]，119，141，176，184

regular polyhedra[正多面体]，13

Reid，John S. [约翰 · S. 里德]，196

Reith，George[乔治 · 里思]，86

Reith，John Charles Walsham (Lord Reith)[约翰 · 查尔斯 · 沃尔瑟姆 · 里思，里思勋爵]，86

relativity[相对论]，2

general theory of[广义相对论]，120，181

special theory of[狭义相对论]，176，180–81，208–10
relaxation time[弛豫时间]，135
resistance，electrical[电阻]，117–19，136
Reynolds，Osborne[奥斯本・雷诺]，167–68
Reynolds number[雷诺数]，168
Ricci，Curbasto Gregorio[格雷戈里奥・里奇]，120，199
Riemann，Bernhard[伯恩哈德・黎曼]，141，199
rolling curves[滚线]，31–32
Routh，Edward John[爱德华・劳斯]，36，46，190
routhian，mathematical function[劳斯函数，数学函数]，46
Rowland，Henry[亨利・罗兰]，160–62
Royal Academy[皇家艺术院]，12
Royal Institution of Great Britain[英国科学研究所]，21，58，93，127，203
Royal Mint[皇家造币厂]，19
Royal Observatory，Cape of Good Hope[皇家天文台，好望角海峡]，86
Royal Observatory，London[皇家天文台，伦敦]，21
Royal Society of Edinburgh[爱丁堡皇家学会]，16，26，31，55，126–27，132，141，184，191
Royal Society of London[伦敦皇家学会]，8，88，93–94，155，167，184
Rumford Medal[伦福德奖章]，88，184
Rutherford，Ernest(Baron Rutherford of Nelson)[欧内斯特・卢瑟福（纳尔逊的卢瑟福男爵）]，179–80，208
Russell，Bertrand Arthur William[伯特兰・阿瑟・威廉・罗素]，39

S

St Andrews University[圣安德鲁斯大学]，88，144–46，204

St John's College，Cambridge[圣约翰学院，剑桥大学]，73，136
St Mary's Church，Cambridge[圣玛丽大教堂，剑桥]，174
St Peter's College，Cambridge—see Peterhouse[圣彼得学院，剑桥大学——见彼得豪斯]
Sagan，Carl[卡尔·萨根]，38
San Marino[圣马力诺]，184
Sanders，**Professor**[桑德斯，教授]，172
saturation，of colour[色饱和度]，54
Saturn/Saturn's rings[土星 / 土星环]，73–77，81，94，135，196
scepticism，school of philosophy[怀疑主义，哲学学派]，24
Schuster，Arthur[亚瑟·舒斯特]，188，204
Scroope Terrace，Cambridge[嘎嘎响的平房，剑桥]，168
Sebastopol[塞瓦斯托波尔]，75
second world war[第二次世界大战]，140
seismometer，invention of[测震仪的发明]，27
self-inductance[自感]，115–16
Shairp，J.C.[J.C. 谢普]，144 225
Shakespeare，William[威廉·莎士比亚]，5，185
Shaw，W. Napier[W. 纳皮尔·肖]，153
Shillington[希灵顿]，40
Siegel，Daniel M.[丹尼尔·M. 西格尔]，184，198，201
Simpson，Thomas K.[托马斯·K. 辛普森]，201
Smalley，George Robert[乔治·罗伯特·斯莫利]，127
Smee's galvanic apparatus[产生伏打电流的装置]，29
Smith，Adam[亚当·斯密]，29
Smith's Prize[史密斯奖]，42，46，148，193
Smith，Sydney[西德尼·斯密]，195

Smithsonian Institution[史密森学会]，199
solar wind[太阳风]，205
specific heats，ratio of[比热比]，113，134，164–65，182，206
spectroscopy[光谱学]，85，206
spectral hue[主色调]，54
spherical harmonics[球谐函数]，132
standing waves，Hertz's use of[赫兹对驻波的应用]，178
statistical mechanics[统计力学]，83，164
stereoscope[立体镜]，195
Stewart，Allan[艾伦 · 斯图尔特]，33
Stewart，Balfour[巴尔弗 · 斯图尔特]，114
Stokes，George Gabriel[乔治 · 盖布里埃尔 · 斯托克斯]，63，76，94，167–68，190，193
Strachey，Lytton[利顿 · 斯特雷奇]，39
strain pattems[应变图]，30–31
Strand，London street[河滨马路，伦敦的街道]，90
Strutt，John William(Baron Rayleigh of Terling Place)[约翰 · 威廉 · 斯特拉特（瑞利男爵）]，146，207
Sturrock，George[乔治 · 斯特罗克]，129
Suffolk[萨福克郡]，44
Sutton，Thomas[托马斯 · 萨顿]，93，94
Swan，William[威廉 · 斯旺]，195
Swift，Jonathan[乔纳森 · 斯威夫特]，12
Swiss Patent Office[瑞士专利局]，180
Szilard，Leo[利奥 · 齐拉特]，139

T

Van Gogh，Vincent[文森特 · 凡 · 高]，27
vector analysis[矢量分析]，142–43
vector potential—see electrotonic state[矢势——见电致紧张态]
Victoria Institute[维多利亚学院]，37
Vienna[维也纳]，85，184
viscosity of gases—see Maxwell James Clerk, research topics[气体的黏滞度——见麦克斯韦的研究课题]
Volta, Count Alessandro Giuseppe Anastasio[亚历桑德罗 · 朱塞佩 · 阿纳斯塔西奥 · 伏打]，114–15
voltaic pile[伏打电堆]，114–15
Voyagers 1 and 2，space missions[航行者 1 和 2，航天器]，76

W

Wash，proposed drainage of[瓦士湾]，35
Washington，D.C.[华盛顿]，209
wave mechanics[波动力学]，183
weather forecasting[天气预报]，159
Weber，Wilhelm Eduard[威廉 · 爱德华 · 韦伯]，57，96，108，116，136–37，141
Wedderburn，Isabella(née Clerk) [韦德伯恩，伊莎贝拉（娘家姓克拉克）]，10–12，14，187
Wheatstone，Charles[查尔斯 · 惠斯通]，21，92，162，197
Wheatstone bridge[惠斯通电桥]，92
wheels of life[轮子上的生活]，12
Whewell，William[威廉 · 休厄尔]，36
Wiener，Norbert[诺伯特 · 维纳]，140
Wilberforce，Samuel[塞缪尔 · 威尔伯福斯]，20

Williams，John[约翰 · 威廉斯]，187
Wilson，John (pen–name Christopher North)[约翰 · 威尔逊（笔名克里斯多佛 · 诺斯）]，28，189
wireless telegraphy[无线电报]，180
Working Men's Colleges[技工学院]，45，66，71

X

X–ray crystallography[X 射线结晶学]，119

Y

yellow spot[黄斑]，50，143
Young，Thomas[托马斯 · 杨]，50–51，190–91

Z

Zoological Society[动物学会]，19

人物表

麦克斯韦的亲戚和亲密朋友

休·布莱克本：格拉斯哥大学数学教授，杰迈玛的丈夫

杰迈玛·布莱克本（娘家姓韦德伯恩）：麦克斯韦的堂姐，伊莎贝拉·韦德伯恩的女儿

亨利·蒙塔古·巴特勒：麦克斯韦在剑桥大学的学友，后担任哈罗学校校长，最后担任剑桥大学三一学院院长

刘易斯·坎贝尔：麦克斯韦的中学同学，后担任圣安德鲁斯大学希腊语教授

罗伯特·坎贝尔：刘易斯·坎贝尔的弟弟

查尔斯·霍普·凯：麦克斯韦表弟，罗伯特·凯的儿子

简·凯：麦克斯韦的姨妈，麦克斯韦母亲弗朗西斯·克拉克·麦克斯韦的妹妹

约翰·凯：麦克斯韦的舅舅，麦克斯韦母亲弗朗西斯·克拉克·麦克斯韦的哥哥

罗伯特·凯：麦克斯韦的舅舅，麦克斯韦母亲弗朗西斯·克拉

克·麦克斯韦的弟弟

威廉·戴斯·凯：麦克斯韦表弟，罗伯特·凯的儿子

乔治·克拉克爵士：麦克斯韦的伯父，麦克斯韦父亲约翰·克拉克·麦克斯韦的哥哥

弗朗西斯·克拉克·麦克斯韦（娘家姓凯）：麦克斯韦的母亲

约翰·克拉克·麦克斯韦：麦克斯韦的父亲

凯瑟琳·玛丽·克拉克·麦克斯韦（娘家姓迪尤尔）：麦克斯韦的妻子

丹尼尔·迪尤尔：麦克斯韦的岳父，阿伯丁的马里斯查尔学院院长

伊丽莎白·邓恩（莉齐）(娘家姓凯）：麦克斯韦的表妹，罗伯特·凯的女儿

詹姆斯·福布斯：麦克斯韦的朋友和导师，先担任爱丁堡大学自然哲学教授，后担任圣安德鲁斯大学校长

xx 芬顿·约翰·安东尼·霍特：麦克斯韦在剑桥大学的学友，后在剑桥大学担任教授

理查德·巴克利·利奇菲尔德：麦克斯韦在剑桥大学的学友，后担任伦敦技工学院的秘书

科林·麦肯色：麦克斯韦的外甥，珍妮特·麦肯色的儿子

珍妮特·麦肯色（娘家姓韦德伯恩）：麦克斯韦的堂妹，伊莎贝拉·韦德伯恩的女儿

塞西尔·詹姆斯·门罗：麦克斯韦在剑桥的学友，后来经常与麦克斯韦通信讨论色视觉问题

罗伯特·亨利·波默罗伊：麦克斯韦在剑桥的学友，后来担任印度政府文职官员，二十多岁死于印度兵变

彼得·格思里·泰特：麦克斯韦的中学同学，后担任爱丁堡大学自然哲学教授

威廉·汤姆森，（后来的）一等勋爵开尔文：麦克斯韦的朋友（是麦克斯韦早期的良师益友），格拉斯哥大学自然哲学教授

伊莎贝拉·韦德伯恩（娘家姓克拉克）：麦克斯韦的姑妈，麦克斯韦父亲约翰·克拉克·麦克斯韦的妹妹

詹姆斯·韦德伯恩：麦克斯韦的姑父，伊莎贝拉·韦德伯恩的丈夫

注：以上所列的麦克斯韦的亲戚和亲密朋友，除了两位（詹姆斯·韦德伯恩和珍妮特·麦肯色）以外，其余均在正文中被提到。他的同事和助手，除了福布斯、泰特和汤姆森以外，均未被列在这里。

致谢

任何写作或阅读麦克斯韦传记的人都要十分感谢刘易斯·坎贝尔，因为他同合作者威廉·加尼特一道写出了《麦克斯韦传》（*The Life of James Clerk Maxwell*）一书，为我们描绘出他的终生朋友麦克斯韦的一幅感人至深的人生画卷，这幅画卷既充满深情又打动人心。这部《麦克斯韦传》是在麦克斯韦去世三年后才出版的，但一直是随后其他麦克斯韦传记的主要信息来源。我首先应当特别感谢坎贝尔和加尼特，其次也要感谢其他的传记作者。

我非常感谢麦克斯韦新近传记作者弗兰西斯·埃弗里特、伊凡·托尔斯托（Ivan Tolstoy）和马丁·戈德曼，因为他们提供了许多新的见地。我也非常感谢丹尼尔·西格尔和彼得·哈曼，因为他们对麦克斯韦的著作做了深入浅出的分析。我还要感谢我在本书“参考文献”中列出的其他作者。我几位朋友耐心地阅读了我写的初稿，并提出修改意见，其中我尤其应当感谢的是哈罗德·阿伦（Harold Allan）和比尔·克劳奇（Bill Crouch）。约翰·比尔斯兰德（John Bilsland）绘制了精美的图形。

伦敦皇家学会和爱丁堡皇家学会提供了很有价值的帮助，此外提供帮助的还有以下单位和部门：大英皇家研究所、伦敦国王学院、阿伯丁大学、剑桥大学三一学院、剑桥大学物理系、剑桥大学图书馆、土木工程师学会、电气工程师学会和克利夫顿学院。

对于对麦克斯韦感兴趣的任何人来说，访问麦克斯韦的诞生地——爱丁堡印度街14号——的确是一件激动人心的事情。促使我的访问能够成行的是，麦克斯韦基金会的理事们在一九九三年得到了那座房子，并在那里开辟了一间不大却有纪念价值的展览馆。我应当感谢他们为我的访问提供的帮助。

我还要特别感谢萨姆·卡兰德（Sam Callander）、戴维·里奇和戴维·阿斯特丽德·里奇（David Astrid Ritchie）的热情鼓励与亲切关怀。

最后，我要感谢威立（Wiley）公司出版本书，并特别感谢本书编辑萨莉·史密斯（Sally Smith）和她的助手吉尔·杰弗里斯（Jill Jeffries）对我的热情指导与帮助。

巴兹尔·马洪

作者 | 巴兹尔 · 马洪 Basil Mahon 1960—2021

曾任英国皇家电力与机械工程师学会干事，早年毕业于工程学专业。

巴兹尔 · 马洪特别热衷于研究麦克斯韦对人类生活的影响，阅读了所有前人的相关作品，并且走访了麦克斯韦曾经学习工作过的几乎所有地方。

译者 | 肖明

湖北第二师范学院物理与机电工程学院党委书记、副教授。

1964 年出生于湖北省。
1987 年大学毕业于湖北大学物理系。

肖明长期从事物理学专业教学工作，致力于物理学史、科学史研究以及科学普及工作。著有《居里夫人传》《荣耀中华——诺贝尔奖华裔科学家传》《啊，科学家会这样——科学家的憾事》等著作；译著有《亚原子粒子的发现》《第五元素：宇宙失踪质量之谜》《狄拉克：科学和人生》等；主编 21 世纪物理学规划课改教材《普通物理实验教程》。

麦克斯韦传：改变一切的人

作者 _ [英] 巴兹尔·马洪　　译者 _ 肖明

编辑 _ 邵蕊蕊　　装帧设计 _ 朱镜霖

技术编辑 _ 陈皮　　印制 _ 梁拥军　　出品人 _ 李静

鸣谢

曹曼　扈梦秋

果麦

www.goldmye.com

以 微 小 的 力 量 推 动 文 明

图书在版编目（CIP）数据

麦克斯韦传 : 改变一切的人 / (英) 巴兹尔·马洪著 ; 肖明译. -- 昆明 : 云南人民出版社, 2025. 4.
ISBN 978-7-222-22749-1

Ⅰ. K835.616.11
中国国家版本馆CIP数据核字第20249GC362号

责任编辑：刘　娟
责任校对：陈　迟
责任印制：李寒东
特约编辑：邵蕊蕊
装帧设计：朱镜霖

麦克斯韦传 : 改变一切的人
MAIKESIWEI ZHUAN : GAIBIAN YIQIE DE REN
〔英〕巴兹尔·马洪　著　　肖明　译

出版　云南人民出版社
发行　云南人民出版社
社址　昆明市环城西路609号
邮编　650034
网址　www.ynpph.com.cn
E-mail　ynrms@sina.com
开本　880mm × 1230mm　1/32
印张　10.75
印数　1—5,000
字数　220千字
版次　2025年4月第1版第1次印刷
印刷　河北鹏润印刷有限公司
书号　ISBN 978-7-222-22749-1
定价　78.00元

如发现印装质量问题,影响阅读,请联系021-64386496调换。